Jost Krippendorf:
Die Ferienmenschen
Für ein neues Verständnis
von Freizeit und Reisen

Deutscher
Taschenbuch
Verlag

dtv

Im Text ungekürzte, vom Autor aktualisierte Ausgabe
Juni 1986
Deutscher Taschenbuch Verlag GmbH & Co. KG,
München

ISBN 3-280-01481-6
Umschlaggestaltung: Celestino Piatti
Umschlagfoto: Fernand Rausser, Bolligen (Schweiz)
Gesamtherstellung: C. H. Beck'sche Buchdruckerei,
Nördlingen
Printed in Germany · ISBN 3-423-10575-5

Das Buch

Der Massentourismus, eine der auffallendsten Erscheinungen unserer Zeit, ist in eine Krise geraten. Die ersehnte Erholung oder die erhoffte Selbstverwirklichung finden nicht oder nur selten statt: Die große Wiederherstellungsmaschine des Tourismus und der Freizeitindustrie hat Sand im Getriebe. Jost Krippendorf untersucht das Massenphänomen Reisen in der Überzeugung, daß nicht die Abschaffung des Tourismus die Lösung ist, sondern seine Veränderung. Er legt überzeugend dar, daß die Krise des Tourismus eigentlich eine Krise des Alltagslebens ist: Wem zu Hause die Möglichkeit der Selbstverwirklichung nicht gegeben ist, der wird sie kaum in den Ferien finden. Krippendorf sieht in der großen Urlaubsflucht die Kehrseite unserer hochentwickelten Industriegesellschaft, und er sieht den Punkt gekommen, wo diese Entwicklung dem einzelnen und der Gesellschaft mehr Nachteile als Vorteile bringt – mithin den Punkt, an dem Reflexion und Kritik ansetzen müssen.
Kulturpessimismus ist Krippendorf jedoch fern. Trotz der eher trüben Darstellung des Ist-Zustandes stellt er optimistisch einen Wertewandel bei Reisenden und Bereisten fest, die sich nicht mehr alles gefallen lassen. Und darauf gründet er ein Stück Hoffnung: In 23 Thesen für eine Humanisierung des Reisens stellt er ein Programm der kleinen Schritte auf, das sowohl für die Organisatoren als auch für jeden einzelnen machbar ist. Schließlich sind die Touristen nicht immer die anderen.

Der Autor

Jost Krippendorf, geboren 1938, studierte Wirtschaftswissenschaften in Bern. Er ist heute Direktor des Forschungsinstituts für Fremdenverkehr an der Universität Bern und gleichzeitig Inhaber des dortigen Lehrstuhls für Theorie und Politik des Fremdenverkehrs. Er ist Träger des Preises der Vereinigung Deutscher Reisejournalisten für besondere Verdienste um den Tourismus. Zum gleichen Thema veröffentlichte er: ›Die Landschaftsfresser‹ (1983).

Inhalt

Vorwort

Oft lächeln die Leute, wenn ich ihnen sage, nachzudenken über Freizeit und Tourismus sei mein Beruf. Sie finden das offenbar nicht so seriös: Seriös ist ja nur Arbeit. Ich muß mich dann jeweils beinahe entschuldigen. Freizeit und Reisen eine Nebensache also, wenn vielleicht auch die schönste der Welt? Ich glaube, es ist mehr als das. Es geht um das Lebensglück des einzelnen Menschen und das Wohlbefinden in unserer Gesellschaft. Das sind doch wohl zentrale Fragen. Freizeit und Ferien dürfen nicht zu etwas reduziert werden, das man bedenkenlos der Unterhaltungsindustrie überlassen kann. Lange Jahre hat man um mehr Freizeit und mehr Ferien für alle gekämpft. Heute hat man mit den Auswirkungen dieses Fortschritts zu kämpfen. Dabei ist es ganz offensichtlich noch nicht gelungen, Formen des Reisens zu entwickeln, die in jeder Beziehung – psychologisch, gesellschaftlich, wirtschaftlich und ökologisch – verträglich sind.

Zwischen meinem Buch ›Die Landschaftsfresser‹ und dem hier vorliegenden ›Die Ferienmenschen‹ liegen fast zehn Jahre, eine lange, aber persönlich benötigte Denk- und Reifepause. Begann man, sich Mitte der siebziger Jahre allmählich mit den sichtbar gewordenen Auswirkungen des Tourismus auf die Umwelt zu beschäftigen, entdeckt man heute – da das Reisen zu einem in der Geschichte beispiellosen Massenphänomen geworden ist – die menschliche Dimension und die soziokulturelle Problematik dieser Freizeitmobilität. Damit hätte man sich eigentlich schon lange beschäftigen müssen – ja, im Grunde genommen von Anfang an. Zwei Bücher also, die Zeitgeist zum Ausdruck bringen. Beide eigentlich keine Neuschöpfungen, sondern vielmehr ein Sammeln von bestehenden Erkenntnissen aus vielen Quellen. Zum Teil aus den Grauzonen wissenschaftlicher Fachbücher und -bibliotheken ans Tageslicht gefördert und in Alltagssprache übersetzt. Ein paar eigene Gedanken und Erfahrungen auch. Vor allem aber ein Herstellen von Bezügen: das »Neue« als Ergebnis einer ganzheitlichen, einer vernetzten Sicht der Dinge. Allerdings ist das, was ich hier vorlege, nicht immer frei von Widersprüchen, ebensowenig wie es die Praxis ist. Auch ist es mir nicht überall gelungen, meine eigenen Unsicherheiten und Zweifel selbst aufzulösen. Ich breite sie hiermit offen zur Beurteilung und Kritik aus. Ich schreibe, um mich selbst einen Schritt weiterzubringen und um vielleicht etwas zu bewegen; jedenfalls, um Diskussionen in Gang zu setzen.

Als monodisziplinär geschulter Ökonome – so wie übrigens das Wirtschaftsstudium an den meisten unserer Universitäten ganz unzweckmäßigerweise auch heute noch ausgerichtet ist – mußte ich mich in viele mir fremde Wissensgebiete einarbeiten. In Soziologie, in Psychologie und Pädagogik vor allem. Es ging nicht ohne Mühe. Die Spezialisten mögen nachsichtig sein und ein Auge zudrücken. Größere geistige Anleihen habe ich – gebührlich zitiert, wie es sich gehört – vor allem bei vier Persönlichkeiten aufgenommen, mit denen mich seit Jahren freundschaftliche und fachliche Beziehungen verbinden:

Pierre Lainé, Soziologe und Ökonom, Begründer von ›Renouveau‹, einer Nationalen Vereinigung für Ferien, Freizeit und Kultur in Chambéry und Paris;

Paul Rieger, evangelischer Theologe und Urlaubspsychologe, Begründer und Vorsitzender des Studienkreises für Tourismus in Starnberg bei München;

Roman Bleistein, katholischer Theologe, Professor für Pädagogik an der Hochschule für Philosophie in München;

Horst Opaschowski, Professor für Freizeitpädagogik an der Universität Hamburg und Leiter des BAT-Freizeit-Forschungsinstituts in Hamburg.

Alle vier haben sich in ihren Publikationen mit Aspekten der Freizeit und des Reisens befaßt, die auch mir sehr wichtig sind. Ich hoffe, ihrem Gedankengut keine Gewalt angetan und es vielleicht sogar etwas weitergeführt zu haben.

Herzlich danken möchte ich meinen Mitarbeitern Bernhard Kramer, Ralph Krebs und Hansruedi Müller für die Sichtung und Auswertung der umfangreichen Literatur und für viele wertvolle Denkanstöße.

Besonderen Dank schulde ich auch dem Schweizer Hotelier-Verein und der Schweizer Reisekasse. Durch ihre großzügige finanzielle Unterstützung eines Forschungsprojektes ›Neue Entwicklungen im Freizeitbereich und ihre Auswirkungen auf den Tourismus‹ haben sie meinem Institut eine Erweiterung seines Studienfeldes ermöglicht, die hier ihren ersten Niederschlag findet.

Widmen möchte ich mein Buch all denen, die über ihre Rolle als Ferienmenschen oder über ihre Aufgabe in der Freizeit- und Reisewelt von morgen nachdenken möchten. Hoffentlich sind es viele.

Bern, im März 1984 Jost Krippendorf

Einleitung

Urlaub im Urwald

Ich geh im Urwald für mich hin,
wie schön, daß ich im Urwald bin,
man kann hier noch so lange wandern,
ein Urbaum steht neben dem andern.
Und an den Bäumen Blatt für Blatt
hängt Urlaub – schön, daß man ihn hat.

Eugen Roth

Die totale Mobilmachung

Es ist große Bewegung in die früher so seßhaft gewesene menschliche Gesellschaft gekommen. Eine eilige Mobilität hat in den Industrienationen mittlerweile die meisten Menschen erfaßt. Man nutzt jede Gelegenheit, um wegzufahren. Raus aus dem Alltag, so oft man kann. Kürzere Trips unter der Woche und an Wochenenden, längere Reisen während der Ferien. Fürs Alter wünscht man sich nichts sehnlicher als einen anderen Wohnsitz. Nur ja nicht zu Hause bleiben! Bloß weg von hier!

So kommt es, daß sich Jahr für Jahr, Wochenende für Wochenende ohne Not und ohne erkennbaren Zwang unter Verwendung ihrer kostbarsten Zeit Millionen von Menschen zusammenrotten. Fast alle machen mit, offenbar aus freien Stükken, aber wie auf Befehl. Sie reihen sich ein in Autokolonnen oder lassen sich in Bus-, Jumbo- und Eisenbahnladungen verschicken. Sie liegen zusammengepfercht an zu klein gewordenen Stränden. Sie stehen Schlange vor Läden und Restaurants, vor Skilifts und Luftseilbahnen und vor Sehenswürdigkeiten, die vom vielen Hinschauen schon ganz abgenutzt sind. Manchmal hausen sie in Unterkünften, die an Elendsquartiere erinnern. Wenn man einem Arbeitnehmer solche Belastungen während seiner Arbeitszeit zumuten würde, meint dazu ein Verhaltensforscher, würden die Gewerkschaften mit vollem Recht einschreiten.[1] Gemessen an den Heerscharen mobiler Freizeitmenschen unserer Tage waren die antiken Völkerwanderungen bessere Betriebsausflüge!

Nun sollte es uns eigentlich freuen, daß sich das, was während langer Jahre das Vergnügen einiger weniger war, zum breiten Massenspaß entwickelt hat. Mobilität, Ferien, Reisen als soziale Errungenschaft. Aber die Freude darüber will sich nicht so recht einstellen. Die Sache hat eine Kehrseite. Wir haben für das, was wir errungen haben, etwas bezahlt, haben etwas anderes hergeben müssen. Jetzt drohen uns die Auswirkungen unserer Mobilität, unserer hart erkämpften neuen Freiheit, über den Kopf zu wachsen. So stellt sich die Frage, ob wir denn per Saldo wirklich etwas dazugewonnen oder eher etwas verloren haben – und auch die Frage, wie es denn überhaupt weitergehen soll.

Was hat zu dieser Freizeitmobilität geführt, die vor allem für viele Städter lebensbestimmend geworden ist, und für die sie mittlerweile schon rund 40 Prozent ihrer frei verfügbaren Zeit aufwenden. 30 Prozent dieser Zeit verbringen sie auf Ausflügen und Kurzreisen, 10 Prozent auf längeren Ferienreisen.[2] Der Mensch wird nicht als Tourist geboren. Zwar haben Fernweh und Neugierde seit jeher zu seinen ursprünglichen und unmittelbaren Bedürfnissen gehört. Ihre Triebkraft war für das vornehme Reisen der Aristokratie bis zum Beginn dieses Jahrhunderts bestimmend. Was jedoch die Millionen Menschen von heute aus ihren Häusern treibt, ist nicht mehr so sehr dieses angeborene Reisebedürfnis. Wer beobachtet, wie die Menschen reisen, welches ihre hauptsächlichen Ferienbeschäftigungen und Gesprächsthemen sind, wird unschwer feststellen: Vom Drang, Neues zu entdecken und wirklich etwas hinzuzulernen, ist wenig zu spüren.

Die Reisebedürfnisse unserer Tage sind überwiegend von der Gesellschaft erzeugt und vom Alltag geprägt. Die Menschen fahren weg, weil sie sich da nicht mehr wohl fühlen, wo sie sind: weder da, wo sie arbeiten, noch da, wo sie wohnen. Sie benötigen dringend ein zeitweiliges Wegtauchen von den Belastungen der täglichen Arbeits-, Wohn- und Freizeitsituation, um hinterher weitermachen zu können. Ihre Arbeit ist zunehmend technisiert, funktionalisiert und fremdbestimmt. Sie empfinden die Monotonie im Tagesablauf, die kalte Rationalität der Fabriken, Büros, Wohnhäuser und Verkehrsanlagen, die Verarmung der zwischenmenschlichen Beziehungen, die Verdrängung von Gefühlen, den Verlust der Natur und der Natürlichkeit. Das sind für viele die großen Defizite im Alltag, in dem das Leben zur bloßen Existenz reduziert scheint. Sie führen zu Streß, zu körperlicher und geistiger Auslaugung, zu Leere und Langeweile. Um einen Ausgleich für all das zu finden, was wir im Alltag vermissen, was wir verloren haben oder was uns abhanden gekommen ist, fahren wir weg: um soziale Abhängigkeit abzuschütteln, um abzuschalten und aufzutanken, um Unabhängigkeit und Selbstbestimmung zu genießen und Kontakte zu knüpfen, um zur Ruhe zu kommen, um Freiheit zu empfinden und um etwas Glück heimzuholen. Eigentlich fahren wir weg, um zu leben, um zu überleben. So ist denn der Massenauszug unserer Tage eine Folge von Verhältnissen, die uns die Entwicklung unserer Industriegesellschaft beschert hat.

Aber unsere Gesellschaft hat ihren Mitgliedern nicht nur die Beweg-Gründe, sondern gleich auch die Mittel geliefert, um den Ausbruch zu verwirklichen: Geld in Form von höheren

Einkommen und Zeit dank immer kürzer werdender Arbeitszeit. Vor allem aber hat die Industrie für uns ein Vehikel entwickelt, das die auto-mobile Gesellschaft erst eigentlich in Gang gebracht hat: Das Auto und in weniger starkem Maße auch das Flugzeug haben die mobile Freizeitrevolution eingeleitet und sie in atemberaubendem Tempo, in einem Zeitraum von nur etwas mehr als zwei Jahrzehnten, zu dem geführt, was sie heute ist. Alle Prognosen lauten ähnlich: Wer heute noch nicht mobil ist, wird es sehr bald sein. Freie Fahrt für freie Bürger! Das Auto als Freiheitssymbol par excellence. Fast könnte man von einem naturrechtlichen Anspruch auf individuelle Motorisierung und unbegrenzte individuelle Mobilität sprechen, den wir uns zugelegt haben.[3] Vielleicht aber ist auch der Zeitpunkt sehr nah, an dem die Mobilität sich selbst aufheben wird.

Schließlich stellt uns unsere Gesellschaft die Freizeitindustrie gewissermaßen als Freund und Helfer zur Verfügung. Diese hat sich unserer Freizeit bemächtigt und bietet nicht nur Erfüllungen an, sondern erzeugt, wo noch nötig, auch die dazugehörigen Wünsche und Sehnsüchte.[4] Freizeit und Ferien als Kontrastprogramm zur industriellen Welt sind selbst eine Industrie geworden.[5] Ein Jahrtausendgeschäft! Darin ist noch viel Musik.

All das ordnet sich nun in eine Art Turnus ein, den man als Kreislauf der Wiederherstellung des Menschen in der Industriegesellschaft bezeichnen könnte: Wir ziehen aus, um die Batterien aufzuladen, um unsere körperlichen und geistigen Kräfte wiederherzustellen. Wir konsumieren auf unserem Trip das Klima, die Natur und die Landschaft, die Kultur und die Menschen in den bereisten Gebieten, die wir zu diesem Zweck in »Therapieräume« umfunktioniert haben. Dann kehren wir wieder nach Hause zurück, mehr oder weniger fit, um dem Alltag eine Weile lang – bis zum nächsten Mal – zu trotzen. Der Trick ist gelungen! Aber der Wunsch, bald wieder und möglichst noch öfter zu verreisen, stellt sich schnell ein, denn das Leben läßt sich in ein paar Ferienwochen und an ein paar Wochenenden nicht nachholen. Der Karren ist überladen, mit Wünschen und Sehnsüchten überbesetzt. Aus dieser ständigen Wiederholung unerfüllter und unerfüllbarer Bedürfnisse bezieht der Kreislauf seine Dynamik.[6] Er beginnt immer wieder von neuem. Wir arbeiten unter anderem, um Ferien machen zu können, und wir bedürfen der Ferien, um wieder arbeiten zu können. Wir spannen aus, um uns nachher um so besser wieder einspannen zu lassen.[7] Gäbe es den Fluchthelfer Tourismus nicht, müßte man Kliniken und Sanatorien bauen, um den Menschen vom Alltagsstreß zu kurieren.[8] Tourismus als Gesellschaftstherapie, als Ventil, das die Alltagswelt funktionsfähig erhält! Nicht nur für den einzelnen Menschen, für unsere ganze Gesellschaft und ihre Wirtschaft hat er eine stabilisierende Wirkung. Soziologen haben es nachgewiesen:[9] Wenn dem Menschen der Tapetenwechsel, das Abschalten gelingt, entwickelt er das Bedürfnis, nach der Flüchtigkeit des Tourismus wieder in die wohltuende Stabilität der Alltagswelt zurückzukehren. Er reist, um bestätigt zu erhalten, daß es zu Hause nicht halb so schlimm, ja vielleicht sogar am besten überhaupt ist. Er reist, um zurückzukehren. Auch unsere Wirtschaft braucht den Tourismus als Energiespender, zur Regeneration der Arbeitskraft. Nicht zuletzt deshalb hat sie ja dem Menschen ursprünglich mehr Freizeit zugestanden.

So etwa funktioniert also diese große Wiederherstellungsmaschine. Ein Kreislauf, der sich jahraus, jahrein wiederholt, und in den wir alle mehr oder weniger eingebunden sind, ohne uns dessen bewußt zu sein.

Neuerdings ist Sand in das Getriebe dieser enormen Maschinerie geraten. Das, was bisher recht gut zu funktionieren schien, läuft zwar noch, aber nicht mehr so rund und nicht mehr ungestört. Von verschiedenen Seiten beginnen sich Fragen zu erheben, was denn das Ganze eigentlich soll, wo es uns hinführt. Immer zahlreicher werden die Anzeichen, die darauf hindeuten, daß die massenhafte Stadtflucht, der Tourismus nach bisherigem Muster, auf die Dauer eine wahre Therapie nicht sein kann; daß die Sache, wie sie heute abläuft, keine Perspektive hat. Noch arbeiten aber viele unbekümmert an ihrer unveränderten Fortsetzung und zwar nach der Parole: immer mehr, immer größer, immer schneller, immer weiter. Die meisten Prognosen bestärken sie darin. Die Verkehrsprognosen ohnehin, weil Verkehr offenbar nur zunehmen kann. Auch die vielzitierte Aussage eines renommierten amerikanischen Futurologen spricht dafür, wonach die Reiseindustrie im Jahre 2000 der Welt größte Industrie überhaupt sein wird.[10]

Müßte man nicht etwas skeptischer sein und merken, daß die Zukunft nicht mehr ist, was sie einmal war, nicht mehr die kalkulierbare, machbare Expansion?[11] Man kann wirklich nicht davon ausgehen, daß sich alles so wie bisher fortsetzt. Es gibt viele neue Signale, die eindeutig auf Richtungsänderung gestellt sind.

Immer zahlreicher werden jene, die zu merken beginnen, daß an der bisherigen Ordnung etwas nicht stimmen kann. Die großen Mängel, die man im Alltagsleben empfindet, sind mit einigen kurzen Augenblicken der Freiheit, der kreativen Muße, des Glücks und der Selbstbestimmung während der Freizeit und Ferienzeit nicht auszugleichen. Sie geben sich mit diesem Freiheitsersatz, mit diesem Leben in Fristen und Raten, nicht mehr zufrieden. Sie verlangen, offen oder heimlich, mehr Lebenszeit insgesamt. So stand es bereits vor 10 Jahren in einem Lesebuch:[12]

Mit der Zeit
vergeht einem die Lust,
den ganzen Tag vom Abend,
die ganze Woche
vom Freitag,
das ganze Jahr vom Urlaub
zu träumen,

von einem Leben,
das nicht nur
das halbe Leben ist.

Aus der freudlosen Gesellschaft soll eine freudvolle werden. Weil die Arbeit für immer mehr Leute nicht mehr den zentralen Lebensinhalt bildet, äußern sich das Unbehagen am Bestehenden und der Wunsch, etwas zu verändern, immer unmißverständlicher. Was könnte es sein, das man anders gestalten müßte?

Ein weiteres ernsthaftes Fragezeichen für die Zukunft ist die Krise, in welche die meisten Industrieländer bereits hineingeraten sind: Der Arbeitsgesellschaft scheint langsam die Arbeit auszugehen.[13] Wie werden wir mit dieser neuen Situation fertig?

Auch die Ökologen und Umweltschützer möchten, daß es anders wird. Sie wollen den touristischen Landschaftsfressern, die noch überall am Werk sind, zu Leibe rücken. So werden sie zum Beispiel zu verhindern versuchen, daß ein Drittel des Bauvolumens der Großstädte in Form von Freizeit-Wohnsitzen auf dem Lande noch einmal entsteht, wie man etwa voraussagt. Sie wollen den ungestümen Ausbau unserer Straßennetze, der vor allem auch vom Freizeitverkehr gefordert wird, stoppen. Sie werden sich auch dagegen stellen, daß unsere Erholungslandschaften mit Freizeitanlagen aller Art möbliert werden. Sie, die früher eine Art Schattenorganisation, die Grüne Mafia gewesen sind, haben sich heute zu einer kraftvollen Bewegung gemausert, die immer mehr Zulauf hat. Wie wird ihr Kampf ausgehen?

Empfindlichkeiten hinsichtlich der negativen Auswirkungen des touristischen Massenauszuges beginnen sich auch bei der einheimischen Bevölkerung in den bereisten Gebieten zu regen. Mehr und mehr fühlt sie sich von der Entwicklung buchstäblich überrollt und gleichzeitig ausgeklammert. Und hat man nicht da und dort den Eindruck, daß die Einheimischen des Tourismus müde und überdrüssig sind? Sie wollen die touristische Fremdbestimmung abschütteln, ihr Schicksal in die eigenen Hände nehmen, die Entwicklungen selbst bestimmen und auch daran teilhaben. Sie wollen ihre Gebiete in erster Linie wieder als ihren eigenen Lebensraum und als ihre Heimat sehen und gestalten, nicht als Erholungsraum und Playground für andere. Die Bereisten proben den Aufstand. Sie tun zwar immer noch (fast) alles, damit die Touristen kommen, aber sie möchten eigentlich alles tun, um sie am Kommen zu hindern.[14] Sind nicht auch hier Belastungsgrenzen erreicht, solche psychologischer Art?

Diesen und weiteren Fragen wollen wir nachgehen. Mit dem Ziel, vielleicht zu etwas vorzustoßen, was wünschenswerter sein könnte als das, was wir heute haben. Es geht dabei nicht darum, alles Bestehende und Bisherige in Grund und Boden zu verdammen. Schon gar nicht wollen wir einfach auf dem Buckel des modernen Tourismus unreflektierte Gesellschaftskritik üben. All jene, die diesen Exodus der Millionen als größte abendländische Seuche, als Kulturverfall, als Massenbetrug oder gar als repressives Mittel unserer Gesellschaft zur Aufrechterhaltung der Unfreiheit, als »Opium fürs Volk« bezeichnen, und womöglich seine Abschaffung fordern, machen es sich zu leicht.[15] Sie kritisieren wirkungslos an einem Phänomen vorbei, das längst eine meßbare Realität, ein sehr bedeutungsvolles soziales, wirtschaftliches und politisches Faktum geworden ist. So geistreich ihre Aufsätze und Kommentare manchmal sein mögen, das ihnen zugrundeliegende Tatsachenmaterial ist dürftig. Die große Stadtflucht, wie wir sie in groben Strichen skizziert haben, ist nicht das sorgfältig geplante böse Machwerk kapitalistischer Ausbeuter und Drahtzieher. Sie ist ganz einfach eine andere Seite der Entwicklung unserer Industriegesellschaft – die Kehrseite, würden die Kritiker sagen. Aber vergessen wir nicht: Diese gleiche Industriegesellschaft hat uns auch wirkliche soziale Errungenschaften, echten Fortschritt gebracht. Sie hat uns von den grauenhaften Zwängen der Armut befreit. Sie hat uns das Dach über dem Kopf und die Befriedigung unserer lebensnotwendigen Bedürfnisse auf Dauer gesichert. Sie hat uns darüber hinaus vieles beschert, auf das wir eigentlich nicht mehr verzichten möchten. Wir haben unsere persönliche Situation, unseren Lebensstandard entscheidend verbessern können – und viel dafür gearbeitet. Was wir in der Vergangenheit erreicht haben, ist eine Gegebenheit und nicht mehr aus der Welt zu schaffen. Sie sei als solche akzeptiert und anerkannt. Aus dem sicheren Hort des einmal Erreichten ist Kritik am System hinterher billig. Wo aber die Entwicklung beginnt, dem einzelnen und der Gesellschaft mehr Nachteile als Vorteile zu bringen, da muß die Kritik und vor allem die Reflexion einsetzen. Dieser Zeitpunkt ist gekommen. Denn unser Wirtschaftssystem, das auf dem Kreislauf von Produktion und Konsum, von Konsum und Produktion beruht, hat inzwischen eine gefährliche Eigendynamik entwickelt. Es geht nicht mehr um die Deckung wirklich empfundener menschlicher Bedürfnisse. Diese sind zum größten Teil befriedigt. Es geht auch nicht um die Schaffung neuer Werte. Die Ökonomie hat sich vom Menschen entfernt. Sie hat sich ihm übergeordnet und sich gewissermaßen verselbständigt. Sie arbeitet, um ihren eigenen Apparat, um sich selbst zu erhalten. Sie hat dafür ein Alibi geschaffen, das man Sachzwänge nennt. Und Zwänge machen Angst. Wenn man genau hinschaut und alles einbezieht, gibt es heute viele Bereiche, in denen die Kosten für die Gesellschaft, die Wirtschaft und die Umwelt den erzielbaren zusätzlichen Nutzen weit übersteigen. Das gilt auch auf dem Gebiet von Freizeit und Reisen. Ein Beispiel dazu: In den meisten Erholungsgebieten und Ferienorten ist ein Baumarkt entstanden, der eigenen Gesetzen gehorcht und sich vom Tourismus vollständig losgekoppelt hat. Der Ausverkauf des Bodens, die Produktion von neuen Chalets, Ferienwohnungen, Appartementhäusern, Hotels und anderen Bauten läuft ungebrochen auf Hochtouren. Und dies, obwohl die Auslastung der bereits bestehenden Anlagen meist miserabel ist und von Jahr zu Jahr weiter zurückgeht und obwohl die Landschaften immer mehr an Erholungsqualität verlieren. Die kurzfristigen Gewinninteressen einiger weniger dominieren das langfristige Interesse der vielen an einem lebensfähigen Natur-, Erholungs- und Wirtschaftsraum. Die Baulobby funktioniert bekanntlich besonders gut. Als Sachzwang wird ins Feld geführt: Erhaltung von Arbeitsplätzen im Bausektor.

Ein Freizeitforscher hat es kürzlich so ausgedrückt: Der Massentourismus ist eine der ausgeprägtesten, folgenschwersten und am wenigsten beherrschbaren Formen des Freizeitschocks. Wir meinen, gelernt zu haben, mit ihm zu leben. Wir glauben, seine Auswüchse eindämmen, seine Entwicklung vorhersehen, seine Schwächen beheben zu können. In Wirklichkeit können wir nichts tun als zusehen, welche ökologischen, psychologischen, sozioökonomischen Folgen der Massentourismus noch zeitigen wird. Es sei denn, wir denken um. Wir ändern das System. Wir schaffen neue Voraussetzungen.[16]

Genau darum muß es heute gehen: zu erkennen, wo das Bestehende versagt hat; wo der Boden der Realität unfruchtbar geworden ist, jener Boden, auf den man die Leute, die neue Ideen entwickeln, immer wieder zurückführen will. Wir müssen begreifen lernen, daß uns das bloße Fortschreiben der bisherigen ökonomischen und technischen Trends nicht das bringen wird, was wir uns in Zukunft eigentlich wünschen. Ja, daß dies sogar die dürftigste und gefährlichste aller Zukunftsvorstellungen ist! Sind wir aber nicht schon so stark in Sachzwänge eingebunden, daß wir nicht einmal mehr wagen, uns zu überlegen, was wir uns eigentlich wünschen?[17]

Wenn wir es dennoch angehen wollen, müssen wir unseren bisherigen geistigen Arbeitsrahmen und die gewohnten Entscheidungskriterien sprengen. Theorien, ökonomische Berechnungen, politische Programme und Doktrinen helfen uns nicht weiter. Darüber hinaus brauchen wir vor allem Intuition und Phantasie; soziale Phantasie, verstanden als die Fähigkeit, Bestehendes nicht als endgültig zu betrachten, sich Neues vorstellen und Alternativen zum Bestehenden formulieren zu können.[18]

Wir haben es bereits gesehen: Die Freizeit und der Tourismus als eine ihrer Formen sind nicht eine Welt für sich, die eigenen Gesetzen gehorcht. Sie sind Folgeerscheinungen und zugleich Bestandteile des industriegesellschaftlichen Systems, der Organisation des Menschen und der modernen Zivilisation. So wie die Freizeitverbringung ihrerseits auch wieder Rückwirkungen auf dieses gleiche System haben kann. Losgelöst von ihren ursächlichen Bestimmungsfaktoren lassen sich Freizeit und Reisen nicht verstehen. Der moderne Tourismus ist zu einer der auffallendsten und merkwürdigsten Erscheinungen unserer Zeit geworden. Wer seinem Wesen auf die Spur kommen will, muß zu erfassen versuchen, wie die Dinge zusammenhängen, was Ursache und was Wirkung, was Erwartung und was Wirklichkeit ist. Erst wenn wir erkennen, wie der Mechanismus funktioniert, vermögen wir auch zu sehen, welche Möglichkeiten bestehen, ihn zu steuern, etwas daran zu verändern und zu verbessern.

Aus der engen fachspezifischen Optik heraus lassen sich jedoch diese Zusammenhänge nicht erkennen. Versucht man, das Blickfeld zu erweitern, sieht man, daß plötzlich alles erheblich wird und Einfluß hat. Das Thema weitet sich mehr und mehr aus: Die Arbeit, das Wohnen, die Freizeit, das Leben überhaupt sind einbezogen. Man ist gezwungen, sich Gedanken zu machen, welche Entwicklungen hier vor sich gehen und was man selbst für wünschenswert hält, welche die eigene Position ist. Überlegungen, die schließlich wieder zu dem zurückführen, über das man etwas schreiben wollte: zu Freizeit und Reisen.

In einem kurzen ersten Teil unseres Buches versuchen wir, in groben Umrissen ein Lebensmodell Arbeit – Wohnen – Freizeit – Reisen zu skizzieren. Es soll unserem Thema den großen Rahmen geben. Im zweiten Buchteil werden jene Prozesse beschrieben, die für unsere Freizeit und die Mobilität in unserer Freizeit bestimmend sind. Das, was wir als den Kreislauf der Wiederherstellung des Menschen in der Industriegesellschaft bezeichnet haben, soll hier im einzelnen unter die Lupe genommen werden: das Reisen, wie es heute abläuft. Mit seinen Segnungen, aber auch mit seinen Auswüchsen und nicht gehaltenen Versprechungen. Und vor allem auch mit seinen Trends und Perspektiven. Im dritten Teil unseres Buches fragen wir, ob es nicht neue Tendenzen gibt, die vielleicht alles verändern werden: in der Alltagswelt, in der Wirtschaft, bei der Arbeit, beim Wohnen und bei der Freizeit; in den Einstellungen der Menschen und in den Leitbildern unserer Gesellschaft. Sind da nicht Entwicklungen zu beobachten, die man unterstützen sollte, damit der Alltag humaner und als Folge davon auch das Reisen besser werden kann? Im letzten Teil des Buches schließlich wollen wir Vorschläge für eine Humanisierung des Reisens selbst machen und für ein neues Verständnis von Freizeit und Reisen plädieren. Hier soll viel Positives stehen, denn wir wollen Ferien und Reisen nicht abschaffen. Im Gegenteil. Es gilt, solche Formen der Freizeit zu entwickeln, die für alle Beteiligten einen größtmöglichen Gewinn bringen, ohne auf Kosten anderer Menschen und auf Kosten der Umwelt zu gehen. Vielleicht könnten gerade die Ferien und die außerhalb von zu Hause verbrachte Freizeit zu einem Lern- und Experimentierfeld für den Alltag werden. Wegfahren nicht in erster Linie, um den Alltag zu vergessen, um uns von der Alltagssituation, die uns nicht mehr paßt, ablenken zu lassen, sondern hinfahren, um eine Chance wahrzunehmen. Die Chance, etwas dazuzugewinnen, Freiheit, gegenseitiges Verständnis und Solidarität einzuüben und von all dem ein Stück in den Alltag hinüberzuretten. Hier liegt auch die Antwort auf die heikle Frage, ob es denn moralisch vertretbar sei, sich mit den Erholungsbedürfnissen von Menschen der Industrieländer zu befassen, während mehrere hundert Millionen Menschen in anderen Erdteilen täglich ums nackte Überleben kämpfen. Ein neues Verständnis von Reisen und ein neues Verhalten auf Reisen könnten vielleicht mithelfen, auch unseren Sinn für mehr Humanität und Gerechtigkeit auszubilden. Tourismus also als eine menschliche Bereicherung, als Impulsgeber für einen besseren Alltag, für eine bessere Gesellschaft? Ja, warum denn eigentlich nicht? An dieser positiven Utopie, an diesem Wunschbild wollen wir malen. Dafür möchten wir möglichst viel Bewußtsein mobilisieren und die Betroffenen betroffen machen, indem wir Zusammenhänge aufdecken. Aber auch, indem wir Vorschläge machen, wie jeder einzelne beitragen könnte, dem gewünschten Zustand etwas näher zu kommen.

All das ist natürlich nicht möglich, ohne mitunter sehr kritische Fragen zu stellen und unsere Befürchtungen klar auszusprechen. Aber es ist ja nicht der ein Brunnenvergifter, der darauf hinweist, daß unsere Brunnen vergiftet sind.[19] Die Kritik will nicht die Demontage unseres Systems. Sie bezweckt lediglich, jene Pfade besser erkennbar zu machen, die aus dem Dikkicht herausführen könnten: Wege in eine bessere Zukunft. Den wissenschaftlichen Beweis, ob denn wirklich alles so ist, wie wir vorgeben, müssen wir oft schuldig bleiben. Wo es an Daten mangelt – und das ist nicht selten der Fall –, bleibt uns nichts anderes als unser persönliches Werturteil. So, wie wir ganz persönlich die Sache sehen oder sie gerne hätten. Und übrigens: Da, wo es sich um die Zukunft handelt, können keine Beweise verlangt werden. Von jenen, die Neues vorschlagen ebensowenig wie man sie von jenen fordert, die das Bestehende fortschreiben wollen.

Der Wunsch, etwas zu verändern und etwas anderes auszuprobieren, ist heute bei vielen Menschen sehr groß, so groß vielleicht wie kaum je zuvor. So halten wir uns denn mit Ernst Bloch an das »Prinzip Hoffnung«[20]: Es besteht im Glauben an die sanfte Gewalt des Bewußtseins, das zur materiellen Gewalt wird, sobald es die Massen ergreift – wenn nur die Massen es ergreifen.

Das industriegesellschaftliche Lebensmodell
Arbeit – Wohnen – Freizeit – Reisen

Seit der Renaissance sind wir permanent dabei,
Grenzen zu überwinden. Heute sind wir dabei,
Grenzen zu erkennen . . . Eigentlich sind wir schon
so weit, daß wir fragen müssen, was hinter
diesen neu wahrgenommenen Grenzen liegt.
Erhard Eppler

Genau das finde ich *die* Frage des Jahrhunderts.
Michael Ende

Ich möchte hier zunächst versuchen, das Thema Freizeit und Reisen in einen größeren Zusammenhang zu stellen. Dabei will ich auch gleich meinen eigenen Standpunkt umreißen; ich will zeigen, aus welcher Ecke heraus ich argumentiere, welches meine Weltanschauung und meine Ansicht über die anzustrebende Gesellschaftsordnung sind: Farbe bekennen, damit von Anfang an Klarheit besteht. Vieles, was ich schreiben will, wird dann wahrscheinlich leichter verständlich. Die schematische Zeichnung auf Seite 28 soll dabei als Gerüst dienen.

Im Mittelpunkt der Betrachtung steht, wie bereits erwähnt, der Kreislauf der Wiederherstellung des Menschen in der Industriegesellschaft. Ausgangspunkt ist dabei der Mensch mit seinen Lebensbereichen Arbeit, Wohnen und Freizeit, die den Alltag ausmachen.

Ein Teil der Freizeit wird auf Reisen verbracht; so erfährt die Alltagswelt eine Öffnung nach außen. Dieser Ausbruch wird durch bestimmte Motive und Erwartungen beeinflußt.

Die Reiseziele bilden den anderen Pol unserer Überlegungen: Sie stellen den Gegenalltag dar. Von besonderem Interesse sind hierbei:

- das Verhalten und Erleben der reisenden Menschen;
- die Situation der bereisten Menschen und ihrer Umwelt und
- die Begegnung zwischen Reisenden und Bereisten.

Bei der Untersuchung und Gegenüberstellung der beiden Pole spielen eine wesentliche Rolle

- die Folgen und Rückwirkungen auf Land und Leute der bereisten Gebiete und
- die Folgen und Rückwirkungen des Tourismus auf die Situation zu Hause.

Diese Pendelbewegung zwischen Alltag und Gegenalltag mit ihren vielfältigen Wechselwirkungen bildet das Hauptthema unseres Buches.

Nun ist dieses Gefüge Arbeit – Wohnen – Freizeit – Reisen in einen größeren Rahmen eingebettet und wird von da aus gestaltet und beeinflußt. Hier sind vier große Kraftfelder zu unterscheiden, die untereinander wiederum durch ein vielfältiges Netz von Wechselwirkungen verknüpft sind:[21] die Gesellschaft mit ihren Werthaltungen (sozio-kulturelles Subsystem); die

Industriegesellschaftliches Lebensmodell
Arbeit – Wohnen – Freizeit – Reisen

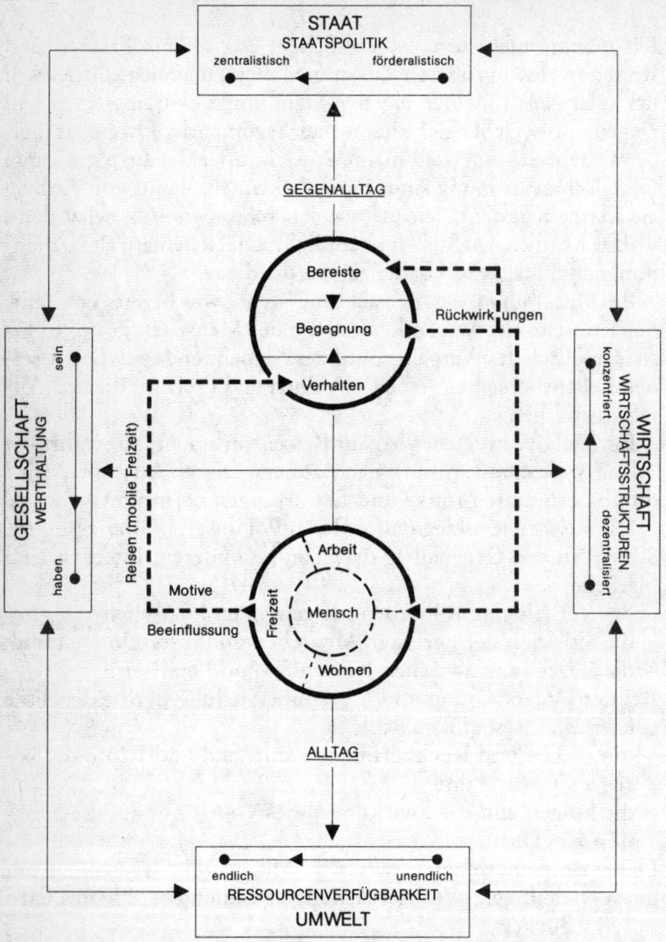

Wirtschaft und ihre Struktur (ökonomisches Subsystem); die Umwelt und ihre Ressourcen (ökologisches Subsystem); der Staat und seine Politik (politisches Subsystem). In ihrer Gesamtheit stellen diese Teilsysteme gewissermaßen das Bühnenbild dar, in welchem sich unser Leben abspielt. Die Zeichnung bringt zum Ausdruck, in welcher Richtung sich diese vier Teilbereiche etwa in den vergangenen dreißig Jahren entwickelt haben:

- In unserer Gesellschaft sind die Werte des »Seins« von den Werten des »Habens« verdrängt worden: Eigentum, Vermögen, Konsum und Egoismus stehen vor Gemeinsamkeit, Toleranz, Genügsamkeit, Ehrlichkeit und Bescheidenheit.
- Die Wirtschaft ist gekennzeichnet durch eine sich verstärkende Konzentrationsbewegung, ein Überhandnehmen der Großbetriebe und Konzerne mit immer mehr Wirtschaftsmacht auf Kosten der ums Überleben kämpfenden selbständigen Klein- und Mittelbetriebe. Weitere Merkmale im ökonomischen Bereich sind eine immer stärkere Arbeitsteilung und Spezialisierung sowie eine immer unbedeutender werdende Selbstversorgung.
- Obwohl wir wissen, daß unsere Ressourcen über kurz oder lang erschöpft sein werden, wird die Umwelt behandelt und genutzt, als ob die Ressourcen unversiegbar und unendlich wären. Wissenschaft und Technik finden immer wieder neue Mittel, um die Grenzen der Belastbarkeit des Ökosytems hinauszuschieben. Negative Nebenwirkungen des auf Großtechnologie gestützten Wirtschaftswachstums werden für beherrschbar und laufend behebbar gehalten.[22]
- Schließlich gibt es kein Industrieland, in dem die Staatsbürokratie, der Aufgabenbereich und die Ausgaben des Staates – und in ihrem Gefolge auch die Tendenz zu mehr Zentralismus in der Staatspolitik – nicht zugenommen hätten. Der Staat ist oder besser: wird gezwungen, eine immer kostspieligere Infrastruktur für den wachsenden Wirtschaftsapparat bereitzustellen (Verkehr, Versorgung und Entsorgung) und gleichzeitig Regulierungsmechanismen (»Konjunkturspritzen«, Subventionen für gefährdete Wirtschaftszweige) zu entwickeln, die ein reibungsloses Funktionieren der Wachstumswirtschaft sichern sollen. Auch weiten sich die staatlichen Dienstleistungen aus, wie Gesundheitsdienst, Erziehung, Betreuung von Randgruppen, Schutz der bedrohten

Umwelt: lebensnotwendige Leistungen, die niemand sonst übernehmen kann.[23]

Mit diesen wenigen Bemerkungen zu den Rahmenbedingungen unseres Lebens ist bereits Wichtiges angesprochen, was in der Grafik nicht zum Ausdruck kommt: So harmonisch, wie es das Schaubild glauben machen könnte, funktioniert das System nämlich nicht. Im Unterschied zur Abbildung haben in Wirklichkeit nicht alle Elemente das gleiche Gewicht. Die Bereiche sind nicht gleichwertig, die Spieße nicht gleich lang. Einzelne Pole und Teilbereiche überwiegen auf Kosten anderer. Zum Teil sind sie, anstatt sich zu ergänzen, zu sich gegenseitig aufhebenden, ja sich bekämpfenden Systemgrößen geworden.

Herrscherin über unser zivilisatorisches System ist die Wirtschaft. Sie ist Antriebskraft, Ziel und Mittel, alles in einem. Sie diktiert den Gang der Dinge. Die Verwendung der natürlichen Ressourcen, die Werthaltungen der Menschen und die Politik des Staates sind in ihren Sog geraten und haben sich ihr untergeordnet. Es hat eine Ökonomisierung aller Lebensbereiche stattgefunden. Vom Geborenwerden bis zum Begrabenwerden läuft buchstäblich jede Lebensaktivität Gefahr, vermarktet zu werden.[24]

Seit Anfang der siebziger Jahre ist diese moderne Wirtschafts- oder Wohlstandszivilisation nun aber in eine schwere Krise geraten. Nach jahrzehntelanger Blütezeit wird heute das industriegesellschaftliche System in seinem Fundament erschüttert. Ob wir es wahrhaben wollen oder nicht: Wir haben die Entwicklungen, vor allem im zweiten Teil des 20. Jahrhunderts, bis hart an ökonomische, gesellschaftliche und ökologische Grenzbereiche herangetrieben. Die Wirtschaftskrise, die Wachstumskrise, die Arbeitskrise, die Umweltkrise, die Staatskrise und die Sinnkrise, in der sich viele Menschen befinden, sind mehr als nur zeitlich befristete Schwächeanfälle. Sie signalisieren eine umfassendere Krise des Systems. Grund genug, die Gedanken hier noch etwas weiterzuspinnen – auch wenn es unser Thema zu sprengen scheint.

Die Initialzündung zu unserer modernen Industriegesellschaft war der wissenschaftliche und technische Fortschritt. Er hat die Industrialisierung der Wirtschaft in Gang gesetzt, die Massenproduktion und den weltweiten Austausch von Gütern – und wenn man ans Reisen denkt: auch den von Menschen – ermöglicht und immer wieder weiter vorangetrieben. Wohlstand für viele durch Wachstum der Wirtschaft, so heißt die Losung, die hinter unserem hohen Lebensstandard steckt. Ein jahrelang sehr erfolgreiches Rezept. Etwa zwei Drittel der jemals durch Menschen erzeugten Produktwerte (zusammengezählte Weltsozialprodukte seit den Anfängen menschlicher Existenz) sollen in der kurzen Zeitspanne zwischen 1950 und 1980 geschaffen worden sein.[25] Unumstößliches Credo der Wachstumsgläubigen ist der magische Kreis, der »Wachstumskreislauf«: Mehr Produktion schafft mehr Arbeit → mehr Arbeit schafft mehr Einkommen → mehr Einkommen ermöglicht mehr Konsum → mehr Konsum erfordert mehr Produktion → und so weiter. Oder alles umgekehrt: Mehr Produktion macht mehr Konsum notwendig usw. Die eine Größe ist mit der andern zwanghaft verbunden. Das eine läßt sich immer durch das andere begründen, einfach, einleuchtend und überzeugend. Ein Kreislauf ohne Ende, so glauben und hoffen die Wachstumsideologen noch immer und starren gebannt auf die jährlichen Wachstumsraten. Zum Beispiel auf jene des sogenannten Bruttosozialproduktes, dieses goldene Kalb der Wohlstandsstatistiker. Sie übersehen geflissentlich, wie falsch und lügnerisch dieser Maßstab ist. Die Rechnung mit dem Sozialprodukt ist eine Kosten- und nicht eine Nutzenrechnung. Je mehr Kosten wir insgesamt verursachen, desto besser soll es uns anscheinend gehen.

Der Wachstumskreislauf

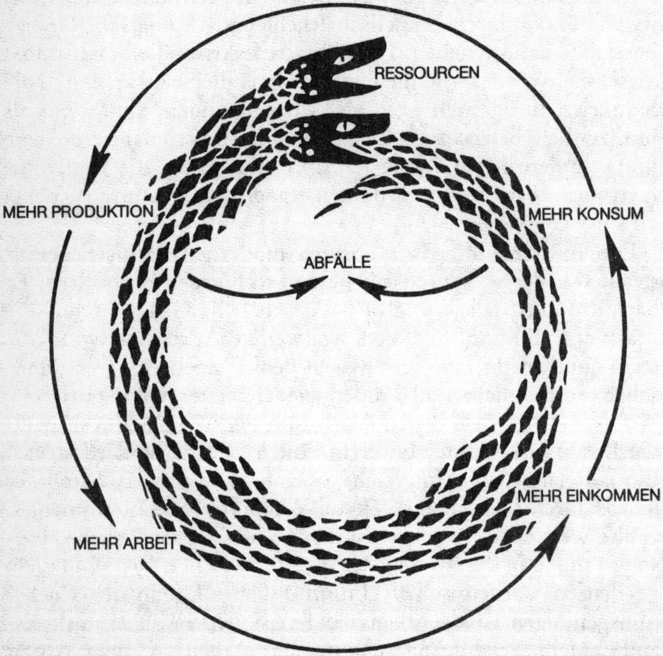

- Je schneller die Sachen zerbrechen, verschleißen, veralten, weggeworfen werden,
- je größer der Aufwand zur Beseitigung der zunehmenden Abfallmengen ist,
- je mehr wir ausgeben, um die Luft- und Gewässerverschmutzung und den Lärm zu bekämpfen,
- je mehr Verkehrsunfälle wir verursachen,
- je mehr Chemikalien wir auf die Felder streuen und je mehr Medikamente wir schlucken,
- je größer die Zahl der Kranken und der Krankenhäuser,
- je mehr Dinge wir erstellen, auch wenn wir sie wenig benützen (man denke als Beispiel bloß an das Überangebot touristischer Einrichtungen und Anlagen, die im Jahr kaum mehr als zwei Monate belegt beziehungsweise ausgelastet werden[26]) oder sie sogar wieder vernichten müssen, weil es zuviele davon gibt,
- je mehr ... und so weiter und so fort ...

... desto eindrucksvoller ist das Bruttosozialprodukt, und um so bestimmter behaupten die Spezialisten der volkswirtschaftlichen Gesamtrechnung, wir seien reich.[27] Als Wohlstandszuwachs und Fortschritt wird das allemal noch ausgelegt, obwohl diese »Fortschrittszahlen« mehr und mehr auf die Beseitigung von negativen Folgen des Wirtschaftswachstums zurückzuführen sind.

»Und jetzt wird wieder in die Hände gespuckt, wir steigern das Bruttosozialprodukt!« All jene, die diesen Schlager aus voller Brust mitsingen, sehen nur die süßen Früchte, die das explosionsartige Wachstum der Wirtschaft für uns alle abgeworfen hat. Der sehr hohe Preis, den wir dafür bezahlen mußten, die immensen Folgewirkungen, die zum Teil erst in einigen Jahren oder Jahrzehnten voll durchschlagen und von den kommenden Generationen zu tragen sein werden, kümmern sie nicht. Weder die irreparablen Schäden an der Umwelt, noch die Schäden am einzelnen Menschen, noch staatliche Bankrotterklärungen vermögen sie in ihrem Glauben zu erschüttern. Sie sehen diese Krisensymptome nicht. Auch wollen sie nach alter Manier die zunehmende Arbeitslosigkeit mit einer weiteren Steigerung der Produktion bekämpfen. So sind wir mittlerweile an dem Punkt angelangt, an dem es im offiziellen Sprachgebrauch nicht mehr heißt, die Arbeit schafft Produkte, sondern die Produktion schafft Arbeit. Man arbeitet nicht mehr, um zu produzieren, sondern man produziert, um zu arbeiten.[28] Im Namen der Arbeitsbeschaffung, Amen. Schlicht und ergreifend. Aber die Zauberformel »Mehr Produktion gleich mehr Arbeit« funktioniert nicht mehr. Modernste Technologien auf dem Gebiet der Mikroelektronik zum Beispiel machen es möglich, menschliche Arbeitskraft abzubauen und eine sogar noch höhere Produktivität zu erzielen. Wahrscheinlich sind auch gewisse Konsumgrenzen schon erreicht, oder sie werden es sehr bald sein. Sie lassen sich jedenfalls nicht einfach beliebig weiter nach oben verschieben. Aber dennoch klammert man sich weiter an den magischen Kreis und macht Sachzwänge geltend, die von Tag zu Tag stärker werden.

Das lange Zeit so erfolgreiche industriegesellschaftliche System droht, in einen Teufelskreis auszuarten. Der vormals magische Kreis wird zu einer Schlange mit zwei Köpfen: Der eine Kopf frißt natürliche Ressourcen in Form von Rohstoffen und Energie, der andere Kopf hat schon mit dem Verzehren des eigenen Schwanzes begonnen. Die Schlange produziert laufend einen immer riesiger werdenden Berg von Kot, von nicht regenerierbaren Abfällen: Materie und Energie, die man dem Kreislauf nicht wieder zuführen, also dem ersten Kopf der Schlange nicht wieder zum Fraße vorsetzen kann. Sie sind Substanzverlust und bedeuten Beeinträchtigung und Belastung der Umwelt. Mit Hilfe neuer Umweltschutztechnologien, so wird argumentiert, könnten die negativen ökologischen Auswirkungen reduziert und die Gefahr gebannt werden. Aber um die Mittel dafür bereitzustellen, sei weiteres wirtschaftliches Wachstum nötiger denn je. Wachstum also, damit wir die Kosten des Wachstums bezahlen können – und das nicht nur im Umweltbereich!

So also sind etwa die Wege angelegt, die uns in die Wohlstandsfalle führen und uns dem Leerlauf der Zivilisationsmaschine Schritt für Schritt näher bringen.[29] Es kommt einem plötzlich vor wie die mechanisch angetriebene große durchlöcherte Schöpfkelle des Künstlers Jean Tinguely, die ohne Unterlaß in den Brunnen vor dem Stadttheater in Basel eintaucht, um Wasser zu schöpfen, aber dasselbe immer wieder aus ihren eigenen Löchern verliert. Doch wenn die Zivilisationsmaschine nur noch Leerlauf produziert und die Mittel für Unterhalt und Erneuerung fehlen, nützen sich die Maschinenteile selbst ab. Es besteht die Gefahr, daß immer weniger läuft, ja Stillstand überhaupt eintritt oder das Ganze gar auseinanderfällt. Jedenfalls gibt die Fortschreibung der bisherigen Entwicklung kaum zu Hoffnungen Anlaß, wie auch aus den Schlußfolgerungen des im Jahre 1980 dem amerikanischen Präsidenten abgelieferten Berichtes ›Global 2000‹ zu entnehmen ist. Er sei hier stellvertretend für viele andere Weltentwicklungsmodelle zitiert, die zu ähnlichen Ergebnissen gekommen sind:

»Wenn sich die gegenwärtigen Entwicklungstrends fortsetzen, wird die Welt im Jahre 2000 noch überbevölkerter, verschmutzter, ökologisch noch weniger stabil und für Störungen anfälliger sein als die Welt, in der wir heute leben. Ein starker Bevölkerungsdruck, ein starker Druck auf Ressourcen und Umwelt lassen sich deutlich voraussehen. Trotz eines größeren materiellen Outputs werden die Menschen auf der Welt in vieler Hinsicht ärmer sein, als sie es heute sind.«[30]

Ist nicht ein anderes Ende möglich, und unter welchen Voraussetzungen? Ist eine Wende abzusehen? Muß das Wohlbefinden der Menschen und ihre Umwelt dem Funktionieren der Wirtschaft geopfert werden? Müssen wir kranke Menschen »herstellen«, um eine gesunde Wirtschaft zu haben?[31] Müssen wir in Zukunft, um vorwärtszukommen, mindestens zweimal so schnell rennen wie bisher, wie kürzlich ein Wirtschaftsfachmann meinte?[32] Müssen wir nicht eher den Fuß vom Gaspedal nehmen, wenn wir das Rennen gewinnen wollen?[33] Sollten wir nicht einen Schritt zurücktreten, um uns die Sache in einem größeren Zusammenhang anzusehen und zu überlegen, wohin die Sachzwangkette führt?[34]

Niemand wird so unbescheiden sein und meinen, ein anderer und besserer Lebensentwurf könne auf einen Schlag erarbeitet und auf den Tisch gelegt werden. Schon Zweifel am Herkömmlichen können weiterhelfen. Doch darüber hinaus braucht es eine Vielzahl neuer Erkenntnisse, Vorschläge und Experimente aus allen Sektoren und Wissensgebieten. Wenn wir uns hier im Bereich von Freizeit und Reisen etwas weiter vorantasten, möchten wir dabei alle die beschriebenen und kritisierten Merkmale unserer Gesellschaftsentwicklung mitbedenken. Wir wollen uns also überlegen, wie die Freizeit und das Reisen im Hinblick auf eine lebenswerte Zukunft zu gestalten wären.

Was wir für die Zukunft als wünschenswerte Entwicklung betrachten, läßt sich aufgrund unseres ersten Schaubildes in wenigen Sätzen ausdrücken: Oberstes langfristiges Ziel muß die Wiederherstellung der Harmonie des Gesamtsystems sein. Harmonie aber kann nur da bestehen, wo ein maßvoller »sowohl als auch«-Zustand herrscht und wo sich die Bereiche Gesellschaft, Wirtschaft, Umwelt und Staat bestmöglich ergänzen; wo die Wirtschaft wieder in die sozialen Beziehungen eingebettet ist und nicht umgekehrt,[35] wo sich also die Wirtschaft wieder in den Dienst des Menschen und der Gesellschaft stellt; wo die Erhaltung einer intakten Umwelt als bindende Pflicht gilt und ein Verstoß dagegen ebenso streng geahndet wird wie ein anderes Verbrechen, das Leben zerstört; wo der Staat schließlich für günstige Voraussetzungen und Rahmenbedingungen zu sorgen hat, ohne die eine neue Harmonie nicht zustande kommen kann. Das alles ist nur zu erreichen, wenn es gelingt, die in der Abbildung des Lebensmodells angegebenen Entwicklungstrends zu bremsen und umzubiegen und somit auch hier einem Zustand des Gleichgewichtes näherzukommen. Das heißt also: wieder mehr dezentralisierte anstelle von konzentrierter Wirtschaft; wieder mehr »Sein« anstatt »Haben« in den gesellschaftlichen und menschlichen Werthaltungen; wieder mehr Berücksichtigung der Endlichkeit der natürlichen Ressourcen anstelle ihrer Ausbeutung; wieder mehr föderalistische anstelle von zentralistischer Staatspolitik. Das System wird sich allerdings kaum von allein in diese Richtung umorientieren und neu regulieren. Wenn sich bald etwas bewegen soll, müssen alle in Frage kommenden Träger – und ein jeder von uns gehört ganz entscheidend dazu! – aktiv eingreifen, Blockaden einbauen, Entwicklungsgeschwindigkeiten bremsen, Leitplanken aufrichten und Strukturen beeinflussen. Wichtigste Voraussetzung wird aber sein, daß wir nicht nur bereit sind, anders als bisher zu denken, sondern uns tatsächlich auch anders zu verhalten. Ein jeder von uns, ganz persönlich.

Unsere Vorstellung einer wünschenswerten Zukunft ist also, einen Zustand von Mitte und menschlichem Maß zu finden oder wiederzufinden. Das Bild einer »harmonisierten, kooperativen Welt, in der jeder Teil ein Zentrum ist, das nicht auf Kosten anderer, sondern partnerschaftlich mit der Natur und in Solidarität mit künftigen Generationen lebt«[36]. Diese Formulierung entspricht genau dem, was wir meinen, besonders auch mit Blick auf unser engeres Thema, dem wir uns jetzt zuwenden wollen.

Die Ferienmaschinerie
oder: Der Kreislauf der Wiederherstellung

Der kürzeste Weg zu sich selbst
führt rund um die Welt.
Hermann Graf-Keyserling

Wir wollen in diesem Buchteil das Phänomen des Reisens zu begreifen versuchen, seine Hintergründe, seine hauptsächlichen Merkmale und seine Folgen. Auch wollen wir uns fragen, welches die Aussichten sind, wenn der bisherige Trend sich fortsetzt und die Reisewelle womöglich noch mächtiger wird. Wir halten uns in der Darstellung an den Kreislauf, den wir auf Seite 32 schematisch dargestellt haben. Und damit wir es nicht ständig wiederholen müssen, sagen wir es hier ein für allemal: Jedes Modell, auch unser Kreislauf, ist eine Vereinfachung der Wirklichkeit. Es werden jene Merkmale beschrieben, die vorherrschend und für die Mehrheit der Beteiligten auch tatsächlich gültig sind. Ausnahmen gibt es immer: Menschen, die sich anders verhalten, Situationen, auf welche die Beschreibung nicht paßt. Dem Leser bleibt überlassen, die gewonnenen Erkenntnisse auf den jeweiligen konkreten Fall zu übertragen und allenfalls zu korrigieren. Aber so viele Sonderfälle und Ausnahmesituationen, wie man sie meist für sich selbst beansprucht, gibt es in Wahrheit auch wieder nicht! Gerade in der Reisewelt sind sich im Grunde genommen die Verhältnisse überall sehr ähnlich.

Die Boomfaktoren des Tourismus

Die Abbildung auf Seite 43 soll auf einen Blick zeigen, was die große Reiseexplosion der Nachkriegszeit ausgelöst hat. Wir haben die Zahlen für die Bundesrepublik Deutschland und für die Schweiz eingesetzt. Das Schema allerdings zeigt die Entwicklungsmerkmale, wie sie für alle Industrieländer westlichen Zuschnitts typisch sind.
Vier hauptsächliche Motoren haben die Massen in Bewegung gebracht:

- Der wachsende Wohlstand durch zunehmende Einkommen und damit auch die Erhöhung der frei verfügbaren Einkommensanteile: mehr Geld also für Güter des Wahl- oder Luxusbedarfs, nachdem der Zwangs- oder Existenzbedarf gedeckt ist. Dazu gehört auch das Reisen. Von 1950–1984 hat sich das verfügbare Einkommen pro Einwohner (real zu Preisen von 1984) in der Schweiz mehr als verdoppelt und in der Bundesrepublik Deutschland knapp vervierfacht.
- Die Verstädterung und mit ihr der Wunsch, den unwirtlichen städtischen Lebensverhältnissen zu entfliehen. Die Bevölkerung in den Städten (Orte mit mehr als 10000 Einwohner) ist rapid angewachsen. In der Schweiz lebten 1950 36 Prozent der Bevölkerung in Städten. 1984 waren es bereits 42 Prozent. In Deutschland ist die Entwicklung noch ausgeprägter: 46 Prozent im Jahre 1950 gegenüber 73 Prozent im Jahre 1984.
- Die explosionsartige Motorisierung oder der Siegeszug des Automobils. Auf 1000 Einwohner entfielen 1950 in der Schweiz 32 und in der Bundesrepublik Deutschland lediglich 10 Personenwagen. Im Jahre 1984 lagen die entsprechenden Zahlen bereits bei 392 respektive 412! Das Auto ist wahrscheinlich die Schlüsselgröße überhaupt und auf alle Fälle jenes Merkmal, das die Abwicklung des Reisens am meisten verändert hat. Mit dem Personenwagen werden rund 70–80 Prozent aller Ferien-, Ausflugs- und Wochenendreisen unternommen. Das Lebensgefühl des Menschen hat sich vom Statischen zum Mobilen gewandelt, vom Wohnen zum Verkehren.[38] Alle wollen zurück zur Natur, aber keiner zu Fuß.

Die Boomfaktoren des Tourismus

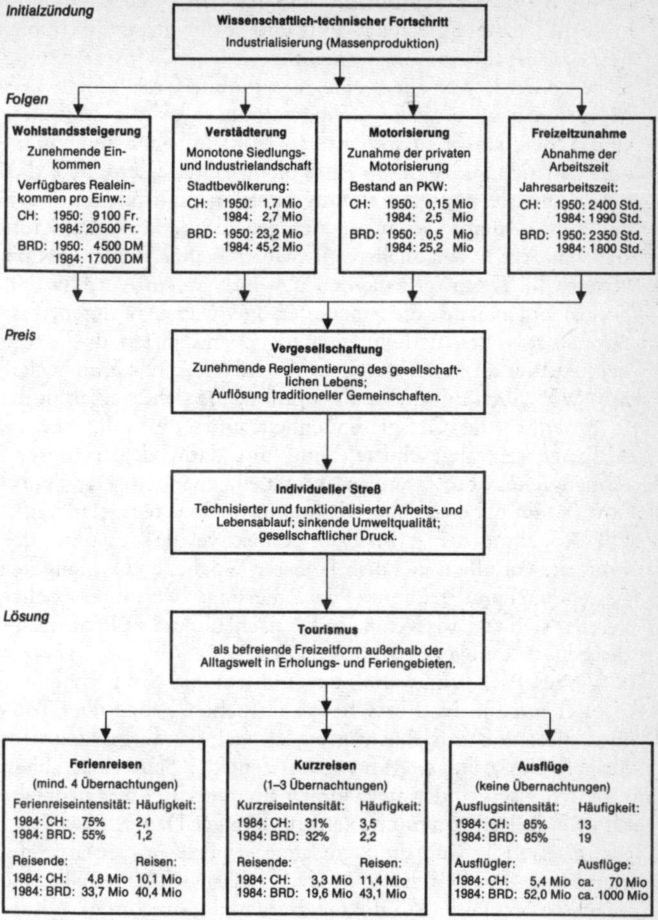

Darstellung in Anlehnung an das Schweizerische Tourismuskonzept[37].

Für Millionen Menschen ist das Auto und mit ihm das Reisen an die Stelle des Schrebergartens getreten.[39] Viele könnten ohne ihr liebstes Spielzeug, ohne ihren Freiheitsgenossen, ohne ihren Eigenheim-Ersatz nicht mehr leben. Unsere mobile Gesellschaft ist vor allem eine auto-mobile Gesellschaft. Das Motorfahrzeug und die uneingeschränkte private Mobilität sind Tabus, an die man nicht rühren kann, ohne den Volkszorn auf sich zu laden. So ist es nicht weiter erstaunlich, daß der Motorisierungsgrad ständig zunimmt und mit ihm auch das Reisen. Beides schaukelt sich gegenseitig auf: Man kauft sich ein Auto, vor allem weil man in seiner Freizeit damit reisen will. Dann reist man eben, weil man ein Auto hat. So unternehmen jene, die einen Personenwagen besitzen, fast doppelt so viele Ausflüge und Wochenendfahrten als die, die kein Auto besitzen.[40] Deren Zahl wird allerdings immer kleiner. Wir haben mit dieser Revolution, die sich Freizeitmobilität nennt, die Ortsgebundenheit und somit die soziale Abhängigkeit abgeschüttelt und uns dafür die technische Abhängigkeit, die Zwangsmobilität eingehandelt. Der Transport, kaum hat er uns befreit, nimmt uns wieder gefangen.[41]

– Die Abnahme der Arbeitszeit respektive die Zunahme der Freizeit, vor allem in Form längerer Wochenenden, längerer Feriendauer und früherer Pensionierung. Die Jahresarbeitszeit hat sich von 1950–1984 in Deutschland um 23 Prozent, in der Schweiz um 17 Prozent verkürzt.

Die Vergesellschaftung und der individuelle Streß sind der Preis, den wir für den Fortschritt zu bezahlen haben. Der Tourismus bietet sich als Ausweg an, als befreiende Freizeitform außerhalb des Alltags. Rund 75 Prozent der Schweizer gehen auf Ferienreisen und unternehmen im Durchschnitt pro Jahr rund zwei Reisen von mindestens fünftägiger Dauer. Etwas weniger reisefreudig sind die Deutschen: 55 Prozent reisen in die Ferien, und der Durchschnitt liegt nicht viel höher als eine Ferienreise pro Jahr. Auf die Gesamtbevölkerung umgerechnet ergibt sich jedoch eine sehr hohe Anzahl von Reisenden. Kurzreisen von zwei bis vier Tagen Dauer machen 51 Prozent der Schweizer und 32 Prozent der deutschen Bevölkerung. Die Häufigkeit liegt hier schon wesentlich höher: durchschnittlich etwas mehr als drei Kurzreisen pro Jahr in der Schweiz und rund zwei Kurzreisen in Deutschland. Am Tagesausflugsverkehr beteiligen sich in beiden Ländern rund 85 Prozent aller Einwohner. Sie unternehmen in Deutschland rund 19 Ausflüge und in der Schweiz rund 13 Ausflüge pro Jahr. Das Ausflüglerheer in Deutschland erreicht die Milliardengrenze. Die Zahlen für die Schweiz und Deutschland dürften in ihren Größenordnungen auch für andere Industrieländer aussagekräftig sein. Wahrlich eine enorme Völkerwanderung, eine Mobilität, wie man sie noch vor wenigen Jahren nie für möglich gehalten hätte, und die von niemandem auch nur annähernd richtig vorausgesagt worden ist.

Alle Welt reist – reist alle Welt?

Die Statistik sei eine qualifizierte Form der Lüge, meint ein böses Wort. Wenn es einen Bereich gibt, auf den diese Feststellung gut paßt, dann ist das sicher der Tourismus. Fast hoffnungslos wird es, wenn man einen internationalen Vergleich anstellen will. Jedes Land mißt mit unterschiedlichen Ellen, mit anderen Zählmethoden. Verschiedene Reiseformen, so zum Beispiel die Reisen im eigenen Land, der sogenannte Binnentourismus, oder die Ausflugs- und Wochenendfahrten, werden oft überhaupt nicht erfaßt und müssen aufgrund von Stichprobenuntersuchungen oder anderen Anhaltspunkten mehr oder weniger über den Daumen geschätzt werden. Manchmal sind Tourismusstatistiken auch manipuliert, wohlverstanden meist nach oben. Man will aus Werbegründen guten Geschäftsgang vortäuschen, sich als erfolgreiche »Destination« (Reiseziel) ausgeben oder aus nationalem Prestige eine allfällige Einbuße nicht eingestehen. Seit Jahren versuchen internationale Organisationen mehr Licht ins Dunkel zu bringen und das Durcheinander zu bekämpfen, aber bisher noch ohne großen Erfolg. So habe ich denn aufgrund zahlreicher Quellen eigene Schätzungen zum weltweiten Tourismusaufkommen gemacht, die in etwa die Größenordnungen zeigen und wahrscheinlich nicht allzu weit von der Wirklichkeit entfernt sind:[42]

Weltweit gesehen unternimmt etwa ein Viertel der Gesamtbevölkerung von jetzt 4,8 Milliarden eine oder mehrere Reisen von mindestens fünf Tagen Dauer. Die Freizeitreisen machen mehr als 90 Prozent des Gesamttourismus aus. Der Rest entfällt auf Geschäftsreisen, die hier nicht unser Thema sind. Etwa ein Drittel der Weltbevölkerung beteiligt sich mehr oder weniger aktiv am Ausflugsverkehr, wobei die Ferienreisenden und Ausflugsreisenden meistens ein und dieselben Personen sind. Selbstverständlich sind die Prozentzahlen in den Industrieländern wesentlich über diesen Durchschnitten und jene in Entwicklungsländern liegen stark darunter. Aber es wäre falsch zu glauben, Reisen sei ausschließlich eine Domäne der Industrieländer. So kann man beispielsweise beobachten, daß immer mehr Menschen auch in der Dritten Welt zeitweilig aus den Großstädten hinausströmen, im Ansatz durchaus vergleichbar mit der Stadtflucht am Wochenende in unseren Breitengraden, aber mit wesentlich geringerer Beteiligung. Massenreisen ist eben doch eine Wohlstandserscheinung, und als solche vor allem in den Industrieländern an der Tagesordnung und weit verbreitet. Die internationalen, also grenzüberschreitenden Reisen, die allerdings nur etwa ein Fünftel aller Ferienreisen (Ausflüge nicht eingerechnet) ausmachen, spielen sich zur großen Mehrheit unter industrialisierten Ländern ab: Sie liefern das Gros der internationalen Touristen und empfangen es auch. 70 Prozent aller internationalen Reisen führen gegenwärtig in den europäischen Raum, 20 Prozent nach Amerika (Nordamerika, Lateinamerika, Karibik), die übrig bleibenden 10 Prozent teilt sich der »Rest der Welt«, für die Entwicklungsländer fallen nur einige wenige Prozente ab. Die internationalen Tourismusströme bewegen sich also fast ausschließlich auf der nördlichen Welthalbkugel, vor allem in Europa und Amerika und zwischen diesen beiden Kontinenten. An dieser Verteilung hat sich im vergangenen Jahrzehnt kaum etwas geändert, und auch in den kommenden Jahren ist keine grundsätzliche Umverteilung zu erwarten.

Zum Tourismusaufkommen in den westlichen Industrieländern – Europa (exklusive Oststaaten) und Nordamerika – können etwas detailliertere und zuverlässigere Aussagen gemacht werden:

Zum Ferientourismus: Etwas mehr als die Hälfte der Bevölkerung dieser Länder oder rund 400 Millionen Menschen fahren jährlich mindestens einmal für fünf oder mehr Tage in die Ferien. Ein Viertel der Bevölkerung unternimmt sogar zweimal jährlich eine solche Reise. Rund 60 Prozent aller dieser Reisen finden in den Hochsaisonmonaten Juli und August statt, was bedeutet, daß in dieser Zeit etwa 250 Millionen Menschen von zu Hause wegfahren, mindestens für eine, aber meistens für mehrere Wochen.

Zu den Wochenendausflügen: 80–90 Prozent aller Ausflüge werden am Wochenende unternommen. Im Durchschnitt verläßt etwa ein Viertel der Bevölkerung an jedem Wochenende für kürzere oder längere Zeit das Zuhause und begibt sich auf Ausflüge aller Art. Die mittlere Reisedistanz beträgt etwas mehr als 60 Kilometer, und 20 Prozent der Ausflügler fahren über 100 Kilometer weit. Es ist vor allem der Städter, der auszieht: in deutschen Großstädten mit über 100000 Einwohnern durchschnittlich pro Wochenende 35 Prozent der Bevölkerung. In Mittelstädten (50000–100000 Einwohner) ist die Quote 25 Prozent. In Kleinstädten (20000–50000 Einwohner) beträgt sie nurmehr 15 Prozent, während von der Landbevölkerung nur etwa 10 Prozent am Wochenende verreisen. Das alles sind Durchschnittsgrößen. An schönen Wochenenden, vor allem im Sommer, aber auch im Winter, in Gebieten, wo Ski gefahren wird, können sich diese Quoten verdoppeln. An absoluten Spitzensonntagen kann in den betrachteten Ländern das Ausflüglerheer gut und gerne 500 Millionen Menschen zählen und können sich verschiedene Städte bis zu zwei Dritteln entvölkern!

Viele reisen, aber lange nicht alle, auch in den Industrieländern nicht. Am Ausflugsverkehr nehmen zwar fast alle teil. Aber Ferienreisen für alle, das gibt es noch nicht und wird es wohl nie geben. In der Schweiz fahren 25 Prozent der Bevölkerung nicht in die Ferien. In den Niederlanden sind es 39 Prozent, in Frankreich 42 Prozent, in der Bundesrepublik Deutschland 45 Prozent, in Österreich gar 53 Prozent.

Deutsche Untersuchungen[43] geben über die große Gruppe der Nicht-Reisenden interessante Auskünfte. Die Daheimgebliebenen rekrutieren sich aus allen Bevölkerungsschichten. Überdurchschnittlich vertreten sind Arbeiter, Rentner, Familien mit Kindern, ländliche Bevölkerung, Kranke, Alte, Arbeitslose, Hausfrauen. Zwar geben rund ein Viertel unter ihnen an, überzeugte Reisegegner zu sein, kein Interesse an einer Reise zu haben oder sich zu Hause am besten erholen zu können. Für viele mag das stimmen. Für andere helfen diese Begründungen wohl mit, das Nicht-Verreisen leichter zu ertragen. Noch ist es nicht so weit, daß man aus Überzeugung zu Hause bleibt. Für manch einen kann das Nicht-Reisen eine dreifache Bestrafung sein: unbefriedigtes Fernweh, Langeweile, weil zu Hause nichts los ist, Mitleid oder gar Spott von denen, die zu den Reisenden gehören. Wer auf eine Ferienreise verzichtet, tut dies meistens unfreiwillig und mit Bedauern. Kein Geld zu haben, es sich finanziell nicht leisten zu können, ist mit Abstand der wichtigste Grund für den Reiseverzicht. In Zeiten verschlechterter Wirtschaftsbedingungen und zunehmender Arbeitslosigkeit gewinnt dieses Argument noch an Bedeutung. Als weitere Gründe werden genannt: wegen Krankheit (auch von Familienangehörigen), aus sonstigen familiären Gründen, wegen kleiner Kinder oder wegen des Berufes an zu Hause gebunden zu sein. Nicht wenige Menschen fühlen sich auch zu alt zum Reisen, oder sie reisen nicht, weil sie niemanden kennen und keinen Spaß daran haben, allein wegzufahren. Schließlich gibt es immer noch Menschen, die überhaupt keinen Urlaub haben, zu Hause nicht, geschweige denn für eine Reise. In der Bundesrepublik Deutschland arbeitete 1984 jeder vierte Berufstätige durch.[44]

Schon diese wenigen Untersuchungsergebnisse lassen erkennen, daß »Demokratisierung des Reisens«, »die Ferienreise für alle«, blutarme politische Schlagworte sind. Vordringlicher als die Verwirklichung dieser Postulate ist aber sicherlich, der Frage nachzugehen, was zu tun wäre, damit Ferien zu Hause lebenswerter werden – im Interesse all jener, die zu Hause bleiben müssen oder zu Hause bleiben wollen.

Auf dem Weg zur totalen Wegfahrgesellschaft?

Ein Experte untersuchte im Jahre 1880 in New York die Verkehrsmisere, die durch die ständig steigende Zahl von Pferdefuhrwerken verursacht worden war. Er ermittelte, wie stark die Zahl der Pferdefuhrwerke seit 1840 angestiegen war, zog eine Trendkurve und sagte voraus, daß New York etwa 1950 im Pferdemist ersticken werde.[45]

Die Tourismusfuturologen sind sich offenbar alle einig, und es gibt kaum einen, der eine andere Ansicht vertreten würde: Mittel- und längerfristig marschiert der Genosse Freizeit- und Reisetrend stramm weiter nach vorn. Die Perspektiven seien rosig. Kurzfristige konjunkturelle Rückschläge hin oder her, der Tourismus bleibe eine der vielversprechendsten Wachstumsindustrien. Es gibt tatsächlich viele Argumente, die für diesen Optimismus sprechen. Der Trend der vier touristischen Boomfaktoren zeigt nach oben – auf den ersten Blick jedenfalls:

- Der Verstädterungsprozeß geht weiter. Bis zum Ende des 20. Jahrhunderts wird etwa die Hälfte der inzwischen auf 6,4 Milliarden angewachsenen Weltbevölkerung in Städten und Vorstädten leben, davon ein Drittel in Städten mit über

100000 Einwohnern. In zahlreichen Ländern Europas und Nordamerikas läuft die Tendenz auf eine Konzentration von 80 Prozent der Bevölkerung in Ballungsgebieten hinaus. In asiatischen Ländern wird, wenn auch mit Zeitverzug, eine gleiche Entwicklung erwartet.[46] Auch in den Entwicklungsländern wird das Wachstum der Städte ungeheuer sein. Den Rekord werden im Jahre 2000 die Hauptstadt Mexikos mit über 30 Millionen, Tokio und São Paulo mit über 20 Millionen Einwohnern halten.[47] Die großstädtische Bevölkerung wird sich im Vergleich zu heute noch vor Ablauf dieses Jahrhunderts verdoppeln.

- Der Motorisierungsgrad soll weiter emporschnellen. Hier die imposante Entwicklungsreihe und die Prognose des weltweiten Bestandes an Personenwagen:[48] 1967: 158 Millionen, 1970: 193 Millionen, 1980: 320 Millionen, 1990: 483 Millionen.

In der Schweiz und in der Bundesrepublik Deutschland rechnet man nach vorsichtigen Prognosen fürs Jahr 2000 mit 460 respektive 520 Personenwagen pro tausend Einwohner (Vergleichswerte 1984: Schweiz 392, Bundesrepublik Deutschland 412). Das ungebrochene Wachstum der Autolawine scheint vorprogrammiert und mit ihr auch das Anschwellen des Freizeitverkehrs. Der rasche Ausbau der Autobahnen und Straßennetze läßt Stadt und Land zusammenrükken und heizt den Verkehrsboom weiter an.

- Eine weitere starke Abnahme der Arbeitszeit und eine entsprechende Zunahme der Freizeit liegen ebenfalls im Trend. Schon in den sechziger und siebziger Jahren haben verschiedene Futurologen[49] für die freizeitorientierte nachindustrielle Gesellschaft des Jahres 2000 übereinstimmend etwa folgendes Zukunftsbild entworfen: 1100 bis 1200 Arbeitsstunden pro Jahr, 4-Tage-Woche mit 30 Arbeitsstunden und 12 bis 13 Ferienwochen pro Jahr. Sie waren sicher, daß wir diese paradiesischen Zustände erleben würden. Diese Prognosen scheinen zwar ziemlich realitätsfern zu sein; wenn sich jedoch der bisherige Trend fortsetzt, werden wir um die Jahrtausendwende bei etwas unter 1500 Jahresarbeitsstunden angelangt sein. In der Schweiz soll die Jahresarbeitszeit im Jahre 2000 noch 1650 Stunden, in der Bundesrepublik Deutschland nurmehr 1510 Stunden betragen (Vergleichszahlen 1984: 1990 respektive 1800 Stunden). Die Zunahme der Freizeit wird auf alle Fälle erheblich sein. Sie wird, wenn nicht alles täuscht, eher zu einer weiteren Verlängerung der Wochenenden und der Ferienzeit als zu einer Verkürzung der täglichen Arbeitszeit führen. Und mehr Freizeit hieße, zumindest nach bisherigen Erfahrungen, ganz einfach auch mehr Reisen.

– Nicht mehr ganz so im klaren wie bei den übrigen Faktoren sind sich die Prognostiker bezüglich der Wohlstandsentwicklung, gemessen am Maßstab der verfügbaren Einkommen. Die meisten gehen von einem weiteren, wenn auch abgeschwächten Wachstum des Bruttosozialproduktes aus. Die stark zunehmenden Arbeitslosenzahlen werden als vorübergehende Erscheinung, als konjunkturelle Atempause betrachtet. Man glaubt längerfristig an Wohlstandvermehrung oder -erhalt auch bei weniger Arbeit. Wie zur Beruhigung des Gewissens werden die unterschiedlichsten Argumente hervorgeholt, um zu belegen, daß das Geld für die Reise nicht ausgeht. So hätten die Reiseausgaben immer die Tendenz gehabt, schneller anzuwachsen als das Bruttosozialprodukt. In Zukunft könne man damit rechnen, daß in der Konsumstruktur der privaten Haushalte Umschichtungen zugunsten der Güter des Freizeitsbedarfs eintreten werden, nicht zuletzt, weil in einigen anderen Konsumbereichen Sättigungsgrenzen zu erkennen seien,[50] beim Reisen jedoch nicht. Im übrigen seien für das Reisen nicht allein wirtschaftliche Faktoren bestimmend, sondern vor allem auch psychologische und gesellschaftliche Momente. So werde die Reiseerfahrung und -gewöhnung immer größer, das Reisen genieße eine hohe Konsumpriorität, und selbst bei stagnierenden Einkommen würde man nicht darauf verzichten. Die Bildung steige und mit ihr auch die Neigung zum Reisen. Die Haushalte würden kleiner, und da könne man sich Reisen eher leisten. Auch kämen bald die geburtenstarken Jahrgänge der sechziger Jahre als junge Erwachsene mit hoher Reiseintensität auf den Markt. Und wenn man tatsächlich den Gürtel enger schnallen müßte, würde man trotzdem verreisen. Aber dann wahrscheinlich nach der Devise: näher, kürzer und preiswerter. Oder man würde einfach seine Ersparnisse dafür verwenden. Schließlich wird auf die riesigen touristischen Nachfragereservoire in fast allen Industrieländern hingewiesen, auf das große Heer all jener, die noch nicht oder wenig reisen und die es zu mobilisieren gelte.

Alles positiv wie eh und je. So etwa drückt sich die vorherrschende Meinung aus, wenn in der Tourismusbranche von der

Zukunft die Rede ist. Alle sogenannten einschlägigen Tourismusprognosen stützen sich ausdrücklich oder stillschweigend auf die beschriebenen Trendvoraussetzungen. Das führt wahrlich zu imposanten Entwicklungszahlen:

- Der französische Forscher Pierre Lainé[51] geht davon aus, daß 80 Prozent und später sogar 90 Prozent der Menschen, die in den Städten leben, den Wunsch haben, wegzufahren, wenn meistens auch bloß im eigenen Land. Er prognostiziert für das Jahr 2000 eine Zahl von 2,5 bis 3 Milliarden Menschen, die gerne reisen möchten. Noch würden einige Widerstände den massenweisen Auszug aufhalten, wie vor allem die ungenügenden finanziellen Mittel. Sie hätten aber im Zuge der Demokratisierung der Gesellschaft und der Erhöhung des Lebensstandards die Tendenz, sich zu verringern. In einigen Ländern und in bestimmten Gesellschaftsschichten sei ja der Prozentsatz der Reisewilligen und der tatsächlich Reisenden schon annähernd deckungsgleich. Nach Berechnungen des amerikanischen Experten Stephen Papson werden im Jahre 2000 zwei Milliarden Menschen zu ihrem Vergnügen reisen.[52]
- Herman Kahn sagt voraus, daß die weltweit für alle Arten von Reisen getätigten Ausgaben jedes Jahr um 10 Prozent anwachsen und sich bis zur Jahrhundertwende verfünffachen werden: von 400 Milliarden Dollar im Jahre 1978 auf 2000 Milliarden Dollar im Jahr 2000. Der globale Fremdenverkehr werde damit zu den eindeutig führenden Wirtschaftszweigen der Welt gehören.[53]
- Für die internationalen Reisen rechnet die Weltorganisation für Tourismus bis 1990 mit jährlichen Wachstumsraten von 5 Prozent; und eine schweizerische Untersuchung schätzt, daß sich die Zahl der internationalen Touristen bis ins Jahr 2000 etwa verdoppeln werde, was einer jährlichen Rate von 3,5 Prozent entspricht.[54]
- Im weltweiten Luftverkehr sollen die Passagierzahlen mit jährlichen Zuwachsraten von 6,5 Prozent zwischen 1980–1995 ebenfalls schnell anwachsen. Dabei ist allerdings zu berücksichtigen, daß im Flugverkehr der Anteil des Geschäftstourismus etwa 40 Prozent beträgt. Hier die eindrucksvolle Kurve der Passagierzahlen (ohne UdSSR:[55] 1965: 177 Millionen Passagiere, 1970: 383 Millionen, 1980: 749 Millionen, 1995: 1800 Millionen.

Der Trend ist mächtig. Aufgeputscht durch alle diese Kräfte, hat der Tourismus eine fast schon ungeheure eigengesetzliche Dynamik entwickelt. Er durchbricht seine eigenen Randbedingungen. Allfällige Hemmfaktoren wie wirtschaftliche Flauten, Energieknappheit oder Umweltrisiken vermögen seinen Vormarsch nicht aufzuhalten. Die Vision einer alle Menschen erfassenden, grenzenlosen Freizeitmobilität zeichnet sich deutlich ab. Liegen also vor uns wirklich die guten Jahre mit mehr Freizeit- und Reiseglück für viele? Oder erwartet uns nicht vielmehr die Apokalypse einer Menschheit, die sich zu Tode mobilisiert haben wird, die Vision einer kolossalen Massenbewegung und alles überflutenden Freizeitinvasion, die nicht mehr zu bewältigen ist? Wie will man mit der noch größeren Touristenlawine fertig werden, wo doch schon heute überall Engpässe und Überlastungserscheinungen zu beobachten sind; wo der Tourismus Umwelt, Kulturen und Menschen häufig schon überbeansprucht und die Tendenz hat, sich selbst zu zerstören. Mehr als eine Verdoppelung dessen, was wir schon heute kennen, erscheint in ihren praktischen Auswirkungen doch einfach undenkbar. Aber wird vielleicht nicht doch einiges anders kommen, als es die bloße Fortschreibung des Trends erwarten läßt? Entwicklungen, die den Wachstumstrend abdrehen oder sogar brechen, oder gar solche, die eine neue Qualität des Reisens möglich machen werden? Wir wollen im Verlauf unserer Arbeit versuchen, auch diesen Fragen weiter nachzugehen.

Die Beweg-Gründe des mobilen Freizeitmenschen – Reisen zwischen Norm, Versprechen und Hoffnung

Der Mensch auf der Suche nach Balance

Der Kreislauf der Wiederherstellung beginnt beim Menschen und seinen Bedürfnissen. Beim Alltagsmenschen, der zum Touristen und wieder zum Alltagsmenschen wird. Seine Bedürfnisse bilden seinen Handlungsantrieb. Die Psychologie lehrt uns, daß jeder Mensch in zahlreiche Spannungsfelder gegensätzlicher Bedürfnisse eingefangen ist, zum Beispiel:[56]

Arbeit – Erholung
Wachen – Schlafen
Anstrengung – Entspannung
Einnahmen – Ausgaben
Beruf – Familie
Freiheit – Gebundenheit
Risiko – Sicherheit

Lebensbewältigung heißt nun, das Gleichgewicht zwischen diesen Bedürfnissen immer wieder neu herzustellen, gleich einem Seiltänzer, einen Weg zwischen diesen Polen zu finden, die immer ein »sowohl-als auch« und nicht ein »entweder-oder« bedeuten. Gelingt dieser Balanceakt in allen Spannungsfeldern, so haben wir den Idealfall des ausgeglichenen Menschen: einen spannungsfreien, ungestörten Zustand der Ausgeglichenheit, den man auch Glück nennen könnte.[57] Überwiegt jedoch ein Pol auf Kosten des andern, entstehen Gefühle der Unzufriedenheit, des Mangels oder der Überlastung, gefolgt vom Drang, etwas dagegen zu unternehmen. Im Prozeß, der darauf abzielt, die Physis und die Psyche des Menschen zwischen Reiz und Ruhe auszugleichen und in Harmonie zu bringen, scheint ein »mittleres Aktivationsniveau« optimal zu sein. Dieses ist allerdings von Mensch zu Mensch verschieden. Es gibt Menschen, die mehr Ruhe und Ausgeglichenheit und solche, die mehr Aktivität und Erregung brauchen.[58] Im industriellen Alltagsleben ist es sehr schwierig, diese Balance über längere Zeit hinweg zu halten. Der Mensch wird einerseits mit Reizen überflutet in Form von Hetze, Lärm und Streß. Anderseits ist vieles monoton, reizlos und einseitig: die Wohnsituation, die Umgebung, die Wege zur Arbeit, die Arbeit selbst, sogar die Alltagsfreizeit.

Erlebnis-, Kontakt- und oft auch Bewegungsarmut sind weitere Stichworte. Ist es nicht sonderbar, daß mit dem Begriff »Alltag« im populären Sprachgebrauch eigentlich nur Negatives verbunden wird? Alltag, das ist die Summe der Negativa des Daseins. Dreck – Krach – Arbeit – Hetze – Schule – Mühe – Umweltverschmutzung. Das alles ist Alltag.[59] Man beschreibt ihn nur mit traurigen Farben und Eigenschaftswörtern: grau, eintönig, ermüdend, triste, langweilig. Aber – und das ist das Schlimme daran –: Besteht unser Leben nicht mehr aus Alltag als aus Sonntagen und Sondertagen?[60]

Der Möglichkeit, wegfahren zu können, zu verreisen, wird ganz offensichtlich große Bedeutung beigemessen. Der Alltag läßt sich auf Dauer nur ertragen, wenn es Möglichkeiten gibt, ihm zu entrinnen; anders kippt der Mensch aus dem Gleichgewicht und wird krank.[61] Die Freizeit und vor allem das Reisen sollen Farbtupfer in diese kahle Lebenswelt malen. Sie sollen Wiederherstellung – Re-Kreation – des Menschen bedeuten, Gesundung und Gesunderhaltung von Körper und Geist, Schöpfung von neuer Lebenskraft, von neuem Lebensinhalt.

Die gesellschaftliche Beeinflussung

Endlich Wochenende, endlich Ferien! Während der ganzen Woche und übers ganze Jahr hat man die Tage gezählt, sich darauf gefreut, darauf hingearbeitet, Pläne geschmiedet und Vorbereitungen getroffen. In dieser Freizeit und Ferienzeit will man nun eine ganze Menge Bedürfnisse befriedigen, Dinge tun, die im täglichen Leben, im Arbeitsalltag zu kurz gekommen sind, die man zurückgestellt hat, aber die einem wichtig, ja lebenswichtig sind.

Eines scheint für jedermann festzustehen: Die Befriedigung dieser Bedürfnisse ist nur »draußen« zu finden. »Drinnen«, zu Hause, daheim ist das offenbar nicht möglich. Höchstens für einige Privilegierte. Für die wenigen Menschen, die eine vergnügliche, kreative und abwechslungsreiche Tätigkeit besitzen, die ihr Tagwerk und ihren Rhythmus selbst bestimmen, die frei sind, denen es an nichts mangelt, die so schön wohnen, daß sie ohne weiteres im Garten oder auf dem Balkon Urlaub machen können. Sie haben sozusagen jeden Tag Ferien. Sie brauchen den Urlaub nicht, den all die andern so dringend benötigen, obwohl sie deshalb nicht weniger reisen. Solche Privilegien sind allerdings nur wenigen Arbeitsaristokraten vorbehalten: Schriftstellern, Malern, Musikern, Professoren zum Beispiel, und einigen andern, die es sich gut eingerichtet haben. All jene aber, die in die typischen Arbeitsprozesse, Lebensabläufe und Wohnsituationen eingespannt sind, welche unsere Industriegesellschaft kennzeichnen, sind offensichtlich auf »Tröstung von draußen« angewiesen. Erholung und Ferien heißt für sie reisen, wegfahren. Unsere Gesellschaft projiziert Erholungsbedürfnisse nach draußen. Die Polarisierung »hier arbeiten und wohnen – dort erholen« ist für uns etwas ganz Selbstverständliches geworden.

Die Städte haben sich um die Freizeit- und Erholungsbedürfnisse ihrer Bewohner nie groß gekümmert. Die meisten Städte sind mehr oder weniger Arbeitsstädte und für die Verbringung erholsamer Freizeit ungeeignet. Und der Verstädterungsprozeß mit seinen negativen Folgen für die Menschen nimmt seinen Fortgang, obwohl seit Jahren alles davon spricht, daß die Städte wohnlicher gestaltet werden müßten. Weiterhin konzentriert man die Arbeitsplätze in den Zentren. Die Bodenpreise steigen. Der Wohnraum wird verdrängt. Die Städte ufern aus. Das Umland wird zersiedelt. Die Verkehrswege zwischen Umland und Stadt werden ausgebaut. Auch das krampfhafte Bemühen um die Rettung einiger Grünflächen und das Bereitstellen von ein paar Freizeitanlagen vermögen daran nichts zu ändern: Wohnlichkeit und städtische Lebensqualität verschlechtern sich zusehends. Der Zweiteilung folgt die Dreiteilung des Menschen: hier arbeiten – da wohnen – dort erholen. Das Abschieben von Verantwortung nach außen ist offensichtlich. Die Erholungskosten der Verstädterung werden nicht bedacht und von den Städten auch nicht selbst verantwortet und bezahlt. Sie werden einfach aufs Land exportiert.[62] So hat sich weltweit eine Art Arbeitsteilung zwischen Metropolen und Peripherien herausgebildet,[63] obwohl sie eigentlich nie abgesprochen worden ist. Eine Arbeitsteilung, die kaum je auf Partnerschaft beruht und in der Kosten und Nutzen ungleichmäßig verteilt sind.

Die Motivation des einzelnen Menschen zu verreisen, draußen zu suchen, was er drinnen nicht finden kann, entsteht weniger aus individuellem Antrieb. Das Motiv entsteht vor allem unter dem Einfluß der sozialen Umgebung, aus der jeder Mensch seine Normen bezieht. Die individuelle Entscheidung ist gewissermaßen gesellschaftlich vorausbestimmt. Das gilt ganz besonders auch für das Reisen und die Ferien. Unsere Gesellschaft bietet dem bedürftigen Menschen den Tourismus, die Ferien außerhalb der Alltagswelt in vielfältigster Weise an und preist sie als Fluchthelfer, Problemlöser, Kräfte- und Energiespender, Lebenshilfe und Glücksbringer zugleich. Die Ausbruchofferte soll von jedermann angenommen werden können. Nach dem »Recht auf Ferien« ist das »Recht auf die Ferienreise« zu einem sozialpolitischen Anliegen geworden: Beteiligung am Tourismus für alle Volksschichten. Erholung und Ferien werden mit Tourismus gleichgesetzt. Erholungsbedürfnisse werden aufgenommen und in Richtung Tourismus orientiert, in Reisen verwandelt – obwohl viele dieser Bedürfnisse durchaus auch zu Hause zu befriedigen wären, wenn man bessere Voraussetzungen dafür schaffen würde. Aber daran wird nicht gedacht, oder man hat den Kampf um wohnlichere Städte und humanere Arbeitsverhältnisse längst aufgegeben. So ist denn Reisen zu einer sozialen Norm geworden.[64] »Man fährt weg, man fährt in die Ferien« gehört zur Lebensform unserer Zivilisation und hat sich als selbstverständliche Norm, als normales Verhalten in unser Denken eingenistet. Man fragt nicht: »Was machst du in den Ferien?«, sondern »Wohin fährst du in die Ferien?«

Es bedarf keiner besonderen Begründung mehr, warum man im Urlaub eine Reise unternimmt, sondern man muß bestimmte Gründe haben, wenn man keine unternimmt.[65] In einer Gesellschaft, die von Kopf bis Fuß auf Reisen eingestellt ist, kann es einem schwierig vorkommen, sein Daheimbleiben zu rechtfertigen, ohne an sozialem Prestige zu verlieren. Sicher spielen Prestigeüberlegungen und das Schielen auf den Nachbarn auch bei Reiseentscheidungen eine Rolle, aber nicht die ausschlaggebende, wie es gewisse Tourismustheoretiker wahrhaben wollen. Mag sein, daß die Urlaubsreise wie etwa der Zweitwagen oder die Zweitwohnung ein sogenanntes »positionelles Gut« ist, das anzeigt, auf welcher Sprosse der gesellschaftlichen Stufenleiter man sich befindet. Aber seit eine Weltreise fast für jedermann billig zu haben und die Reise auf den Mond noch nicht zu kaufen ist, zieht die Formel »je weiter weg und je teurer die Reise, desto besser« längst nicht mehr in allen Gesellschaftsschichten. In der Nähe oder gar zu Hause Urlaub zu machen, keinen Zweitwagen und keine Zweitwohnung zu besitzen, stößt heute auch auf soziale Anerkennung, ja auf Bewunderung, vor allem in den intellektuellen und eher wohlhabenden Gruppen unserer Gesellschaft. Für sie, die meist reiseerfahren sind, vieles von der Welt gesehen haben, privilegiert wohnen und gut verdienen, ist es leicht, auf blasierte Distanz zum Massenreisen zu gehen. Wie dem auch sei: Prestigeerwägungen werden bei Reiseentscheidungen wahrscheinlich immer ein bestimmtes Gewicht behalten. Wie groß es ist, läßt sich nicht ausmachen. Doch überschätzen sollte man es nicht.

Noch viele weitere Kräfte in unserer Gesellschaft wären zu nennen, die alle den Drang nach draußen verstärken, obwohl sie nicht bewußt darauf ausgelegt sind. Zum Beispiel die Organisation der jährlichen Arbeitszeit und Schulzeit; der Kampf und die Argumente der Politiker zugunsten der vierten oder fünften Ferienwoche; die allgemeine Information in den Zeitungen, in Radio und Fernsehen, wo Erholung und Reisen fast immer in einem Atemzug genannt werden; die unzähligen Romane, Theaterstücke und Filme, die in Ferienorten handeln und Ferienatmosphäre beschreiben; die allgemeine Werbung und die Mode, die nach dem Duft der großen weiten Welt riechen und die, so ganz im Vorbeigehen, eben auch die Sehnsucht nach Sonne, Sand und Meer, nach unverbrauchter Natur, nach Dolcefarniente oder nach wildem Abenteuer wecken; die vielen Lieder von Müllers Wanderslust bis Viva l'España, die besingen, wie schön es ist, auszuziehen und anderswo zu sein; die lieben Freunde und Bekannten, die Nachbarn und Arbeitskollegen, die nach Hause kommen und ihre Reiseerlebnisse weitererzählen, als ob es auf der Welt nichts Schöneres gäbe; die staatlichen Förderungsprogramme, die dem Tourismus zugute kommen; die Feriensparvorschläge der Gewerkschaften; die Bezahlung von Kuraufenthalten durch die Krankenkassen; die Gewährung von steuerlichen Vorteilen bei Zweitwohnungsbesitz im Ausland; das Schenken von Reisen als Prämie für besonders erfolgreiche Mitarbeiter anstelle einer Gratifikation; und so weiter, und so fort ...

Wenn sich dann an den Wochenenden und in den Ferienzeiten Millionen mobil machen und hinausfahren, dann macht sich in der Alltagswelt Leere breit. Der Freizeitschock betäubt und lähmt das pulsierende Leben der Stadt.[66] Die Läden der Geschäfte werden dichtgemacht. Die Gastlokale sind geschlossen, oder es gibt nur kalte Küche. Wer will da noch zurückbleiben? Wo nichts los ist, da bleibt man nicht. Also fährt man auch weg. Und weil viele wegfahren, ist zu Hause nichts los. Ist nicht auch das eine Art von gesellschaftlichem Zwang, es so zu tun wie alle anderen? Und was ist dann mit jenen, die bleiben müssen?

Alle diese beeinflussenden Kräfte sagen dem bedürftigen Menschen: »Deine Erwartung heißt Tourismus.« Sie lassen ihn sogar glauben, daß sein Bedürfnis in Wirklichkeit immer ein touristisches gewesen sei.[67]

Die Versprechungen der Paradiesverkäufer

Die Holzindustrie verarbeitet Holz. Die Metallindustrie verarbeitet Metall. Die Fremdenindustrie verarbeitet Fremde.[68]

Die Voraussetzungen für die Ferienverkäufer und Tourismuspromotoren könnten besser nicht sein: die beschriebenen gesellschaftlichen Faktoren haben die Menschen bereits in ein Reise-Reizklima versetzt. Über die Frage, ob man die zur Verfügung stehende Zeit überhaupt mit einer Reise gestalten wolle, wird schon gar nicht mehr nachgedacht. Noch viel weniger über die Folgen, die eine solche Reise auf Mensch und Umwelt haben könnte.[69] Die Tourismusanbieter brauchen nur noch mit ihren konkreten Offerten einzusteigen, um den definitiven Reiseappetit zu wecken und um auch die letzten noch Zögernden zu überzeugen, daß die Ferien in X oder die Reise nach Y die Erfüllung ihrer Träume sei: Tourismus als ein wohlverdientes, problemloses, harmloses Vergnügen, die sonnige Seite der Straße.

Eine immer riesiger werdende Unterhaltungs- und Vergnügungsindustrie nimmt sich, alles abdeckend, unserer Freizeit- und Reisebedürfnisse an. Es ist die Industrie der Reiseveranstalter, der Unternehmungen des Luft-, Schienen-, Straßen- und Seeverkehrs, der Beherbergungs-, Verpflegungs- und Unterhaltungsbetriebe, der Baufirmen, der Ersteller von Zweitwohnungen und Mobilheimen, der Produzenten von Camping- und Caravaningausrüstungen, der Planungs- und Consultingfirmen, der Wirtschafts- und Werbeberater, der Architekten, der Seilbahnbauer, der Ski- und Bekleidungsfabrikanten, der Souvenirhändler, der Spielcasinos und Lunaparks, der Automobilbranche, der Banken, der Versicherungen und so weiter. Eine Industrie mit industriellen Eigengesetzlichkeiten, mit eigenen Zeitungen, beispielsweise eine mit dem vielsagenden Namen »Amusement-Industrie. Internatioanle Fachrevue für Freizeit-Technologie«[70]; mit eigenen Kongressen, Fachmessen und Ausstellungen, national und international organisiert. Jeder strebt nach mehr Umsatz, nach mehr Marktanteil. Jeder wird alles daran setzen und mit ausgeklügelten Methoden operieren, um sein Ziel zu erreichen. Der ländliche Raum, die schönsten Landschaften und die interessantesten Kulturen rund um unseren Globus bieten sich als erfolgversprechendes Tummelfeld dieser Industrie an. Der Wettbewerb ist hart, aber die Nachfrage groß. »Tourismus ist Geschäft und nicht Wohltätigkeit« – »Zur Hölle mit den Paradiesen!«, so sprechen Tourismuspromotoren.

Die Kommerzialisierung der Erholungsbedürfnisse, ihre Verwandlung in Reisen aller Art geschieht nach den anerkannten Regeln der Marketingkunst. Die angewandten Techniken sind die gleichen wie beim Verkauf von Staubsaugern, Automobilen, Waschmitteln oder anderen Konsumgütern. Aber weil sie mit Sehnsüchten und Träumen handeln, Landschaften, Menschen und Kulturen vermarkten, tragen die Reiseanbieter – so sollte man meinen – eine ungleich größere Verantwortung. Sie sind sich dieser allerdings kaum bewußt oder nehmen sie einfach nicht wahr. Die Hersteller der Ware Reise sind keine gemeinnützigen Institutionen, sondern kommerzielle Unternehmen. Sie geben das auch ganz offen zu. Für sie ist es letztlich ohne Belang, warum eine Reise unternommen wird. Interessant ist nur, daß sie unternommen wird.[71] Sie haben primär das kurzfristige Wachstum der eigenen Umsätze und nicht die langfristige Entwicklung eines allseits harmonischen Tourismus im Auge. Es wäre weltfremd, sie deswegen zu tadeln, denn sie handeln nach anerkannten Grundsätzen der freien Erwerbswirtschaft. Heute gilt es jedoch zu erkennen und zu diskutieren, wo die Grenzen dieser Freiheit liegen.

Die Prediger in der Kirche können das Paradies nur für die Zeit nach dem Tod versprechen. Die Tourismusindustrie bietet es bereits auf dieser Erde an.[72] Wie »wissenschaftlich« dabei vorgegangen wird, zeigen beispielhaft die nachstehenden Auszüge aus den Empfehlungen eines Psychologen zur erfolgreichen Gestaltung von Titelseiten bei Reisekatalogen. Eine umwerfend ehrliche und in den Augen des »unbefugten« Lesers wohl eine demaskierende und desillusionierende Darstellung:

»Das Grundlegende und Entscheidende ist, ›Ferienstimmung‹ oder ›Urlaubsatmosphäre‹ zu vermitteln, d. h. ein Gegenbild des Alltags, das einerseits Ungezwungenheit, Gelöstheit, Fröhlichkeit, Freiheit, Vergnügen, andererseits Ruhe, Weite, Stillstand der Zeit, ›Entsprannung‹, schließlich eine gewisse ›Romantik‹,

Rückkehr zur Natur, zum Ursprünglichen, oder ein besonderes, außergewöhnliches Erleben zum Ausdruck bringt ... Es soll etwas Schönes, Urlaubsmäßiges, nicht Alltägliches dargestellt sein, also weder etwas, das man im eigenen Alltag haben kann (z. B. in der örtlichen Badeanstalt), noch an den Alltag des Urlaubslandes erinnert (z. B. wie die Einwohner des Landes normalerweise aussehen) ... Bei Darstellungen von Menschen außerhalb des gewohnten Kulturkreises ist Vorsicht angebracht; sie dürfen nicht allzu fremdartig wirken bzw. vom hiesigen Schönheitsideal abweichen, weil sonst Vorurteile geweckt werden; vielleicht spielen dann auch untergründige Angstreaktionen eine Rolle ... Sicherlich ist auch die Verwendung eines typischen Urlaubssymbols, z. B. Sonne, Sonnenschirm, Strandkorb o. ä. vorteilhaft. Dies ist jedoch für den einzelnen Veranstalter individuell zu untersuchen.«[73]

Einige Beispiele von dem, was sich gewiefte Werbetexter einfallen lassen und mit welchen Argumenten etwa gefochten wird: »Togo das Sommerland für Wintermuffel, wo der Franken noch etwas wert ist« – »Eine tolle Geschenk-Idee: Togo unter dem Weihnachtsbaum. Weil die schönsten Geschenke wohl die unvermuteten sind. Warum also nicht jemanden mit einem Togo-Ticket überraschen, der es am allerwenigsten erwartet hat. Einem erfolgreichen Abiturienten, einer besonders tüchtigen Mitarbeiterin oder irgend jemanden, der Ihnen nahe steht.« Oder: »Kenia statt Kälte! Wenn Sie lieber Sonnenöl als Heizöl kaufen: mit Touropa nach Kenia.« Die Devise des Club Méditerranée: für zwei Wochen ganz nahe beim wahren Leben zu sein: »Pour deux semaines tout près de la vraie vie« – »Zum Beispiel im Golf von Gabès. Kopf in der Sonne. Füße im Wasser. Bungalows unter Palmen. Segeln. Surfen. Schnorcheln. Tischtennis. Tennis. Ballspiele. Bogenschießen. Auftanken. Abschalten.« Oder: »In einer Taverna, unter einem schattenspendenden Baum, auf einem kleinen Balkon oder an der Hafenpromenade geben sich Einheimische dem süßen Nichtstun hin. Was liegt da näher, als es diesen Lebenskünstlern gleichzutun und einfach schöne, lässige Ferientage zu verbringen?« Oder: »Ein Angebot zum Sofort-Zugreifen: kurzfristig zu erstellende Chalets an einem herrlich gelegenen Südhang, in allerbester Lage des idyllischen Ortes, mit phantastischem, unverbaubarem Fernblick« – »Sicher Steuern sparen mit einem Chalet in der schönen Schweiz« – »Wo heute noch Gras wächst, kann schon morgen Ihr Kapital wachsen«.

Wer im harten Busineß um die Gunst des Touristen bestehen will, muß alle Register ziehen, denn die Konkurrenz auf diesem vielversprechenden Markt wird mit jedem Tag größer. Da geht es nicht um die Erlangung eines Fairneß-Preises für lautere Werbung, sondern ums Geschäft. Der Zweck heiligt die Mittel.

Das also ist etwa der Stoff, aus dem die Träume gemacht werden. Die Klischees in Bild und Wort sind seit Jahrzehnten die gleichen: der tiefblaue Ozean, der weiße Sand, der Sonnenuntergang, die Palmen, gebräunte schöne Ferienmenschen, malerische Fischer- und Bergdörfer, glücklich lachende und farbenprächtig gekleidete Einheimische, türkisfarbene Swimmingpools, ewige Sonne, ewiger Schnee, unberührte Landschaft, jungfräuliche Skihänge, reich garnierte Selbstbedienungsbuffets, strahlende Kinder und Eltern, abenteuerliche Ausflüge, imposante Sehenswürdigkeiten, aufregendes Nacht- und Sexleben usw. Eine heile Sonntagswelt, eine Scheinwelt, nur ein Ausschnitt, eine Montage, von der Wirklichkeit meist weit entfernt; Ferienatmosphäre in Superlativen, rosaroten Farben. So wie es die Leute mögen und wonach sie sich offenbar sehnen. Niemand wird im Ernst behaupten, daß keiner diese Klischees durchschaute. Aber es ist offenbar angenehm, sich davon immer wieder verführen zu lassen.

Vom Leben, wie es in den bereisten Gebieten wirklich ist, und von den Schattenseiten der Sonnenscheinbranche erfährt der normale Reisende wenig oder gar nichts. Unter dem Druck der Tourismuskritik und den Forderungen von Konsumentenschutzkreisen sind zwar neuerdings die Reisekataloge um eine Spur ehrlicher geworden. Sie machen den Touristen da und dort auf die Unterschiede zwischen seinem und dem besuchten Land aufmerksam. Manchmal kann man sogar eine Aufforderung zu rücksichtsvollem Verhalten lesen. Aber bei diesen Ansätzen und Ausnahmen wird es dann wohl bleiben. Man hat dem neuen Wind zwar etwas Rechnung getragen und kann sich als fortschrittlich ausweisen. Aber sich selbst das Geschäft vermiesen, das möchte man nun auch wieder nicht. Man ist ja schließlich Reiseveranstalter und kein länderkundlicher Verein. Und solange die Konkurrenten nicht auch auf ein kritischeres Marketing einschwenken, kann man beim besten Willen nicht mehr tun. Klischees sind gefragt, und Klischees sollen die Leute haben. Die Reiseziele sind beliebig austauschbar. Sie lassen sich durchblättern wie die Seiten eines Reisekataloges.

Fragt man den einzelnen Menschen, warum er eine Reise unternimmt, wie dies die psychologische Tourismusforschung in einigen wenigen Ländern jährlich mit großangelegten Befragungen tut, so erstaunt es nicht, daß nun eben all jene Gründe genannt werden, die in der Werbung immer wieder anklingen und in allen Informationen über Freizeit und Ferien ständig wiederholt werden. Insofern sind die Motive des einzelnen weitgehend etwas »Gemachtes«, etwas Sekundäres. Oder in der Fachsprache: »eine nachträgliche Rationalisierung der unreflektierten, primären (gesellschaftlichen) Motivation«.[74] Auch sind viele der genannten Motivkategorien nichts weiter als leere Begriffshülsen, die vom einzelnen unter Umständen mit ganz verschiedenem Inhalt gefüllt werden. So werden die subjektiven Wünsche verkürzt, vereinfacht, in vorgegebenen Antwortformeln und Durchschnittszahlen erfaßt und dargestellt. Anders aber wäre die Urlauberpsyche wohl kaum meßbar. Auch hier ist also die Wirklichkeit viel komplexer, als es die Forschungsergebnisse zum Ausdruck bringen. Es sind immer mehrere Motive, die den einzelnen Menschen veranlassen zu reisen. Deshalb auch die Zahl der Mehrfachnennungen in der Tabelle auf Seite 63. Vieles bleibt im Un- oder Unterbewußten und kann durch einfache Fragen nicht zu Tage gefördert werden. Soweit einige kritische Bemerkungen zum Aussagewert der touristischen Motiv- und Verhaltensforschung. Ihre Ergebnisse sind trotz der gemachten Einschränkungen sehr aufschlußreich. Sie zeigen die allgemeine Motivrichtung an und liefern Anhaltspunkte über das unterschiedliche Gewicht der einzelnen Reisegründe.

Wenn wir vor allem auf deutsche Studien zurückgreifen, hat dies mehrere Gründe. Die Reisemotive und das Reiseverhalten der deutschen Bevölkerung werden seit mehr als zwanzig Jahren wissenschaftlich durchleuchtet. Kein anderes Land verfügt über ähnlich vollständige Informationen. Im weiteren zeigt ein internationaler Vergleich, daß die Gewohnheiten der mobilen Freizeitmenschen von einem Land zum andern nicht grundsätzlich verschieden sind.

Seit den ersten tourismuspsychologischen Untersuchungen Anfang der sechziger Jahre hat sich an dieser Motivationslage nicht viel verändert. Die Rangreihe ist dieselbe geblieben. Allerdings kann man seit Anfang der siebziger Jahre einen deutlichen Zug zur aktiven Erholung feststellen. Der Wunsch zu schlafen,

Frage: »Worauf kam es Ihnen bei Ihrer (Haupt-)Urlaubsreise 1984 eigentlich an?«[75]

65% – Abschalten, ausspannen.
58% – Aus dem Alltag herauskommen / Tapetenwechsel.
47% – Frische Kraft sammeln.
43% – Viel ruhen, nichts tun, nicht anstrengen.
38% – Natur erleben.
36% – Gut essen.
35% – Zeit füreinander haben.
34% – Viel Spaß und Unterhaltung haben, sich vergnügen, amüsieren.
32% – In die Sonne kommen, dem schlechten Wetter entfliehen.
32% – Tun und lassen können, was man will, frei sein.
30% – Reinere Luft, sauberes Wasser, aus der verschmutzten Umwelt herauskommen.
30% – Mit anderen Leuten zusammen sein, Geselligkeit haben.
29% – Andere Länder erleben, viel von der Welt sehen.
28% – Sich Bewegung verschaffen, leichte sportliche und spielerische Aktivitäten.
27% – Ganz neue Eindrücke gewinnen, etwas anderes kennenlernen.
27% – Viel herumfahren, unterwegs sein.
24% – Urlaubsbekanntschaften machen.
22% – Sich verwöhnen lassen, sich etwas gönnen, genießen.
19% – Sich eigenen Interessen widmen.
19% – Etwas für die Schönheit tun, braun werden.
17% – Etwas für die Gesundheit tun, Krankheiten vorbeugen.
17% – Den Horizont erweitern, etwas für Kultur und Bildung tun.
16% – Verwandte, Bekannte, Freunde wiedertreffen.
14% – Sich auf sich selbst besinnen, Zeit zum Nachdenken haben.
14% – Aktiv Sport treiben, sich trimmen.
12% – Erinnerungen auffrischen.
10% – Auf Entdeckungsreise gehen, ein Risiko auf sich nehmen, etwas Außergewöhnlichem begegnen.
7% – Hobbies, Liebhabereien nachgehen.

Weil die gleiche Person mehrere Reisemotive nennen konnte, ergibt das Total der Meinungsäußerungen mehr als 100% (= Mehrfachnennungen).

auszuruhen, nichts zu tun nimmt stark ab, während Kategorien wie »Mit netten Leuten zusammensein, Gespräche mit anderen«, »Spaß, Unterhaltung und Abwechslung haben, sich vergnügen, spielen« und »Hobbies betreiben« an Bedeutung gewinnen. Unverändertes Hauptmotiv des Reisens ist seit Jahren die »psychische Hygiene«, die Erholung in einer Welt, die als Gegenalltag empfunden wird. Darüber hinaus läßt sich nun aber in diese Motive, wie in das Phänomen des Reisens schlechthin, vieles hineininterpretieren, aber nur weniges schlüssig belegen. Die Tourismusliteratur ist voll von unterschiedlichen Erklärungsversuchen und Deutungen. Die Wahrheit wird wahrscheinlich nicht in der einen oder andern dieser Thesen liegen, sondern eher in einer Mixtur der verschiedenen Interpretationen. Und das macht die Sache nicht einfacher.

Reisen ist Erholung und Regeneration
Diese These will sagen: Wiederherstellung der körperlichen und seelischen Kräfte, die im Alltagsleben, in Betrieb, Schule und Familie dahingeschwunden sind. Aufladen der Batterien. Schmieren und Ölen des Motors. Kleiner Service am Wochenende, jährliche Revision in den Ferien. Ausruhen vom Alltag. Auf daß es wieder besser läuft, daß man wieder mag und die produktive Leistung nicht abfällt. Die älpliche Sömmerung abgemelkter Kühe zwecks künftiger Normerfüllung.[76]

Die Zahl der Kranken ist heute größer als unmittelbar nach dem Zweiten Weltkrieg. Unsere Zivilisation hat uns von körperlicher Arbeit weitgehend entlastet. Dafür haben wir uns Entlastungskrankheiten eingehandelt, zum Beispiel die vielen Herz- und Kreislaufleiden. Auch haben die sogenannten Wohlstandserkrankungen stark zugenommen: Diabetes, hoher Blutdruck, Krebs der Atmungsorgane als Folge des Zigarettenrauchens, Alkoholismus und viele andere. Und was besonders auffällt: Etwa die Hälfte aller Erkrankungen sind nicht primär organischer Natur sondern die Folge nervöser Belastungen, die es früher in diesem Ausmaß nicht gegeben hat.[77] Freizeit und Ferien, um Gesundheit zu tanken, scheinen nötiger denn je.

Reisen ist Kompensation und gesellschaftliche Integration
Die Reise soll helfen, Mängel und Entbehrungen zu kompensieren. Gesucht wird ein Ausgleich zur einseitigen Beanspruchung durch die Arbeitswelt: etwas anderes tun und erleben als das Übliche oder die bloße Abwechslung zum täglichen Einerlei,

die Ablenkung und Zerstreuung. Die zunehmende Vergesellschaftung, so meint diese These weiter, zwingt den Menschen zu Ferien von der Gesellschaft in der relativ gesellschafts- und staatslosen touristischen Freizeitwelt. Nach dem Ausflug kehrt der Mensch gerne wieder in die stabilen und gewohnten Verhältnisse des Alltags zurück.[78] Tourismus als Ventil zum Luft ablassen, um die Enttäuschungen über das Ausbleiben der im Alltag versprochenen und ersehnten Ideale in gesellschaftlich unschädliche Bahnen zu lenken. Mobile Freizeit als gesellschaftlich positiv bewertete Droge, als schmerzstillendes Mittel, das wohl vorübergehend eine Besserung vortäuscht, die Krankheit als solche aber nicht zu heilen vermag.[79]

Reisen ist Flucht
Diese zweifellos am meisten zitierte These will sagen, daß der Mensch seine Reisen vor allem aus einem Fluchtmotiv heraus unternimmt. Es sei dies das Grundmotiv des heutigen Reisens überhaupt. Die moderne Industriewelt wird als Gefängnis gesehen, das zum Ausbruch reizt. Weil im Grunde das Arbeitsleben häßlich ist, die Umgebung meist unangenehm, vereinheitlicht und vergiftet, taucht das zwanghafte Bedürfnis nach Befreiung auf, der Wunsch nach Flucht ist unvermeidlich.[80] Auch wird gesagt, der Tourismus nehme immer deutlicher den Charakter einer Realitätsflucht an, einer Massenflucht aus der Alltagswirklichkeit in ein imaginäres Reich der Freiheit.[81] Man geht der unbefriedigenden Situation aus dem Weg und entwickelt Fluchttendenzen. Wegschauen – wegtauchen – abhauen; in zivilisierter Form, für kurze Zeit. Die Reise ins gelobte Land. Die Flucht nach draußen könne auch Züge von Selbstflucht tragen. Aus Angst vor innerer Leere und Langeweile, aus der Sorge, der Urlaub könnte einsam werden wie eine Einzelhaft oder langweilig wie ein Fließband, werden ständig neue Erlebnisse gesucht.[82] Die Tourismusindustrie, so meint einer ihrer vehementesten Kritiker, ermögliche nur die Flucht; auch die Flucht aus der Verantwortung, die eigenen Verhältnisse so zu verändern, daß man nicht mehr fliehen muß, sondern bleiben kann.[83] Aber es braucht nicht immer oder bloß eine Flucht vor der Alltagsgesellschaft zu sein. Es kann oft auch einfach Klimaflucht bedeuten: vom Regen in die Sonne, von der Kälte in die Wärme. Ein Motiv, das sicher für die große Nord-Süd-Bewegung des Tourismus ausschlaggebend ist und von den Urlaubswerbern immer wieder aufgenommen wird: »Wenn bei uns schmutziger

Schneematsch liegt und der Himmel wie Blei über der Landschaft lastet, als würde niemals mehr die Sonne scheinen, dann sind Sie reif für ...«. Oder noch allgemeiner: die Flucht aus der verdorbenen Umwelt, aus der grauen Steinwüste in die Natur, aus dem Lärm und Gestank in die Ruhe und an die frische Luft.

Reisen ist Kommunikation
Die Suche nach Kontakten zu anderen Menschen, als Gegenstück zur Anonymität und Beziehungslosigkeit im Alltag, ist ein wichtiger Ferienwunsch. Vor allem Kontakte im eigenen kleinen Kreis, zum Partner, zur Familie, zu Freunden und Bekannten. Zeit füreinander haben. Aber auch mit anderen Leuten zusammensein und neue Bekanntschaften machen. Das geht in den Ferien viel leichter und unverbindlicher als zu Hause. Aber die Chance, menschliche Wärme zu finden, sei nicht auf den kleinen Kreis der Clique beschränkt, sagen uns die Psychologen.[84] Das Eintauchen in die große donnernde Ferienherde, die auf die Freizeitweiden trabt, könne ebenfalls das Gefühl des Aufgehobenseins und der Geborgenheit unter Gleichgesinnten vermitteln. Dabei würden die Menschen ein gleichsam archaisches Vergnügen erleben, wie es der Alltag mit seinen Tendenzen der Vereinzelung und Vereinsamung am Arbeitsplatz, im Wohnhochhaus oder in der genormten Einfamilien-Vorortsiedlung nicht hervorbringe. Die Massenhaftigkeit im Tourismus wird hier als Chance interpretiert, Kontakte wahrnehmen zu können und sich an der Seite der vielen andern in einer Art Feriengemeinschaft wohlzufühlen: die Gemeinsamkeit mit anderen als eine Erweiterung der Erlebnismöglichkeiten; Touristen unter sich. Der Wunsch, Beziehungen zu den Menschen in den besuchten Gebieten aufzunehmen, steht – jedenfalls im Katalog der erfragten Motive – weit im Hintergrund. Andere Untersuchungen hingegen lassen vermuten, daß die Zahl der Touristen, die den Zugang zum Gastland und seinen Menschen suchen möchte, in Wirklichkeit viel größer ist, als man gemeinhin annimmt.[85] Aber wahrscheinlich wird bei vielen die bestehende Bereitschaft durch Unsicherheit, Hemmungen, mangelnde Übung und Erfahrung verdrängt. Man weiß nicht so recht, wie man es anstellen müßte. Also läßt man es bleiben. Aber selbst wenn es so sein sollte, steht eines fest: Die Suche der Begegnung mit den Menschen der bereisten Gebiete ist für die meisten Touristen kein vordergründiges und dringendes Bedürfnis.

Reisen ist Horizonterweiterung

Ein Blick auf die Motivliste bestätigt es: »Den Horizont erweitern, etwas für Kultur und Bildung tun«, »andere Länder erleben, viel von der Welt sehen, Einheimische kennenlernen« und »ganz neue Eindrücke gewinnen, etwas anderes kennenlernen« gehören nicht zu den dominierenden Motiven. Kultur? Haben Sie Kultur gesagt? Andere Dinge stehen eindeutig im Vordergrund. Die entsprechenden Bedürfnisse lassen sich mit homöopathischen Dosen, den gängigen Sehenswürdigkeiten eben, leicht befriedigen. Aber wahrscheinlich gibt es doch Touristen, die durchaus auch zu etwas mehr oder zu anderem bereit wären ... siehe oben.

Reisen ist Freiheit und Selbstbestimmung

Freiheit ist letztlich Verfügung des Menschen über sich selbst.[86] Das Reisen befreit von Bindungen. Man kann aus dem »Muß«, aus Ordnung und Regelung ausbrechen, in die man täglich eingespannt ist. Man kann endlich einmal tun, was man will, was man selbst für richtig hält. Auch nichts tun. Man ist frei, ungebunden, ganz sein eigener Herr.[87] Für den deutschen Theologen und Tourismusforscher Paul Rieger ist der Urlaub vielleicht der einzige und letzte grundsätzlich unbeherrschbare und unregierbare Rest an Zeit und Raum menschlicher Freiheit in unserer Gesellschaft. Entartungen, Massenhaftes, Klischeehaftes und Primitivismen, so meint er, ändern nichts daran, daß Freiheit subjektiv wirklich und glückhaft in der Urlaubsreise erlebt wird.[88] Reisen bedeutet totale Freizeit. Es ist die am meisten freisetzende Freizeitform, weil man die gewohnte Umwelt verläßt und eine möglichst große Distanz zwischen sie und sich legt. Reisen ist doppelte Freizeit: frei von Arbeit und weg von zu Hause. Auch wenn viele mit dieser ungewohnten und plötzlichen Freiheit, mit sich selbst, nicht viel anzufangen wissen, weil die Übung und die Sicherheit fehlen und sie deshalb nach Hilfen suchen und die vereinheitlichte Offerte der Tourismusindustrie in Anspruch nehmen: »Manipulierte Rollenträger« sind sie deswegen noch lange nicht. Die grundsätzliche Freiheit des Reisens und auf Reisen bleibt auch dann bestehen. Doch ist unbestritten, daß der Tourismus nach bisherigem Muster das Ausleben von Freiheit und Selbstbestimmung nicht eben fördert. Das Schema F herrscht vor. Sich darin nicht einpressen zu lassen braucht schon ein gutes Stück Eigeninitiative und Selbständigkeit.

Reisen ist Selbsterfahrung und Selbstfindung

Es ist wohl eine alte Erfahrung, daß man immer wieder gerade dort zum Bewußtsein der eigenen Wirklichkeit gelangt, wo einem alles ungewohnt und fremd erscheint.[89] Reisen, so meint diese These, ist die Chance, den Weg zu sich selbst zu finden. Ferien zum Ich. Zeit haben, um sich mit dem eigenen Ich auseinanderzusetzen, seine Seele abzuklopfen, mit sich selbst ins Reine zu kommen, sich am anderen zu messen und seine eigenen Fähigkeiten zu entdecken. So schön diese Möglichkeiten klingen, die das Reisen eröffnet, so wenig scheint diese Chance von den Reisenden bewußt erkannt zu werden. Das entsprechende Motiv jedenfalls steht fast am Schwanz der Liste. Es kann allerdings auch in andern Motiven enthalten sein.

Reisen ist Glück

In Fachgesprächen über Reisen und Ferien tauchen immer wieder die gleichen Redewendungen auf: die »kostbarsten Tage des Jahres«, die »schönsten Wochen des Jahres«, der »Sonntag des Jahres, den man in Feststimmung verbracht hat«, der »Jahreszucker«, die »populärste Form von Glück«. In einer neueren Untersuchung des Starnberger Studienkreises für Tourismus wird menschliches Glück als spannungsfreier, ungestörter Zustand der Ausgeglichenheit bei einer gewissen freien Selbstentfaltung umschrieben. Auf der Urlaubsreise trete dieser Glückszustand mit sehr viel höherer Wahrscheinlichkeit als im Alltag ein.[90] Ferienerwartungen sind Glücksvorstellungen. Die Reise aus dem Alltag als eine Art zweites Leben, in dessen Gefäße man seine wahren Lebenswünsche und Hoffnungen hineinpumpt. Reisen ist mehr als eine neue Form von Genußmittel in unserer Konsumgesellschaft. Wer reist, will Lebensfreude verwirklichen. Nicht nur »Urlaub«, vom Wort her eigentlich zu verstehen als »zeitweilige Befreiung vom Dienst«, sondern »Ferien« in Übersetzung des lateinischen Wortes »Feria«, das »Fest« und »Feier« bedeutet.[91] Das sollten Ferien auch sein: der Ausdruck von Sinnlichkeit, Glück und Harmonie. Aber hat man nicht doch Mühe, zwischen endlosen Autoschlangen und turmhohen Häusersilos am verschmutzten Strand das »kleine Glück« zu finden, vom anderen, erfüllten Ich ganz zu schweigen.[92] Wenn auch millionenfach vertan, bleibt die subjektive Freiheit des Urlaubers eine der großen Chancen zum persönlichen Glück.[93]

Reisen ist ... Der Katalog der Interpretationen ließe sich beliebig verlängern. Die Widersprüche würden nur noch zahlreicher. Aber es sind gerade diese Widersprüche, die das wahre Gesicht des Tourismus enthüllen. Ein buntschillernder und facettenreicher Ausschnitt menschlicher und gesellschaftlicher Wirklichkeit. In jedem Touristen schlummert wohl von alledem ein bißchen. Manchmal etwas mehr, manchmal etwas weniger, je nachdem, welche Reiseformen oder welche Bevölkerungsgruppen man betrachtet. So wie der reisende Mensch selbst eine Mischfigur ist, die sich nicht einfach in die eine oder andere Kategorie einordnen läßt.

Muß es denn bei diesem diffusen Bild der Reisemotive bleiben, das alles oder auch nichts als möglich erscheinen läßt und uns kaum weiterhilft? Bei näherem Hinsehen stößt man auf zwei Dinge, die sich wie ein roter Faden durch sämtliche Motivuntersuchungen hindurchziehen: Erstens sind Reisen viel mehr von einem »Von-weg« als von einem »Hin-zu« motiviert. Das sich Abstoßen von der alltäglichen Situation ist wesentlicher als das Interesse an den besuchten Gebieten und Menschen. Damit hängt auch der zweite Punkt ganz eng zusammen: Reisemotive und Reiseverhalten sind ausgesprochen Ich-betont: »Jetzt sage *ich* einmal, was geht, und es soll für *mich* gut sein.« Diese beiden Beobachtungen sind für alles, was wir uns weiter überlegen wollen, sehr wichtig. Sie lassen schon in diesem Stadium die Schwierigkeiten eines allseitig harmonischen Tourismus erkennen.

Die Motivliste trügt nicht: Auch wenn es nicht immer negative Fluchtmotivationen sein müssen, die »Von-weg«-Haltung überwiegt eindeutig. Es ist nicht so wichtig, wohin man fährt, nur raus aus dem Alltag, abschalten, Tapetenwechsel. Insofern sind die Reiseziele für die meisten Touristen beliebig austauschbar. Wohin die Reise geht, ist sekundär. Hauptsache, daß es dort Schnee zum Skifahren, Sonne zum Braunwerden, Meer zum Baden, Möglichkeiten für Geselligkeit und Unterhaltung gibt. Das »Hin-zu«, die positive Erlebnismotivation, der bewußte geistige Vorgang, sich mit anderen Menschen, anderen Gebieten und Kulturen befassen zu wollen, auch das Hin-zu-sich-selbst, spielen eine untergeordnete Rolle, wie Figura zeigt. Dagegen kommt die Ich-Betonung fast überall zum Ausdruck: Man ist nicht mehr Weisungsempfänger, sondern Weisungsgeber. Man will für sich selber das Beste herausholen. Genießen, Spaß haben, sich verwöhnen lassen. Vielleicht auch eine im Alltag nicht mögliche Rolle spielen. Für kurze Zeit als »König Gast« auftreten und auch als solcher behandelt werden. Das Gefühl zu haben, jemand zu sein. Eine Art von »Selbstverwirklichung«, die auf Kosten anderer gehen kann. Man ist sich dessen nicht bewußt oder fühlt sich in seinem Recht. Was auch immer die eigentlichen Motive des Touristen sind – sowohl beim Ausflügler auf seiner Wochenendfahrt in die Natur wie beim kulturbeflissenen Bildungsreisenden, beim Fotoamateur auf Safari wie beim Sonnenanbeter am Strand, beim Abenteuer-Touristen im Urwald wie beim Skifahrer in den Bergen –, immer stehen, ob wir dies nun wahrhaben wollen oder nicht, egoistische Motive im Vordergrund der Überlegungen.[94] Aber: solange solche Motivationen überwiegen, solange die Menschen und die Umwelt der bereisten Gebiete bloß als Mittel zum Erholungszweck in Anspruch genommen werden, solange kann es einen »besseren« Tourismus wohl nicht geben.

Das Verhalten und Erleben auf der Reise

Wenn einer eine Reise tut, ja was tut und was erlebt er dann eigentlich? Wie setzen sich die zahlreichen Wünsche und Erwartungen in Verhalten um? Welches sind die hervorstechenden Merkmale? Gibt es nicht auch hier Gemeinsamkeiten, ja Gesetzmäßigkeiten?

Die bevorzugten Ferienaktivitäten

Ein Blick auf die Liste der Ferienaktivitäten deutscher Urlauber (siehe Seite 72) zeigt, wie weit das Betätigungsfeld der Touristen ist. Die aktiven Beschäftigungen sind vielleicht etwas überbewertet, weil sie einen höheren Prestigewert genießen. Die Liste enthält keine Überraschungen. Es ist das Übliche, eben das, was man in den Ferien etwa so macht. Das Normierte des Befragungsschemas, aber wahrscheinlich auch des Ferienverhaltens schimmert durch. Soweit nehmen sich die Ferienbeschäftigungen eigentlich ganz unschuldig aus. Interessant ist aber wahrscheinlich weniger, was der Tourist im einzelnen tut, als vielmehr die Art und Weise, wie er es tut.

Zu diskutieren gibt immer wieder die erstaunliche Kluft, die zwischen den Reisemotiven und dem tatsächlichen Reiseverhalten zu bestehen scheint. Der Tourist gibt vor, Ruhe, Abwechslung und den Gegenalltag zu suchen, aber man trifft ihn in Massen, in betonierten Ferienstädten, in denaturierten touristischen Zivilisationslandschaften, in künstlicher Disneyland-Atmosphäre, in Situationen, die mitunter unüberschaubarer, beziehungsloser, rastloser und unfreier als zu Hause sind.

Von Milieupanzern, Ausnahmeverhalten und Klischeebestätigung

Es gibt einige typische Merkmale des Reiseverhaltens, die vieles zu erklären vermögen, was am Tourismus so widersprüchlich und merkwürdig scheint. Eine erste Beobachtung, die für alle

Frage: »Hier steht, was man im Urlaub so alles machen kann. Was davon trifft auf Sie zu, wenn Sie an Ihre (Haupt-)Urlaubsreise 1984 denken?«[95]

64% – Spaziergänge machen.
63% – Schwimmen, Baden.
59% – Ausflüge, Fahrten in die nähere Umgebung machen.
56% – Schlafen, ausruhen.
52% – Sich sonnen.
48% – Gespräche führen.
46% – Gaststätten besuchen, etwas trinken gehen.
45% – Wanderungen machen.
43% – Am Strand, auf der Liegewiese liegen.
42% – Sehenswürdigkeiten, Bauwerke, Museen besichtigen.
41% – Fotografieren, filmen.
39% – Geschäfte ansehen, Einkaufsbummel machen.
37% – Landesübliche Spezialitäten essen.
35% – Briefe, Karten schreiben.
30% – Bücher, Romanhefte, Comics, Zeitschriften, Zeitungen lesen.
24% – Bewegungs-, Ballspiele machen.
24% – Radio hören, fernsehen.
23% – Tanzen gehen, Diskotheken besuchen.
19% – Feste, Parties, Grillen im Freien, Lagerfeuer machen.
17% – Sport treiben allgemein.
17% – Gesellschafts-, Kartenspiele machen.
17% – Mit den Kindern spielen, etwas unternehmen.
16% – Tier-, Freizeit-, Naturparks besuchen.
13% – Kulturelle Veranstaltungen, Vorträge besuchen.
10% – Volksfeste, Rummelplätze besuchen.
9% – Gottesdienste besuchen.
7% – Rätselraten, Denksportaufgaben machen.
4% – Kurmittel anwenden, Bäder, Trinkkuren machen, Massagen.
4% – Kino besuchen.
4% – In die Sauna gehen.
3% – Hobbies, Steckenpferde betreiben.

Weil die gleiche Person mehrere Aktivitäten nennen konnte, ergibt das Total der Meinungsäußerungen mehr als 100% (= Mehrfachnennungen).

Touristen gültig ist: Wenn wir reisen, fährt der Alltag ebenfalls mit. Als Beifahrer auf dem Soziussitz sozusagen. Obwohl wir ihm entfliehen möchten, werden wir ihn nicht los. Er holt uns immer wieder ein. Wir reisen zwar, aber wir können nicht aus unserer Haut fahren. Wir sind als Touristen nicht plötzlich andere Menschen. Wir sind vielmehr von unserer täglichen Lebensart geprägt. Wir haben uns im Alltag viele Gewohnheiten, Ansprüche und Verhaltensweisen angeeignet. Die lassen sich nicht auf einmal abschütteln, wenn wir wegfahren. Ob wir es wollen oder nicht, wir nehmen sie auf unsere Reise mit. Schon in die Koffer packen wir viel Alltag, viele Dinge, auf die wir auch draußen nicht verzichten möchten. Das Auto wird als gewohnte Komfortzelle mitgenommen und mit viel häuslichem Umfeld beladen. Und auf los kann's los gehen! Und es geht auch los, aber nicht locker, gemächlich und erholsam, wie man es hätte erwarten können, sondern womöglich noch hektischer als ohnehin. Durchtränkt von einem strengen Arbeitsethos, im Beruf auf Disziplin und Pünktlichkeit getrimmt und gänzlich ungeübt in der Kunst, freie Zeit souverän zu nutzen, verfallen die Urlauber nahezu zwanghaft in den gewohnten Alltagstrott. So gerät schon der Start vielen zum Leistungswettbewerb, zu einer Art Rallye, bei der das Ziel auf dem denkbar kürzesten und schnellsten Weg erreicht werden muß: Rund 60 Prozent aller Autourlauber jagen ohne Zwischenetappen zum Bestimmungsort; manche bewältigen zwischen 1000 und 2000 Kilometer an einem einzigen Tag.[96] Am Ziel ihrer Wünsche angelangt, verhalten sich viele Touristen nicht etwa gänzlich anders als zu Hause. Im Gegenteil, sie tun nichts anderes, als daß sie ihren häuslichen Feierabend um ein paar hundert Kilometer verlegen und ihn hier ablaufen lassen und voll ausleben.[97] Die Empfindung, mit dem Alltag zu kontrastieren, entsteht nicht, so sagen uns die Psychologen, indem man etwas anderes tut, sondern indem man den eingeschliffenen Antriebs- und Verhaltensmustern von zu Hause einfach freien Lauf läßt.[98] Auch wenn man etwas anderes tut, tut man es nach dem gewohnten Alltagsrhythmus. Zu bestimmten Zeiten aufstehen, an den Strand gehen, essen, schlafen, immer pünktlich und zuverlässig. Man will nicht, daß der Abstand zum Zuhause zu groß wird. Man läßt sich seine Lokalzeitung ans Ferienziel nachsenden und flucht, wie liederlich und unzuverlässig die einheimische Post ist, wenn die Zeitung einmal nicht auf dem Morgentisch liegt, wo sie doch immer zu liegen hat.

Für manch einen erschöpft sich das Ferienerlebnis im Gefühl, nicht arbeiten zu müssen und nicht zu Hause zu sein. Viel mehr wird nicht verlangt. Der Rest kann durchaus wie im Alltag sein. Oder er soll es sogar. Das Fremde ist exotische Kulisse. Wird es zu fremd, unterscheidet es sich zu sehr vom Gewohnten, wirkt es unbehaglich, ja bedrohlich. Man sehnt sich nach dem Gewohnten. Es ist einem lieb geworden und verschafft Sicherheit. Das gleiche Essen, die gleichen Getränke, die gleiche Sprache, die gleichen Spiele, der gleiche Komfort wie zu Hause. »Man sollte nicht seine Gewohnheiten ändern, wenn man fremde Länder besucht ..., statt dessen genießen Sie lieber die Annehmlichkeiten des internationalen Standards ...« (aus einem Inserat einer Hotelkette). »Sie fühlen sich bei uns wie zu Hause«, steht immer wieder in Prospekten zu lesen. Die Werber wissen offenbar ganz genau, was sie ansprechen müssen. Aber hätte man dann nicht ebensogut zu Hause bleiben können?

So führt denn die gewollte Flucht aus dem Alltag in den Gegenalltag unweigerlich in den Alltag zurück.[99] Wir nehmen auf Reisen unseren Milieupanzer mit. Wie einen Harnisch, dessen wir uns kaum entledigen können, durch den aber auch niemand von außen zu uns dringen kann.[100] Dazu schleifen wir all das Üble, dem wir aus den Siedlungs- und Industriezonen heraus entfliehen möchten, hinter uns nach und bringen es als Gastgeschenk mit: Verkehrsprobleme, Luftverschmutzung, Lärmimmissionen, Großstadtarchitektur, Entpersönlichung – um nur wenige zu nennen.[101]

Aus der Ich-bezogenen Motivation ergibt sich ein anderer charakteristischer Zug im Touristenverhalten, der das Reisen manchmal zu einer aggressiven, rücksichtslosen und kolonialistischen Erscheinung werden läßt: »Hoppla, jetzt kommen wir!« Weg von zu Hause und frei. Endlich keine Rücksicht auf irgend jemand nehmen müssen. Tun und lassen, was einem behagt. Sich kleiden, essen, Geld ausgeben, festen und feiern, wie man es sich schon lange gewünscht hat. Einmal so richtig ausflippen. Sich ausleben und austoben. Egal, was die anderen darüber denken. Man hat ja dafür bezahlt. So zeigt der Tourist in der ihn freisetzenden fremden Umgebung oft ein Sonderverhalten im Vergleich zu seiner alltäglichen Situation, das bei ihm zu Hause oder am Arbeitsplatz oder in der Familie als höchst ungewöhnlich taxiert und mit Sanktionen belegt würde.[102] Touristen fühlen und verhalten sich dann als eine Art Ausnahmemenschen. Sie durchbrechen die Fesseln der Alltagsregeln. Sie sind deshalb auch nicht ohne weiteres bereit, sich wieder anderen Normen zu unterwerfen, wie sie vielleicht im besuchten Land gelten. Selbst minimale Regeln des Anstandes sind plötzlich vergessen. Alles wird mitgenommen, aber die Kinderstube bleibt oft zu Hause. Die Have-a-good-time-Ideologie und die Morgen-sind-wir-schon-wieder-fort-Haltung beherrschen die Szene. Verantwortung wird abgelehnt. Egoismus ist Trumpf. Und wenn sich ganze Gruppen so verhalten, kann es besonders unangenehm werden.

Ein weiteres typisches Merkmal im Verhalten des Touristen ist seine Suche nach Bestätigung der Vorstellungen, die er von seinem Reiseziel hat. Es sind jene Träume und Bilder, die vor allem von der Tourismuswerbung vorgeformt sind. Wir haben sie im Kopf, wenn wir auf die Reise gehen, und wir wollen, daß das Versprechen eingelöst wird. Auch wenn das Bild meistens ein Klischee ist, das die Wirklichkeit nur sehr unvollkommen oder überhaupt ganz falsch widerspiegelt. Die Tourismusindustrie nimmt am Ort diesen Wunsch wieder auf und bietet vieles der erwarteten Postkartenwelt auch tatsächlich an. Die Angebote des Tourismus erzeugen und befriedigen gleichzeitig das Bedürfnis, möglichst viel Bekanntes, Gefahrloses und Liebgewordenes mit einem Hauch von Fremdheit zu umgeben.[103] So entstehen operettenhafte Touristenorte, die mit der Wirklichkeit überhaupt nichts mehr zu tun haben, die reines Theater sind, arrangiert und mit künstlichen Kulissen versehen.[104] Das Fremde wird wohldosiert in genießbarer Form verabreicht und reduziert sich auf das Malerische. Der Ausflug zu den sehr fotogenen, armen, aber glücklichen Eingeborenen in Schwarzafrika gehört ebenso zum Tourismusklischee, wie die Begegnung mit dem ewig jodelnden, fahnenschwingenden, alphornblasenden und käseherumtragenden Schweizer Älpler in seiner schönen Tracht und seinem Sennenchäppi. Aber wer ist schon an den Slums einer Großstadt im Entwicklungsland oder am Fließband-Alltag in einer Maschinenfabrik im Industrieland interessiert. Man ist ja schließlich in den Ferien. Wie soll unter allen diesen Umständen ein aktives Sich-Einstellen auf die fremde Umwelt, ein wirkliches Sich-Auseinandersetzen mit Land und Leuten der bereisten Gebiete möglich sein?

Beispiel 1: Ferien im Ghetto

Der stille Wandertourismus abseits der Heerstraßen, die Ferien auf dem Bauernhof, eine Bildungsreise zu kulturhistorischen Stätten, eine Kreuzfahrt, eine Urwald-Safari, ein Badeaufenthalt am Meer oder Segelferien am See, – Tourismusformen gibt es viele. Sie alle zu beschreiben würde Bücher füllen. Wenn wir zwei Beispiele, die »Ferien im Ghetto« und die »Alternativreisen«, besonders herausgreifen, so deshalb, weil sie gewissermaßen die beiden Extreme verkörpern und alle übrigen Reisearten irgendwo dazwischen liegen und von beidem etwas haben.

Auf der einen Seite also die Ferien im Ghetto, in künstlich geschaffenen Reservaten, für Touristen konstruiert und maßgeschneidert. In diese Kategorie fallen die vielen neuen Hotelkomplexe, Ferienstädte, -parks, -siedlungen, die nicht als Erweiterung eines bestehenden Dorfes entstanden sind, sondern als Retortenorte auf die grüne Alpwiese oder an irgendeinen schönen Meeresstrand gestellt wurden. Wer kennt sie nicht, die neuen Skistationen der Alpen, die kleinen »Manhattans über den Wolken«, die Bettenburgen, Hotelpaläste und Ferienanlagen an allen Weltmeeren. Sie sehen überall gleich aus. Der klotzige »Hilton-Stil« überwiegt. Neuerdings ist auch der lockere »Tahiti-Stil« in Mode gekommen. Die meisten Zentren sind nicht nur untereinander austauschbar, sondern sie verfügen auch über die nötige Aufnahmekapazität, um den Touristenstrom zeitgerecht – dann, wenn er eben anfällt – zu verarbeiten. Von der fremden Umgebung ist vor allem der schöne Standort wichtig. Er dient als Kulisse. Sonst wird an Einheimischem, mit Ausnahme von einigen Arbeitskräften, nicht viel gebraucht. Die Zentren genügen sich selbst. Man braucht sie gar nicht mehr zu verlassen. Man findet dort alles, was das Herz begehrt. Die Touristen kommen auf dem direktesten Weg oder werden im besten Fall direkt eingeflogen. Und ebenso direkt verlassen sie nach ein paar Tagen oder Wochen den Ort ihrer Träume wieder.

Die sicher perfekteste Version des Ghetto-Tourismus hat der Club Méditerranée entwickelt. Von vielen Kulturkritikern mit Spott und Hohn bedacht, von seinen Anhängern aber heiß geliebt und immer wieder besucht. Ich meine, daß der Club und alle diejenigen, die ihn nachahmen, eine im Grunde sehr ehrliche Formel für erholsame Ferien anbieten. Vielleicht hat im Endeffekt diese Art zu reisen sogar am wenigsten negative Folgen für das bereiste Land und die ansässige Bevölkerung. Ehrlich ist die Formel deswegen, weil sie viele der wirklichen Motive aufnimmt und ganz offen eingesteht, ausschließlich die totale Erholung und Entspannung der Club-Gäste im Auge zu haben. Alles wird rund um die Uhr auf dieses Ziel ausgerichtet. Da weiß jeder, woran er ist. »Die Idee vom Club Méditerranée ist so alt wie der erste Sündenfall«, sagt der Club in einer Selbstdarstellung.[105] »Es ist die Idee von einem Paradies, die Idee vom Garten Eden, in dem man frei und ungezwungen nach seiner Fasson selig werden kann. Gleich, ob es sich um ein Sonnendorf auf den Antillen oder um ein Schneedorf im schönsten Teil der Alpen handelt.« Der Standort, oder vielmehr die Umgebung, wo sich das alles abspielt, ist nicht so wichtig und kann nahezu außerhalb der Wahrnehmung der Touristen bleiben. Das Club-Dorf wird gegen außen abgeschirmt mit Einzäunung, Schlagbaum am Dorfeingang und strenger Bewachung, damit man drinnen ungestört feiern kann. Aber schützt der Zaun – und das hat sicher auch sein Gutes – nicht gleichzeitig auch die Einheimischen vor den Touristen? Im Innern des Clubs kann dann totale Freiheit herrschen und eine geballte Erlebnisofferte sorglos konsumiert werden. Wie animiert es dabei etwa zugeht, hat Horst Hachmann in einem deutschen Aldiana-Ferienclub in Afrika beobachtet. Zum Schmunzeln ein kleiner Auszug aus seiner Beschreibung:

»Mitunter kann das Leben daheim im Büro direkt geruhsam sein. Man stelle sich nur vor, wie es dem Karl-Arno aus Klein-Flottbeck an einem Dienstag erging: Um 8 Uhr gewann er das erste Match im Tennisturnier, um neun Uhr auch das zweite. Mittlerweile hatte der Segelkurs im Club Nautique begonnen und Karl-Arno spurtete zum Strand, daß die Adidas-Sohlen glühten. Dann brachte er zwei Stunden lang den Katamaran geschickt um die Wendebojen, wofür ihn der schöne Segellehrer über alle Maßen lobte. Kaum daß ihm Zeit blieb, ein paar Happen vom Supermittags-Buffet hinunterzuschlingen – er verzichtet gar auf Langusten und Sahnetörtchen, auf Zwiebelsuppe und Rinderfilet – da mußte er schon wieder seinen Mann in der Volleyballmannschaft stellen. Um 16 Uhr gewann er so nebenbei das Kraulschwimmen bei der Club-Olympiade und ärgerte sich eine Stunde später, daß er beim Bingo leer ausging. Darüber hatte er ganz den Termin mit Fräulein Adelinde aus Wuppertal verschwitzt, mit der er an der Pool-Bar einen Whisky-Sour nehmen wollte. Adelinde entschädigte sich dafür mit dem

Torwart der Handballmannschaft. Um 18 Uhr war er so erschöpft, daß er in der Vorschlußrunde des Tennisturniers drei Doppelfehler machte und ausschied. Dafür war er am Abend bei der Wahl zum Club-Löwen wieder voll auf dem Parkett – und als die vierte Morgenstunde schlug, hatte er auch Fräulein Adelinde davon überzeugt, daß allein die Terminnot schuld am geplatzten Rendezvous gewesen sei. Arm in Arm schritten die beiden zum nächsten Termin ...«[106]

Wer all das nicht mitmachen will, braucht es auch nicht. Man kann sich sogar im Club zurückziehen und Raum für das Eigene finden. Lesen wir noch, was sich der Theologe und Urlaubspsychologe Paul Rieger nach seinem letzten Urlaub in einem Club gefragt hat:

»Wo hatte ich denn eigentlich meine Ferien verbracht? War ich in Griechenland gewesen? Nein, mit seinen Ufern, Bergen und Pinien, seinen Dörfern, Eseln, Schafen und Dorfcafés blieb Griechenland weit weg und draußen. War ich im Urlaub gewesen? Ja und nein. Ja: Sonne, Meer, Ausruhen und viel Erholung war da. Nein: selber entdecken, das Land erleben und Hintergrund aufsuchen trat weit zurück. Wo war ich gewesen? Ja, zwei Wochen lang im größten Urlaubstheater der Welt aus Buffets, Sport und Spaß, aus Einfällen, Glanz und Flitter. Die Clubidee ist eine grandiose Anstrengung gekonnten Ferientheaters, wer mitspielen will und kann, fühlt sich wohl, ist erholt und ruht in Erinnerungen. Mehr kann ein Urlaub nicht sein.«[107]

Paul Rieger hat wahrscheinlich recht. Viel mehr kann eigentlich ein Erholungsurlaub nicht sein. Jedenfalls unter den heute gegebenen Bedingungen nicht. Und vor allem auch nicht, wenn er für Millionen, ja für alle möglich gemacht werden soll. Insofern ist viel Ehrliches an der Club-Formel und auch an den andern großen Touristenzentren, die man verächtlich Ghettos nennt. Ehrlich auch, weil viele Touristen gerade das und nicht mehr von ihren Ferien verlangen ... wenn sie ehrlich mit sich selbst sind. Viel Fragwürdiges ist allerdings auch dabei. Je nachdem, von welchem Standpunkt her man die Sache betrachtet. So müssen es die Bereisten als Ohrfeige empfinden, daß der Club von den Eßwaren bis zum Personal sehr vieles importiert oder selbst mitbringt, darunter auch Dinge, die von der lokalen Wirtschaft durchaus zu haben wären. Die Einheimischen fühlen sich ausgenützt, weil der wirtschaftliche Impuls gering ist und für sie oft nur die Brosamen übrigbleiben. An verschiedenen Orten hat sich deshalb bei der Bevölkerung offene Ablehnung gegenüber dem Club eingenistet. Ebenso unverständlich und unnötig ist das vom Club tagtäglich organisierte »Große Fressen«: An dem, was da bei den Riesen-Buffets aufgetischt wird, könnten sich gut und gerne zwei bis drei Mal so viele Menschen fürstlich satt essen. Selbst vielen überflußgewohnten Club-Touristen ist es nicht mehr ganz wohl, wenn sie sehen, was alles in den Abfallkübel wandert. Was denken sich erst die wenigen Einheimischen im Drittweltland, die als Zaungäste Zeugen solcher Schlemmereien werden? Einen weiteren Kritikpunkt an der Club-Formel bringe ich da an, wo sich das Ghetto für kurze Zeit öffnet und die Touristen auf Blitztouren geführt werden, um ein paar Tiere, Tempel, Einheimische oder andere Sehenswürdigkeiten zu besichtigen und zu fotografieren, damit man doch etwas in Kontakt zur Außenwelt kommt und etwas zum nach Hause bringen hat. Entlang der Touristentrampelpfade verändern sich die ursprünglichen Lebensverhältnisse schnell und tiefgreifend, besonders in den Ländern der Dritten Welt: Der Tourist sieht hier schließlich nicht mehr die fremde Umwelt, sondern erkennt nur noch wie in einem Spiegel, was er selbst angerichtet hat: korrumpierte Lebensverhältnisse, aufdringliche Händler, Anbiederung oder Fremdenfeindlichkeit.[108] Ebenso schädlich und erniedrigend kann es sein, einheimisches Brauchtum als sinnentleerte Folklore ins Ghetto hereinzulassen, zwecks Unterhaltung der Touristen. Am augenfälligsten wieder die Beispiele in Entwicklungsländern: Schwarze Mädchen führen am Bassinrand des Clubs Tänze religiösen Ursprungs vor, begafft von Cuba Libre schlürfenden Touristen, die sich darüber unterhalten, welches der Mädchen die schönsten Brüste hat, und welches wohl am leichtesten zu haben wäre.

Beispiel 2: Die Alternativreisen

»Es gibt Reisen und Reisen. Es gibt Reisen, die für viele gedacht sind, massenhaft angeboten werden und schematisch anonym in ihrem Verlauf sind. Und dann gibt es Reisen für besondere Leute, die gerne auf andere Art unterwegs sind ...«;[109] »Unsere Reisen fangen dort an, wo andere aufhören«; »Anders als anders ...« – Alternativtourismus ist kein klarer Begriff. Die Bezeichnung wird mehr und mehr von einer ganzen Reihe verschiedener Reisearten beansprucht: Von entwicklungsbezogene Bildungsreisen ebenso wie von Abenteuerreisen, Wanderferien oder von den Individualreisen der Globetrotter. Der Begriff wird meistens für Dritte-Welt-Reisen verwendet, aber manchmal sind auch Reisen in andere Länder gemeint. Oberstes Gebot der Alternativtouristen ist, sich vom Massentourismus abzugrenzen und abzusetzen, es eben anders als die vielen andern zu tun, sich außerhalb der ausgetretenen Touristenpfade zu bewegen. Womöglich dorthin zu gehen, wo noch niemand vorher gewesen ist. Oder auch sonst ganz ungewöhnliche Dinge zu tun, die ein wirkliches Abenteuer und ein echtes Aussteigen aus der Zivilisation bringen sollen. Alternativtouristen wollen dann eben auch mehr Kontakt zu den Einheimischen suchen, auf die gängigen touristischen Infrastrukturen weitgehend verzichten, in landesüblichen Unterkünften hausen und landeseigene Transportmittel benützen. Sie wollen sich auch vor und während der Reise mehr informieren. Unterwegs geht man allein oder in kleinen Gruppen. Soweit, so einleuchtend. Doch auch bei diesem Tourismus sind Fragezeichen zu setzen, größere sogar noch als bei anderen Reiseformen.

Regula Renschler beschreibt in einer kleinen Geschichte, was sich so oder ähnlich in den letzten zehn oder zwanzig Jahren fast überall auf der Welt abgespielt hat:

»Da gibt es die Geschichte vom zivilisationsmüden Aussteiger, der eine hübsche, abgelegene, nur von Einheimischen bewohnte griechische Insel findet, von den Griechen gastfreundlich aufgenommen wird und einen herrlichen, billigen Sommer erlebt. Er geht zurück ins nieselgraue Mitteleuropa, erzählt von Sonne, Wind und Meer, und im nächsten Sommer sitzen ein paar Genossen bei den Griechen auf der Insel, lassen es sich wohl sein, zahlen etwas Miete und reden deutsch. Sie buchen für den nächsten Sommer, bringen weitere Kollegen mit, die Griechen rücken zusammen und vermieten Zimmer, bieten Mahlzeiten an, die den Fremden Mägen bekömmlich sind, schaffen einen Spielautomaten an. Einer gibt das Fischen auf und rudert die Touristen aufs Meer hinaus, eine verwandelt ihr Haus in eine Pension, einer importiert Coca-Cola, Kaugummi vom Festland, einer lernt ein paar Worte Deutsch, eine verbietet den Kindern das Spielen am Strand, eine fängt an, für die Fremden zu weben ... Im nächsten Sommer kann man die griechische Insel schon von zu Hause aus buchen, sie ist im Katalog, aus dem Fischerdorf ist eine ›Destination‹ geworden.«[110]

So werden die Alternativtouristen ungewollt zur Vorhut eben jenes Massentourismus, dem sie sich entziehen wollten. Unbewußt setzen sie neue Marktmechanismen in Gang, obwohl viele unter ihnen, besonders die Jungen, erklärte Gegner unserer Konsumideologie sind. Ja, sie sind sogar selbst zum Markt geworden! Die Produktion von alternativen Reiseführern, die immer neue Geheimtips in 10000er Auflagen verbreiten, sind davon ein Aspekt, die teure Ausrüstung, der Spezialschlafsack, die Kamera ein anderer. Und was auch für die eingeschworensten »Off-Road-Freaks« ganz selbstverständlich ist: Sie benötigen und bedienen sich vieler Einrichtungen, die der von ihnen so verabscheute Massentourismus geschaffen hat. Die billigen Flugreisen, die Flughäfen, die Touristeninformation zum Beispiel.

Inzwischen ist auch der Alternativtourismus zu einem großen Geschäft angewachsen. Marktforscher schätzen, daß allein in der Bundesrepublik Deutschland etwa eine Million Urlauber des Faulenzerlebens zwischen Liegestuhl, Pool und Hotelbar überdrüssig sind und sich jetzt andere Ferienträume verwirklichen will: statt Komfort Abenteuer, körperliche Belastungen, Nervenkitzel, Teamgeist und Kameradschaft.[111] Der neue Hit heißt Abenteuerreisen. In diesen Markt sind nicht nur mächtige Zigarettenfirmen, sondern auch eine ganze Reihe von Spezialveranstaltern eingestiegen. Und auch in den Katalogen der großen Reiseunternehmen nimmt diese Rubrik immer breiteren Raum ein. Da gibt es nun wirklich nichts, was es nicht gibt! Jedes Jahr noch abgelegener, noch verrückter, noch origineller, damit man im Geschäft bleibt:

»Zu Fuß unterwegs in der Arktis« (Das Gepäck muß an einigen Tagen sogar selbst getragen werden), »Elefantenwaschen in Indien« (nur für junge Gäste bis 33 Jahre), »Im Jeep durch die Sahara«, »Auf Hundeschlittenfahrt in Grönland«, »Auf Philippino-Safari zu den halbnackten Karinga-Männern und -Frauen und zu den Ilongo-Nomaden, für die Pfeil und Bogen noch die wichtigsten Waffen sind und Ihre Hose ein Weltwunder«, »Bei Kopfjägern und Kannibalen«, »Steinzeit auf Ceylon«, »Auf Kamelen durch Australien«, »Mit dem Schlafsack auf dem Nil« oder per Hubschrauber zum »Survival training« in die menschenleere kanadische Wildnis, gefordert bis an die »absoluten Grenzen psychischer und physischer Leistungskraft« und anschließend »vom Alltagsstreß kaum mehr zu erschüttern«.

Billig sind diese Reisen nicht zu haben. Exklusive Reisen für exklusive Leute zu exklusiven Preisen. Aber dem Tourismus läßt sich nicht entrinnen. Auch den Alternativen gelingt es nicht. Sie bleiben auch auf dem Trek Bürger der Industriegesellschaft und eingebunden in den bekannten Touristenhabitus.

Auszüge aus einem Trekking-Katalog mit bösen Zwischenbemerkungen:[112]

»Trekking bedeutet: zu Fuß – mit Trägern, Maultieren oder Pferden für die schweren Lasten – fernab von jeder modernen Zivilisation auf Saumpfaden, die sonst nur von Einheimischen begangen werden; zu wandern, zu entdecken, manchmal Berge zu besteigen und Wüsten zu durchqueren ...«

Wünschen Sie lieber einen Träger oder ein Maultier?

»Die Mahlzeiten werden über dem offenen Feuer zubereitet, meistens von den Teilnehmern selbst, in einigen Ländern, wie z. B. Nepal, Ladak, Rayostan, Borneo und auf den Kilimandscharo-Reisen werden Sie von kundigen einheimischen Köchen verwöhnt ...«

Gaumenfreuden auch im Busch! Schmatz!

»Sicher bringt diese Art von Reise auch kleinere Strapazen mit sich. Sie müssen für eine gewisse Zeit auf Luxus verzichten können und erfahren dafür echte Kameradschaft mit Gleichgesinnten, vielleicht entwickelt sich sogar eine neue Freundschaft ...«

Anstrengung in wohldosierten Portionen, ein bißchen einfaches Leben auf Zeit und viel Gruppendynamik.

»Bei unserem Trekking handelt es sich jedoch nicht um ›Billigreisen‹. Nach einem anstrengenden Trekking im Urwald wissen wir den Luxus eines sehr guten Hotels durchaus zu schätzen. Wenn schon trekken, dann nicht um der Anstrengung willen, sondern der Erlebnisse wegen, die diese Art zu reisen mit sich bringt ...«

Nach der heißen Dusche wieder ein wohlduftender zivilisierter Mensch. Welch ein Glücksgefühl!

»Oft übernachten Sie in Zelten, auf Bauernhöfen, in Indianerhütten, Schulhäusern, in Häusern von Dorfpräsidenten und Händlern, in Tempeln und Klöstern oder gar im Freien ...«

Ob es den Einheimischen nach dem zwanzigsten Mal wohl immer noch Freude macht? Wen kümmert's ...

»Da unsere Trekkings in der Regel in kulturell interessanten Ländern durchgeführt werden, gehört immer auch ein kulturelles Vorprogramm dazu, außer z. B. in Alaska, wo man sich gleich in die ›Wildnis‹ stürzt ...«

Zurück zur Reisekultur – Heia Safari! Organisiertes, käufliches, keimfreies Abenteuer mit Vollpension, Katalogpreis und Risikoversicherung. Ein einmaliger Hit. Dabei wird überhaupt nicht bedacht, was die besuchte Bevölkerung davon hat, immer aufs neue »entdeckt« und bis in die Intimsphären beobachtet und ausgefragt zu werden. Die vorbeiziehende Touristenkarawane ahnt auch nicht, wie empfindlich sie das emotionale, religiöse, kulturelle, wirtschaftliche und ökologische Gleichgewicht der bereisten Gebiete und Menschen stören kann.

Zum Teil ähnliche Bedenken sind gegenüber einer weiteren Form des Alternativreisens angebracht, dem sogenannten »integrierten Tourismus«. In Senegal zum Beispiel wird an diesem Experiment seit zehn Jahren gearbeitet. Vieles daran ist wirklich alternativ: Einheimische haben direkt neben ihrem eigenen Dorf Hüttencamps für jeweils dreißig Touristen gebaut; in gleichem Stil und mit den gleichen Materialien wie ihre eigenen Häuser. Was sie aus dem Besuch der Touristen einnehmen, fließt in eine gemeinsame Kasse und wird für den Ausbau des eigenen Dorfes verwendet. Inzwischen gibt es schon acht solche Camps. Der Fremde soll das Land und seine Leute nicht aus der Perspektive des Hotelghettos und der Fotosafari kennenlernen, sondern Gelegenheit erhalten, am Dorfleben teilzunehmen, sozusagen unter den gleichen Bedingungen und im gleichen Rhythmus wie die Einheimischen eine Zeitlang zu leben. Damit man sich gegenseitig wirklich näher kommt. Jacqueline Hénard schildert es so:

»In dieser Urnacht spielen wir ein absonderliches modernes Gesellschaftsspiel. Drei Gruppen hocken im Halbkreis. Sechsunddreißig erwachsene Menschen auf Flechtmatten und roh behauenen Baumstämmen. zwanzig Franzosen, vier Italiener und zwölf Deutsche tun so, als hätten sie noch nie am Tisch gesessen, als fänden sie nichts Besonderes dabei, im Licht von Gas- und Taschenlampen zu essen, als sei es natürlich, den Tomatensalat auf handgeschnitzten Holzbrettchen serviert zu bekommen. Vier schwarze Gestalten reichen Emailleschüsseln mit Reis und Huhn. Sie duzen uns, und wir duzen sie wie selbstverständlich zurück. Vorsichtige Anpassung in einem dekolonialisierten Entwicklungsland. Wir spielen Leben im afrikanischen Dorf.«[113]

Die gutgemeinte Integration von Touristen in die Dorfgemeinschaft ist in Wirklichkeit nicht möglich und im Grunde auch nicht wünschenswert. Viel zu groß sind die kulturellen

Distanzen und viel zu kurz die Zeiten, um sie zu überbrükken. Den Touristen bleibt der lehrreiche Einblick durch einen Türspalt, der sich für eine Weile geöffnet hat. Den Einheimischen bleibt das Geld. Sie verdienen an den Touristen und mögen sie deshalb. Völkerverständigung läßt sich nicht organisieren.[114]

Der vielgetadelte Tourist

Das Exotischste am Tourismus sind die Touristen selbst! Unsere Gesellschaft hat zu diesen merkwürdigen Wesen, die man Touristen nennt, ein gestörtes Verhältnis, obwohl die meisten von uns – und nicht zu selten – selbst auch reisen. Kaum jemand wird wohl derart oft kritisiert, beschuldigt, verlacht und verhöhnt wie eben die Touristen. Man nennt sie die neuen Barbaren, die goldenen Horden, die neuen Herren. Man vergleicht sie mit Heuschreckenschwärmen, die als Landplage auftreten, alles kahlfressen und weiterziehen. Es werde ihm ganz übel, wenn er daran denken müsse, was seine Landsleute in Ländern der Dritten Welt anrichten, meinte vor ein paar Jahren der deutsche Entwicklungsminister. Der Seufzer zum Himmel ist hörbar: »Herr, sie wissen nicht, was sie für Unsinn anstellen!« Karikaturisten in aller Welt haben die Touristen zu ihrem bevorzugten Sujet gemacht. Büchlein mit Tourismuscartoons gibt es inzwischen in jeder Buchhandlung. Was der Tourist auch tut, er tut es immer falsch:

Der lächerliche Tourist, der schon von seinem Äußeren her auffällt, mit seiner Kamera, die ihm als weltweites Erkennungszeichen vor dem Bauch baumelt. Mit seiner komischen Freizeitbekleidung. Weißhäutig, fettleibig oder halbnackt.

Der einfältige Tourist, reiseunerfahren, ohne Sprachkenntnisse, der sich nirgendwo auskennt, dumme Fragen stellt und sich leicht übers Ohr hauen läßt.

Der organisierte Tourist, der unselbständig ist, ohne Reisegruppe und Reiseleiter verloren wäre und der sich wie ein Herdentier nur unter seinesgleichen wohlfühlt.

Der häßliche Tourist, der sich so aufführt, als gehöre die Welt ihm allein und der alles macht, was ihm zu Hause verboten ist.

Der kulturlose Tourist, der während seiner ganzen Ferien faul am Strand liegt, sich keinen Deut für das besuchte Land und seine Leute interessiert und wie zu Hause fernsieht, Karten spielt und Wiener Schnitzel ißt.

Der reiche Tourist, der sich alles leisten kann und auch kaufen will, der seinen Wohlstand zur Schau stellt und sich wie ein Fürst bedienen läßt.

Der ausbeuterische Tourist, der sich auf Kosten fremder Menschen und Kulturen erholt und von der Armut anderer profitiert.

Der umweltverschmutzende Tourist, der die alles überrollende Blechlawine produziert, mit Abgasen die Luft verpestet, über Felder und Wiesen trampelt, Flüsse, Seen und Meere verschmutzt und die Landschaft verschandelt.

Der alternative Tourist, der sich von den anderen Touristen absetzt, in die hintersten unberührten Winkel der besuchten Gebiete vordringt und so dem Massentourismus den Weg bereitet.

Und es versteht sich von selbst: Touristen sind immer die andern! Leute mit besserer Schulbildung und Sprachkenntnissen, mit höheren Einkommen und größerer Reiseerfahrung können ihre Touristenrolle besser tarnen. Sie fühlen sich als Individualisten und den andern überlegen, obwohl sie sich auf ihren Reisen im Grunde sehr ähnlich verhalten. »Das ist etwas für Touristen«, sagen sie und klammern sich selbstverständlich aus, zufrieden, die Sache durchschaut zu haben. Tourist ist für sie fast so etwas wie ein Schimpfname.

Dies alles sind Zeichen dafür, daß in unserem Verhältnis zum Tourismus und zum Touristen noch sehr viel Unbewältigtes liegt. Sonst gäbe es so viel Kritik wohl nicht. Die weitverbreitete Touristenbeschimpfung ist unüberlegt und führt nicht weiter. Sind die Touristen wirklich die infantilen Deppen oder die rücksichtslosen Übeltäter, als die sie immer wieder hingestellt werden? Ist es wirklich dem einzelnen anzulasten, wenn seine Touristenrolle oft etwas Gespieltes und Unnatürliches an sich hat und nicht etwas Souveränes, Selbstverständliches? Trägt er wirklich die Hauptverantwortung für alle negativen Begleiterscheinungen der massenhaften Freizeitmobilität und des weltweiten Tourismus? Ist er nicht vielmehr Täter und Opfer zugleich? Ein Glied in einer langen Kette, auf das sich leicht schlagen läßt, weil es vielleicht eines der schwächsten ist. Im Grunde ist die Kritik am Tourismus nicht Kritik am einzelnen Menschen, der reist, sondern an der Massenhaftigkeit des gesamten Phänomens: Schlimm wird es, weil es massenhaft ist.[115] Das

Hauptproblem des modernen Tourismus ist tatsächlich das Problem der großen Zahl. Der Urlauber fühlt sich durchaus als einzelner. Selbst wenn er in der großen Touristenmasse mitschwimmt, erlebt er dies als einzelner. Denn diesmal ist er es selbst, der wählt und bestimmt. Er müßte ja nicht, wenn er nicht wollte. Die Summe von vielen Einzelhandlungen ergibt jedoch Massenklischees. Millionen gleichen sich in ihrem Verhalten.[116] Hier setzt die Hauptkritik ein. Man stört sich vor allem auch daran, daß das Mengenproblem teilweise nur industriell, das heißt mit Normierung, Serienabfertigung und Großraumeinrichtungen bewältigt werden kann.[117]

Der vielgeschmähte Tourist ist ein Mensch, der sich auf der legitimen Suche nach seinem persönlichen Ferienglück befindet. Er hat die subjektive Freiheit, die ihm das Reisen gewährt, bitter nötig, und er genießt sie, auch wenn er – zumindest in den Augen seiner Kritiker – vielleicht nicht viel Gescheites damit anstellt. Er ist in erster Linie Anwalt seiner selbst und nicht Völkerverständiger, Entwicklungshelfer, Wirtschaftsförderer oder Landschaftspfleger. Er handelt verständlicherweise Ichbezogen. Kaum jemand hat ihn bisher über die Folgen seines Tuns aufgeklärt und ihn auf seine Mitverantwortung aufmerksam gemacht. Die meisten Auswirkungen des Reisens auf die Menschen, die Wirtschaft und die Umwelt der bereisten Gebiete bleiben ihm verborgen. Vor allem die längerfristigen. Die ganze diesbezügliche Diskussion lief bisher an ihm vorbei. Sie findet gewissermaßen unter Ausschluß der Touristen statt, obwohl sie doch zu den Hauptakteuren gehören. Sie scheinen eine Art Sonderstatus zu genießen und sind unantastbar, immuner fast als Diplomaten.[118] So ist denn der Tourist mehr sorglos und ahnungslos als bewußt bösartig. Ihm alle Schuld in die Schuhe schieben zu wollen wäre ebenso falsch, wie ihn von jeglicher Verantwortung zu entbinden. Aber sagen und erklären müßte man es ihm!

Die Bereisten – was sie vom Tourismus erwarten und was er ihnen bringt

Die Bereisten, das sind in unserem Kreislauf die Menschen auf der anderen Seite: die Bevölkerung in den Ländern und Gebieten, in denen gereist wird; die freiwilligen oder unfreiwilligen Gastgeber. Wie sehen sie den Tourismus? Welches sind ihre Handlungsmotive, Interessen und Bedürfnisse? Was bringt ihnen der Tourismus in Wirklichkeit?

Der stumme Einheimische

»Die Touristen sind die gefährlichsten Feinde, weil man sie braucht. Man kann sie aus verschiedenen Gründen nicht einfach erschlagen, wie man Feinde früher erschlug. Aber man kann schweigen.«[119] (Aus einem griechischen Text zum Tourismus auf Kreta.)

Hier sollten nun eigentlich die Einheimischen selbst zu Wort kommen. Man sollte auf Studien und Untersuchungen zurückgreifen können, in denen die Bereisten ihre Sicht der Dinge darlegen, ihre Situation beschreiben und mitteilen, welches ihre Ziele sind, welchen Beitrag sie sich vom Tourismus versprechen und welche Bedingungen sie an ihn knüpfen wollen. Denn es ist ja nicht mehr wie früher, als Gastlichkeit und Gastfreundschaft eine Ehrenpflicht waren und man selbst seinen schlimmsten Feind wie den besten Freund empfangen mußte. Mit dem Aufkommen des Tourismus wurde aus der schönen menschlichen Tugend der freien Gastaufnahme die Gastlichkeit als Erwerb und Gewerbe. Aber in diesem großen Reisegeschäft gelten offenbar in erster Linie die Wertmaßstäbe der Reisenden und ihrer Promotoren. Was die Bereisten fühlen, denken und wollen, ist nicht so wichtig. Wie ist es denn sonst zu erklären, daß es über ihre Bedürfnisse sehr wenig Informationen gibt? In den Regalen der Bibliothek des Forschungsinstituts für Fremdenverkehr an der Universität Bern zum Beispiel stehen über 4000 Bücher zu Freizeit und Reisen, und in Schachteln sind viele tausend weitere Manuskripte, Aufsätze und Zeitungsartikel aufbewahrt. Wer in dieser umfangreichen Dokumentation herumstöbert, wird bald feststellen, daß im Mittelpunkt aller Überlegungen fast immer der Tourist oder die Interessen der vom Touristen lebenden Reiseindustrie stehen. Die Tourismuspsychologie und -soziologie hat sich bisher lediglich um den Touristen gekümmert. Man fragt ihn nach seiner Meinung, beobachtet und durchleuchtet sein Verhalten. Er ist der Markt. Die entsprechenden Untersuchungen nennt man Marktforschung. Sie werden von der Reisebranche in Auftrag gegeben und bezahlt. Alle diese Untersuchungen lassen keinen Zweifel darüber offen: Die große Mehrheit der Touristen reist an einen bestimmten Ort, nicht der Leute, sondern des Landes wegen. Die Reize der Landschaft und das Klima sind die hauptsächlichen Anziehungspunkte. Daß da auch noch Menschen leben, ist eigentlich weniger wichtig. Weshalb sich also mit ihnen beschäftigen?

Aber die Bereisten sind zum Teil auch selbst schuld, daß man sie vernachlässigt. Sie traten bisher kaum als selbstbewußte Kraft im Marktgeschehen auf. Wie hätten sie es auch tun sollen! Der Tourismus dringt in ländliche Gebiete ein, wo die Existenzbedingungen der Menschen schlechter und auch der Bildungsstand meist niedriger ist als in den Ballungsgebieten. Nur allzu verständlich ist es deshalb, daß am Anfang der touristischen Entwicklung die einheimische Bevölkerung alles tut und akzeptiert, was von auswärtigen Tourismuspromotoren und meist auch von ihrer eigenen Regierung und anderen (Kauf-) Leuten aus den eigenen Reihen verlangt wird. Sie glaubt den Versprechungen, alles klingt so positiv. Eine große Chance, wird gesagt. Man darf sie nicht vorübergehen lassen. Den Tourismus zu fördern sei für die Ortschaft und für die Region lebenswichtig, ja gar von nationalem Interesse. Von allfälligen negativen Auswirkungen spricht niemand. Nur von Einkommen, Arbeit und besserem Leben. Wenn der Tourismus einmal ins Land gezogen ist und die Bereisten die Erfahrung machen, wie es wirklich ist, tritt Ernüchterung und realistischere Betrachtung an die Stelle der anfänglichen Euphorie. Aber dann kann es zu spät sein, weil die Einheimischen die Kontrolle über ihr eigenes Schicksal verloren haben.

So konnte es geschehen – und es passiert noch immer –, daß in vielen ländlichen Räumen der Welt die touristische Erschließung über die Köpfe der Einheimischen hinweg erfolgte. Wirklich einbezogen wie echte Partner wurden die Bereisten nie oder nur ganz wenige unter ihnen: die Klügeren, die Geschäftstüchtigen, die Oberschicht. Auch gab man den Bereisten zu verstehen, daß sie sich nach dem Markt, das heißt nach den Bedürfnissen der Tourismusindustrie und der Touristen zu richten hätten, wenn sie ins Geschäft kommen wollten, getreu der Marketinggrundregel: Man muß produzieren, was man verkaufen kann. Also haben sich die Bereisten den Reisenden anzupassen und nicht umgekehrt. Ob sich dies mit ihren eigenen Vorstellungen und Werthaltungen verträgt, ist einerlei. Danach wird nicht gefragt. Wahrscheinlich weiß man gerade deshalb sehr wenig darüber.

In neueren Untersuchungen versucht man vermehrt, die Auswirkungen des Reisens auf die Wirtschaft, die Umwelt und die Menschen der besuchten Gebiete zu studieren. So hat zum Beispiel eine recht kritische Diskussion über die Auswirkungen der Dritte-Welt-Reisen auf die einheimische Gesellschaft und Kultur eingesetzt. Wortführer sind aber auch hier nicht in erster Linie Vertreter der Empfängerländer, sondern Intellektuelle aus den Industrieländern, die sich Sorgen machen. Die Stimme der Bereisten wird kaum hörbar. Selbst in stark entwickelten traditionellen Reisegebieten werden die Vorstellungen der einheimischen Bevölkerung selten klar und unmißverständlich zum Ausdruck gebracht. In den Ferienorten des schweizerischen Berggebietes zum Beispiel hat die Bevölkerung gelernt, mit dem Tourismus und den Touristen zu leben. Sie erfüllt ihren Gästen alle Wünsche oder fast alle. Aber sie ist auch froh darüber, daß die Saison und der Touristenrummel nicht das ganze Jahr über dauern. Sie benötigt die Monate zwischen den Hoch-Zeiten des Reisens, um sich vom Tourismus zu erholen; um vernachlässigte Kontakte mit den Nachbarn und Freunden im Dorf wieder herzustellen und zur Dorfgemeinschaft zurückzufinden. Eine der wenigen Studien, die sich mit den Einstellungen der einheimischen Bevölkerung in einem schweizerischen Bergferienort beschäftigte, hat solches deutlich gezeigt.[120] Aber vielleicht wird es bald keine Vor- und Nachsaison und damit auch keine Rückzugsmöglichkeiten für die Einheimischen mehr geben, denn die flauen Zeiten sollen sich beleben. Saisonverlängerung ist das Ziel. Aus einem in der Schweiz erschienenen Inserat des spanischen Ministeriums für Tourismus: »Ich will kein Spanien-Tourist unter Millionen sein. Aber: So im Frühling oder Herbst, wenn die Spanier unter sich sind, würde ich gerne unter ihnen weilen.« – Daß die Spanier vielleicht gerne einmal unter sich sind und sie es dann nicht mehr wären, bleibt bei solcher Werbung unbedacht.

Das wirtschaftliche Interesse dominiert

Auf der Suche nach Informationen zu den Bereisten stößt man auf eine weitere Schwierigkeit. Die Meinungen über den Tourismus und was man sich von ihm verspricht können sehr unterschiedlich sein, je nachdem, welche Bevölkerungs- oder Berufsgruppe oder welche politische Ebene man betrachtet:

Eine erste Kategorie umfaßt jene Menschen, die in dauerndem und direktem Kontakt zum Touristen stehen: das Personal im Gastgewerbe, bei den touristischen Transportanlagen, in Verkaufsgeschäften, die Reiseführer und viele andere. Sie sind vom Tourismus abhängig und wären ohne ihn vielleicht arbeitslos. Der Tourist ist ihnen willkommen, weil er Beschäftigung und Einkommen bringt. Nicht die »angeborene Gastfreundschaft«, die »Freude am Dienen« stehen dabei im Vordergrund, wie immer wieder betont wird, sondern viel naheliegender das unmittelbare Interesse am Geld und am Verdienst.

Eine zweite Gruppe von Einheimischen sind die Eigentümer der Tourismusunternehmungen – soweit diese nicht Auswärtigen gehören – und das einheimische Gewerbe ohne ständigen Kontakt zu den Fremden, zum Beispiel das Baugewerbe. Noch ausgeprägter als für die erste Gruppe ist der Tourismus für sie eine rein kommerzielle Angelegenheit. Er soll möglichst viel Umsatz und Gewinn bringen. Die Art und Weise, wie das geschieht, ist weniger wichtig. Der Zweck kann die Mittel heiligen.

Eine dritte Kategorie machen jene Bevölkerungsgruppen aus, die zwar direkte und häufige Kontakte mit den Touristen haben, aber nur einen Teil ihres Einkommens aus dem Tourismus beziehen. Sie leben in den touristischen Zentren oder in ihrer Nähe und gehen einer anderen, vor allem landwirtschaftlichen Beschäftigung nach. Zu dieser Gruppe sind auch jene Menschen zu zählen, die entlang der Touristenrouten wohnen. Ihr Verhältnis zu den Touristen ist schon distanzierter, und ihre Einstellungen zum Tourismus können schon wesentlich kritischer sein. Man sieht zwar die Vorteile, die das Reisen bringen kann, so den Bauern die Nebenbeschäftigung, doch werden in dieser Gruppe auch die Nachteile öfter benannt und stärker gewichtet. Die vielfältigen Störungen oder die Beeinträchtigung der Umweltqualität beispielsweise.

Eine vierte Kategorie bildet die große Gruppe der Einheimischen, die den Touristen überhaupt nicht oder nur beiläufig begegnet. Hier sind alle Einstellungen möglich. Befürwortung oder Ablehnung, Nichtwissen und Gleichgültigkeit. Letzteres überwiegt. Die Tourismuspolitiker nennen es dann fehlendes »Fremdenverkehrsbewußtsein«.

Die Politiker und die politischen Meinungsmacher stellen eine fünfte Gruppe dar. Sie möchten vor allem den Wohlstand ihrer Landsleute – und nicht selten allem voran ihren eigenen – mehren. Es gibt kaum einen, der den Tourismus nicht befürworten würde, und zwar eben aus wirtschaftlichen Gründen.

Devisen sind nach wie vor das Hauptargument für die Tourismusförderung in der Dritten Welt – obwohl kaum je genau nachgerechnet wird, was vom Geld der Touristen denn auch wirklich im Land zurückbleibt, wenn man abzieht, was für importierte Touristen-Nahrungsmittel und -Getränke bezahlt werden muß, was die im Ausland bezogenen Apparate und Einrichtungen für die Hotels kosten, wieviel Löhne an ausländische Kaderangestellte entrichtet werden und was an Gewinnen in die Taschen der fremden Eigentümer zurückfließt. Etwas bleibt sicher in der eigenen Kasse, aber sehr viel ist es nicht überall. Am wenigsten fällt in den ärmsten Ländern ab, die Devisen am dringendsten nötig hätten. Weil sie am wenigsten entwickelt sind, müssen sie am meisten importieren, um den verlangten Touristen-Standard zu erreichen. In Extremfällen fließen hier 80–90 Prozent der Devisen wieder ab.

Neben dem Devisenargument wird überall vor allem die Beschäftigungs- und Einkommenswirkung des Tourismus gepriesen. Als sehr arbeitsintensiver Dienstleistungszweig schaffe der Tourismus besonders viele Arbeitsplätze. Für die Schweiz schätzt man, daß ein Hotelbett rund 0,5 Arbeitsplätze direkt im Gastgewerbe selbst und indirekt in andern mit dem Tourismus verbundenen Berufen erzeugt. Für Entwicklungsländer werden Kennzahlen bis zu drei und mehr Beschäftigte pro Bett angegeben.

Der Touristenfranken bleibt nicht im Geldbeutel des Hoteliers liegen. Ein Teil davon wird wieder ausgegeben für den Kauf von Produkten und Dienstleistungen. Es entstehen neue Einkommen für den Metzger, den Bäcker, den Lieferanten von Möbeln, Teppichen und für viele andere mehr. Und auch diese Einkommen werden wieder ausgegeben, um die Rohstoffe zu bezahlen und so weiter. Solange der Touristenfranken nicht gespart wird und er die Volkswirtschaft nicht verläßt, indem man zum Beispiel damit Importgüter bezahlt, kann er mehrmals neues Einkommen bewirken. Dieser sogenannte »Einkommens-Multiplikator« liegt irgendwo zwischen eins und vier, je nachdem welches Land man betrachtet. In entwickelten Gebieten ist er eher größer, in Entwicklungsländern eher kleiner.

Niemand wird bestreiten, daß die Beschäftigungs- und Einkommenswirkungen des Tourismus erheblich sind: Mindestens 10 Millionen Menschen sind weltweit in Tourismusberufen tätig, und viele weitere Millionen leben indirekt davon. Aber auch diese Medaille hat eine Kehrseite, die in der politischen Diskussion kaum je vorgezeigt wird: Die touristischen Arbeitsplätze sind meist wenig attraktiv.[121] Die Arbeitsbedingungen sind hart: Überstunden, unregelmäßige Arbeitszeit, Saisonüberlastung, persönlicher Einsatz für den Gast. Die Löhne hingegen liegen unter dem Durchschnitt. Das Spektrum an Berufs- und Lehrmöglichkeiten ist eng. Viele Tätigkeiten sind unqualifiziert und werden als sozial minderwertig betrachtet, so zum Beispiel die Hilfsarbeit hinter den Kulissen der Hotels im Küchen- oder Zimmerdienst. Deshalb ist auch der Prestigewert der touristischen Berufe besonders in entwickelten Ländern nicht gerade hoch. Es gefällt nicht allen, dienende Aufgaben zu erfüllen, der »diensttuenden Minderheit« anzugehören, »Menschen zweiter Klasse« zu sein. Das alles sind Gründe, welche die paradoxe Situation erklären, weshalb zum Beispiel in schweizerischen Tourismusgebieten nach wie vor junge Einheimische abwandern, um in der Stadt eine bessere Arbeit zu finden, oder warum in Tourismusberufen selbst in Zeiten zunehmender allgemeiner Arbeitslosigkeit Personalmangel herrscht.

Mit dem Tourismus wird sehr oft eine weitere politische Vorstellung verbunden: Er soll mithelfen, das wirtschaftliche Gefälle auszugleichen, das zwischen den städtischen industrialisierten Regionen und ländlichen agrarischen Regionen besteht. Der Tourismus wird als wirtschaftlicher Rettungsanker für viele sogenannte Randgebiete betrachtet. Als einziges Mittel, die Landflucht zu bremsen, die Lebensbedingungen der Bevölkerung da zu verbessern, wo die Landwirtschaft keine genügende Existenzgrundlage bietet, wo sich Industrie der ungünstigen Standorte wegen nicht ansiedelt, wo es außer Sonne, Landschaft, Schnee oder Meer nichts zu verkaufen gibt. Diese natürlichen Reichtümer müßten »kapitalisiert« werden. Weiter hört man Politiker ab und zu sagen, nur mit Tourismus könne es gelingen, die ländliche Bevölkerung aus ihrer Isolation herauszuführen, ihr den Anschluß an den Fortschritt zu ermöglichen und auch sie an den Segnungen des Wohlstandes teilhaftig werden zu lassen.

Das also sind etwa die Vorstellungen, die man sich in den bereisten Gebieten über den Tourismus macht, sofern einigermaßen klare Vorstellungen überhaupt bestehen und geäußert werden. Es ist die wirtschaftliche Hoffnung, die weit vor allen andern Zielen steht. »Wir brauchen keine Touristen, wir brauchen Tourismus.« Ehrlicher und treffender als mit diesem einen Satz – er stammt von einem Tourismuspolitiker aus Sri Lanka – ließe sich die Interessenlage der bereisten Länder und Gebiete auf aller Welt kaum charakterisieren. Er bedeutet im Klartext: Touristen, die neugierig ihre Nase in alles stecken, was sie nichts angeht, und uns behindern, können wir eigentlich nicht gebrauchen, aber wir brauchen ihr Geld.[122]

Die übrigen sozialen, kulturellen und ökologischen Auswirkungen – die Veränderung der einheimischen Lebensweise, der Verlust an kultureller Eigenart und die Beeinträchtigungen der Umwelt – müssen halt in Kauf genommen werden, solange das Geld fließt. Auch für die Empfangsgebiete also ist Tourismus keine moralisch-ethische Anstalt, sondern in erster Linie Geschäft. Man ist ausdrücklich oder stillschweigend bereit, dafür einiges preiszugeben. Die Frage ist allerdings, ob die Kasse für die Bereisten wirklich stimmt, ob nicht doch die andern den Löwenanteil am Geschäft machen und ob der Preis, mit dem man sich die wirtschaftlichen Vorteile erkauft hat, nicht viel zu hoch ist. Und gibt es wirklich nichts anderes als diesen alles verändernden Tourismus, um die einheimische Wirtschaft und Gesellschaft vor dem Zusammenbruch zu retten? Das sind Fragen, die in vielen Tourismusgebieten der Welt immer häufiger zu hören sind.

Der ungleiche Austausch und die unbezahlten sozialen Kosten

»Die Einheimischen liefern die Berglandschaft und die gute Luft, wir Unterländer bringen das Kapital.«[123] So der Basler Verwaltungsratspräsident eines Luftseilbahnunternehmens irgendwo im schweizerischen Berggebiet. Das klingt ganz und gar unproblematisch. Eine korrekte Geschäftsbeziehung zwischen gleichberechtigten Partnern zwecks gemeinsamer Wahrnehmung gemeinsamer wirtschaftlicher Interessen. Die Wirklichkeit ist anders. Die »Arbeitsteilung« zwischen Stadt und Land, zwischen Peripherien und Metropolen ist ungleich und einseitig. Man muß weder Marxist sein noch Volkswirtschaft studiert haben, um zu erkennen: »Wer zahlt, befiehlt!« Der Volksmund drückt aus, wie das Kräfteverhältnis wirklich liegt: Wer das Kapital einbringt, sitzt am längeren Hebel. Im Tourismusgeschäft kommt das Geld aus der Stadt, aus den reichen produktiven Zonen und Metropolen – und fließt auch meistens wieder dorthin zurück. Die Bevölkerung in den Peripherien verfügt zwar über die beiden anderen Produktionsmittel, ohne die es nicht ginge, nämlich Boden und Arbeit. Diese sind aber für die Bewohner und die Unternehmer der Metropolen billig zu kaufen. Um am Tourismusgeschäft teilhaben zu können, verkaufen die Einheimischen ihre Arbeitsleistung und ihren Boden zu günstigen Preisen. Weil viele Gebiete den Tourismus entwickeln wollen, ist die Konkurrenz groß. Solange ein Gebiet noch nicht zu einer bekannten Destination geworden ist, um die sich alle reißen, muß es die Preise akzeptieren, die ihm von außen geboten werden. Auch hier wie anderswo gilt das erbarmungslose Gesetz von Angebot und Nachfrage. Besonders kapitalkräftige Investoren, bekannte Großunternehmungen oder Reiseveranstalter können noch günstigere Bedingungen aushandeln, weil sich die Empfangsgebiete von deren Engagement einen besonders hohen Nutzen versprechen. Bei armen Entwicklungsländern profitiert der bezahlende Industriebürger noch zusätzlich, weil dort die Preise des niedrigen Lebensniveaus wegen besonders niedrig sind. Schließlich gilt es zu beachten, daß die natürlichen Bestandteile der Landschaft, die gute Luft eben, die Sonne, der Schnee, die Berge, die Hügel, die Seen, die Meere, die Strände freie Güter sind. Sie stehen – fast uneingeschränkt – jedermann zur freien Verfügung. Sie haben keinen Preis. Man kriegt sie sozusagen gratis mitgliefert.

So kommt es, daß viele Tourismusgebiete ihre Ressourcen zu Schleuderpreisen verkaufen, ohne zu merken, daß sie dadurch mehr und mehr in Abhängigkeit geraten. Anstelle der Milch wird die Kuh veräußert. Die Beispiele sind Legion, daß die einheimische Bevölkerung ihren Boden zu Tiefstpreisen als Bauland an Auswärtige verkauft und damit ihren wichtigsten Trumpf im Poker um die Kontrolle der wirtschaftlichen Entwicklung aus der Hand gegeben hat. Der erzielte Erlös wird zur Deckung des dringendsten Nachholbedarfes verwendet. Und wenn die Bodenpreise endlich ansteigen, haben die Einheimischen erneut das Nachsehen. Wieder machen die andern das gute Geschäft. Im Endeffekt kann es sogar soweit kommen, daß es sich der Einheimische wegen der hohen Boden- und Mietpreise, die von Auswärtigen bezahlt werden, nicht mehr leisten kann, in der eigenen Gemeinde zu wohnen, geschweige denn hier ein Eigenheim zu bauen – Verhältnisse, wie sie heute zum Beispiel schon in verschiedenen sogenannten Tourismusgemeinden im schweizerischen Berggebiet anzutreffen sind.

Von einem fairen Tauschhandel kann man nur dann sprechen, wenn die Kosten und Nutzen auf beide Parteien etwa gleichmäßig verteilt sind. Im Tourismusgeschäft sind sie es nicht. Vor allem auch deshalb nicht, weil hier sehr viele sogenannte soziale Kosten anfallen, die von ihren Verursachern, den Tourismusunternehmungen und den Touristen, nicht bezahlt werden und vollständig zu Lasten der Bereisten gehen. Sie erscheinen auf keiner Rechnung. Trotzdem wiegen sie schwer und können für die Bereisten sogar zu einer Belastung führen, mit der sie kaum mehr fertig werden.

In einem bekannten schweizerischen Bergferienort wurden die Einheimischen darüber befragt, was ihnen die Entwicklung des Tourismus der letzten zwanzig Jahre gebracht habe.[124] Rund die Hälfte der Befragten empfindet die Veränderungen in der Gemeinde eher positiv, die andere Hälfte eher negativ. Mit Abstand an erster Stelle der positiven Veränderungen wird der allgemeine Wohlstand genannt.

Bei den negativen Aspekten erhielten folgende Aussagen besonderes Gewicht:

79% – Die Leute denken nur noch ans Geld
53% – Die Gemeinschaft ist nicht mehr da
46% – Es gibt zu viel Fremde hier
45% – Das Ortsbild ist verschandelt
44% – Der Familienzusammenhalt ist schlechter
43% – Die Landschaft ist verschandelt
26% – Vom Tourismus haben nur einige profitiert

Das also ist der Preis für den wirtschaftlichen Fortschritt, wie er in dieser untersuchten Gemeinde von der einheimischen Bevölkerung empfunden wird. Es sind die sozialen Kosten, die Nachteile des Tourismus für die Bereisten, die in keiner Buchhaltung figurieren.[125]

- Wie will man die Beeinträchtigung der Umweltqualität beziffern, die durch den Tourismus entsteht, die Veränderung der Siedlungs- und Landschaftsbilder, die architektonische Umweltverschmutzung, die Verunreinigung der Gewässer und der Luft, die Lärmimmissionen, die Störungen des Naturhaushaltes, die Auswirkungen auf Tiere und Pflanzen?
- Wie will man die erhöhte Krisenanfälligkeit der einheimischen Wirtschaft beziffern, die eintritt, wenn der schnell wachsende Tourismus die Landwirtschaft verdrängt und auch alle andern wirtschaftlichen Aktivitäten in seinen Bann zieht, was schließlich zu einer zerbrechlichen touristischen Monokultur führt, die total von der wirtschaftlichen und politischen Lage in den Herkunftsgebieten der Touristen abhängig ist? Was, wenn die Touristen einmal ausbleiben sollten?
- Wie will man die tiefgreifenden Veränderungen beziffern, die der Tourismus in der einheimischen Gesellschaft verursachen kann? Den Wunsch, die von den Touristen vordemonstrierten Konsumgewohnheiten und Verhaltensweisen nachzuahmen, oder das Mißbehagen und die Unzufriedenheit mit dem eigenen Los oder sogar die Resignation, weil der Lebensstandard der Touristen nicht zu erreichen ist, die Unterlegenheitskomplexe, die Servilität, die »Verstädterung« oder »Verwestlichung« des Lebensstils, die Zunahme der Prostitution, der Kinderbettelei und der Kriminalität in vielen touristischen Zielgebieten der Dritten Welt, die Verlockungen des Geldes und des Reichtums der Touristen?
- Wie will man die Auswirkungen auf die einheimischen Sitten und Bräuche, Traditionen und Normen beziffern, die Störungen des familiären und gesellschaftlichen Zusammenlebens, die Verwässerung der eigenen Sprache, die kulturelle Verflachung und Anpassung an den fremden Geschmack, den Folklorismus, die kulturelle Prostitution?
- Wie will man die psychologische Belastung beziffern, die sich für viele Einheimische aus der zunehmenden Fremdbestimmung – dem Leben nach einer fremden Ordnung – und aus dem Gefühl der Machtlosigkeit ergibt?

Einige dieser sozialen Kosten fallen da besonders ins Gewicht, wo die Entwicklungsunterschiede zwischen Reisenden und Bereisten sehr groß sind: also vor allem in den Destinationen der

Dritten Welt. Aber eigentlich sind diese Folgen überall zu beobachten, wo es Tourismus gibt. Einmal mehr, einmal weniger ausgeprägt. Oftmals wird versucht, sie zu verschleiern oder zu verniedlichen. Oder man sagt, daß dies nun eben die unausweichliche Kehrseite der touristischen Medaille sei. Wolle man in den Genuß der Vorteile kommen, müsse man auch Nachteile in Kauf nehmen. Für die Menschen aus den Metropolen gilt das offenbar nicht. Sie genießen uneingeschränkt die Vorteile, und sie bezahlen dafür einen relativ niedrigen Preis. Nachteile gibt es für sie nicht. Man denkt nicht daran, daß man auch ihnen Bedingungen auferlegen könnte, damit das Kosten-Nutzen-Verhältnis für die Bereisten besser wird.

Die Fremdbestimmung – ein hoher Preis

Seit jeher haben alle Menschen und alle Gruppen innerhalb der menschlichen Gesellschaft ein Urbedürfnis empfunden: die Selbstbestimmung. Kriege und Revolutionen wurden angezettelt, um fremdes Joch abzuschütteln, um Freiheit zu erlangen und wieder selbst bestimmen zu können: Freiheit und Autonomie als des Menschen höchste Güter. Diese Ansprüche sind so fundamental und selbstverständlich, daß sie vielleicht eben deshalb nicht immer ausdrücklich erwähnt und besonders betont werden. Aber gerade in der Diskussion über den Tourismus und seine Folgen wäre solches nötig, denn: In allen touristischen Zielgebieten der Welt hat die Entwicklung des Reisens nach bekanntem bisherigen Muster zu einem Verlust an Selbstbestimmung bei der bereisten Bevölkerung geführt. Wohlgemerkt, überall auf der Welt, in den großen Fremdenverkehrsgebieten des Alpenraumes ebenso wie im Entwicklungsland in Schwarzafrika. Wir wollen am Beispiel des europäischen Alpengebietes verdeutlichen, wie sich die Prozesse abspielen.[126]

Die Alpen sind eines der größten zentralen Erholungsgebiete der Welt: Rund fünf Millionen Erholungssuchende aus dem außeralpinen Raum gesellen sich an Spitzentagen zu den ca. sieben Millionen Ortsansässigen. In typischen Fremdenorten kann die Zahl der Touristen das zehn- oder zwanzigfache der Einheimischen betragen. Weil die Alpen von einem Kranz großer Städte und Bevölkerungsagglomerationen eng umgeben sind, treten hier die Probleme geradezu modellartig auf. Dabei ist die zunehmende Fremdbestimmung ohne Zweifel das am schwersten wiegende Problem. Die Alpen sind Lebens- und Wirtschaftsraum für die einheimische Bevölkerung. Sie sind auch Naturraum mit besonders wertvollen und verwundbaren Ressourcen. Diese Dimensionen werden aber immer mehr zugunsten einer dritten zurückgedrängt: die Alpen als Ergänzungsraum für die außeralpine Bevölkerung. Hier wird deutlich, was mit Fremdbestimmung gemeint ist: Aus der Sicht der großen Agglomerationen wird der ländliche Raum lediglich als Ergänzungs- und Zulieferraum betrachtet, als Lieferant von Arbeitskräften, Rohstoffen, Trinkwasser und Energie zur Sicherstellung des weiteren Wachstums der Städte; und eben vor allem als Lieferant von Erholungsraum für die stadtmüde Bevölkerung. Im Zuge dieser Entwicklung haben sich die Entscheidungsprozesse aus dem Alpenraum heraus in die Zentren der wirtschaftlichen und politischen Machtkonzentrationen verlagert. Investitionsentscheidungen über die Errichtung von Touristikzentren, Großkabinenbahnen, Fernschnellstraßen, Kraftwerken, größeren Industrieanlagen, Trinkwasserfernversorgungen, Zweitwohnungen werden in Zürich, Genf, Paris, Mailand, Wien, München oder Frankfurt getroffen. Die Städter stellen ihre eigenen Interessen in den Vordergrund. An die Lebensbedingungen der Alpenbevölkerung oder an die Erhaltung des ökologischen Gleichgewichtes und der natürlichen Ressourcen in diesem Raum wird weniger oder überhaupt nicht gedacht, obwohl eine Beeinträchtigung der Umweltqualität der Berggebiete langfristig auch ihre Erholungsfunktion für die außeralpine Bevölkerung zunichte macht. Daher das Wort von der Zerstörung des Tourismus durch den Tourismus. Im ganzen Alpenraum kann man eine fast ungehemmte Fortsetzung dieser Zerstörungsvorgänge beobachten, obwohl man seit Jahren eindringlich davor warnt und die verheerenden Folgen überall in die Augen springen. Kommt nicht gerade darin die überhandnehmende Fremdbestimmung zum Ausdruck? Sind dies nicht Zeichen dafür, daß sich die einheimische Bevölkerung von der schnellen Entwicklung überrollen läßt und ihre Fähigkeit der Selbstkontrolle mehr und mehr verliert? Die Menschen aus der Stadt kommen mit ihren eigenen Maßstäben. Im Gefühl der Überlegenheit, weil sie ja das Geld und meistens auch eine bessere Bildung besitzen, eignen sie sich den ländlichen Raum an zwecks Geschäft und Erholung. Die Landschaft und die Menschen werden zu Konsumgütern. Hat man das Geschäft gemacht, hat man genug gesehen oder gefällt es einem nicht mehr, dann zieht man eben weiter. Man ist niemandem Rechenschaft schuldig und sich auch keiner Verantwortung bewußt.

Wie Tourismuspromotoren etwa vorgehen, schildert Pierre Lainé modellhaft:[127]

Erster Schritt: Die »Grande Compagnie« – so der Name des Promotors – sichert sich die Verfügungsgewalt über den Boden. Ihre Argumente sind verführerisch: Für die einheimische Bevölkerung sollen viele Arbeitsplätze und viel Einkommen herausschauen. Aber allein könnten die Einheimischen die Entwicklung nie in Gang setzen. Schließlich erreicht die »Grande Compagnie«, daß ihr das Land zu Tiefstpreisen überlassen wird.

Zweiter Schritt: Die »Grande Compagnie« überzeugt die Standortgemeinde, selbst zu investieren und die Infrastruktur, also zum Beispiel Straßen, Wasserversorgung und so weiter, »vorzufinanzieren«, oder aber ihr die Anlagen zu günstigsten Konditionen zur Verfügung zu stellen. Sie würde dann schon dafür sorgen, daß der Betrieb laufe und Gäste in Hülle und Fülle kämen. Das Risiko wird abgewälzt. Es gibt nicht wenige Fälle, in denen es zu hundert Prozent von der Standortgemeinde übernommen wird. So die bekannten Beispiele der Hotels, die durch die öffentliche Hand finanziert werden und bei denen der Promotor lediglich das Management übernimmt, manchmal sogar mit Gewinnbeteiligung und Defizitgarantie.

Dritter Schritt: Für die Planung, den Bau und die Einrichtungen des Großprojektes setzt die »Grande Compagnie« ihre auswärtigen Architekten, Bauunternehmer, Möbelhändler und so weiter ein. Die Kapazität des einheimischen Gewerbes reicht nicht aus. Oder es wird gesagt, das Einheimische entspricht nicht dem Geschmack der internationalen Klientele.

Vierter Schritt: Die »Grande Compagnie« lanciert ihr Produkt mit hartem Marketing. Der Pauschalpreis wird vor der Reise in der Stadt bezahlt und fließt hier wieder zu einem großen Teil in die Kasse des Promotors.

Fünfter Schritt: Der Betrieb der Installationen ist ebenfalls der »Grande Compagnie« überlassen. Mit der Begründung, daß kein geschultes einheimisches Personal vorhanden sei, werden die Kaderpositionen durch Auswärtige besetzt.

Sechster Schritt: Selbst das Essen und die Getränke werden unter Hinweis auf die internationale Kundschaft zum großen Teil importiert.

So oder ähnlich haben sich neue touristische Erschließungen bisher oft abgewickelt. Aber es wäre falsch, dafür nur die bösen, geldgierigen und machthungrigen auswärtigen Promotoren verantwortlich zu machen. Das Bild des nichtsahnenden, übertölpelten und übervorteilten Einheimischen stimmt nicht überall. In vielen touristischen Zielgebieten haben gewisse Gruppen von Einheimischen selbst aktiv am eigenen Grab mitgeschaufelt. Die größten Bodenspekulanten sitzen manchmal in den eigenen Reihen und bekleiden sogar die höchsten politischen Ämter. Sicher erzielen einige Einheimische aus dem Tourismus einen erklecklichen Gewinn, aber es ist meistens eine relativ schmale besitzende Schicht. Daß sie eine weitere Entwicklung des Tourismus befürwortet, liegt nahe. Die Mehrheit der Bevölkerung hat die Nachteile der Fremdbestimmung zu tragen. Sie geht als billige Arbeitskraftreserve ins Kalkül ein. Sie ist zur Dienstpersonalgesellschaft geworden. Sie ist nicht mehr Herr im eigenen Haus. Sie muß auch mit all den übrigen Nachteilen, mit den sozialen Kosten fertig werden, die im Gefolge der Tourismusentwicklung auftreten. Aber auch die Behörden in Tourismusgebieten sind an den Fehlentwicklungen mitschuldig. Sie haben im blinden Glauben an das Allheilmittel Tourismus ein ganzes Arsenal von Maßnahmen entwickelt, die dazu bestimmt sind, auswärtiges Kapital anzulocken: zum Beispiel Steuer- und Zollerleichterungen, Subventionen, Investitionsprämien, Baulandverbilligungen, Bürgschaften für Kredite, Defizitgarantien, Bau von Infrastrukturanlagen ohne Rückzahlungsverpflichtung und so weiter. In den Ländern der Dritten Welt gehört der Tourismus sogar zu den am meisten subventionierten Wirtschaftszweigen. Muß man sich da nicht fragen, ob die am stärksten benachteiligten Bevölkerungsschichten im Begriff sind, die Ferien von privilegierten Angehörigen der europäischen und nordamerikanischen Bevölkerung zu subventionieren?[128]

Warum sprach man bisher eigentlich recht wenig über die Fremdbestimmung, über diesen auf längere Sicht gesehen sicherlich negativsten Aspekt des Reisens? Warum macht die Bevölkerung in den Empfangsgebieten überhaupt mit? Verschiedene Gründe wurden schon genannt. Ausschlaggebend ist wahrscheinlich, daß es sich hier um einen schleichenden Prozeß handelt, eine Entwicklung, die auf leisen Sohlen vorangeht und erst dann voll ins Bewußtsein dringt, wenn sie schon ein fortgeschrittenes Stadium erreicht hat. Der Tourismus ist eine Art friedliche Eroberung, die nicht nur mit Zustimmung, sondern sogar auf ausdrückliche Veranlassung der »Eroberten« erfolgt. Aber, und das wird übersehen: Man kann die Fremdbestimmung nicht auf das investierte auswärtige Kapital beschränken, wie z. B. beim Bau einer Fabrik. Mit einer Fabrik ist man einverstanden oder eben nicht. Beim Tourismus ist diese Wahl nicht möglich. Mit ihm ist es wie beim Nebel, er schleicht sich überall ein.[129] Das Besondere ist, daß die Touristen persönlich kommen, mit ihren eigenen Verhaltensweisen und ihrem Einfluß. Sie verlangen Dinge, die es hier nicht gibt und die wieder von außen bezogen werden müssen. Sie strömen hin, wo es ihnen beliebt. Überall entstehen neue Ansätze für weitere »Entwicklungen«. Mehr Geld wird benötigt, um den wachsenden Bedarf an Infrastruktur für die Touristen bezahlen zu können. Aber bezahlen kann man nur, wenn man mehr verdient. Mehr verdienen kann man nur, wenn mehr Touristen kommen. Also rücken neue Unternehmungen nach, neue Touristen kommen und so weiter ... Bald übersteigt die Zahl der Touristen jene der Einheimischen. Die einheimischen Arbeitskräfte genügen nicht mehr – man muß Verstärkung von außen fordern. Die Zahl der Zuzügler und Saisonarbeitskräfte wird immer größer. Einige Touristen oder auswärtige Geschäftsleute bleiben, weil es ihnen hier besonders gut gefällt, oder weil sie sehen, daß sich hier gute Geschäfte machen lassen. Sie verlegen ihren Wohnsitz und Geschäftssitz. Und weil sie tüchtig und auch gut ausgebildet sind, bekleiden sie die guten beruflichen Positionen. Wie für alles interessieren sie sich auch für die Politik. Sie können gut reden und haben Erfahrung. Sie müssen nicht lange warten, bis man ihnen politische Mandate überträgt, und dann mischen sie mit auf oberster Ebene. Das Heft ist den Einheimischen aus der Hand geglitten. Langsam, fast unmerklich. Die Überfremdung ist perfekt: von außen durch die Touristen und von innen durch die Zuzügler und auswärtigen Arbeitskräfte. Dieses Schema ist klassisch und überall mehr oder weniger dasselbe. So trägt denn der moderne Tourismus – ob wir es gerne hören oder nicht – kolonialistische Züge, überall und fast ohne Ausnahme.

Über diese Dinge wird, wie gesagt, wenig gesprochen. Sie laufen einfach ab, als wären es naturgesetzliche und unabänderliche Entwicklungen. Aber sind es nicht gerade diese Prozesse, die hinterfragt werden müssen, wenn man nach einem »besseren« Tourismus Ausschau hält? Liegen nicht eben hier die Hauptursachen für die vielkritisierten negativen Folgen des modernen Tourismus in den Zielgebieten? Wenn es nicht gelingt, in dieser Beziehung einiges grundsätzlich zu verändern, bleibt der Tourismus seinem Wesen nach das, was ihm seine Kritiker seit Jahren vorhalten: eine besondere Form der Subversion, weil er unterwandert und mit fremdem Sein und Gehaben durchsetzt. Eine neue und heimtückische Form des Kolonialismus, weil er mit unschuldigem Gesicht neue Abhängigkeiten und Herrschaftsverhältnisse schafft. Eine einseitige Ausbeutung von Umwelt und von Menschen. Das sind die bitteren Wahrheiten.

»Mit Euch Touristen zu kommunizieren, ist eine Sache für sich. Sobald Ihr auf unserer Insel angekommen seid, bleibt Ihr unter Euresgleichen und versucht nicht, Euch mit uns zu verständigen. Verständigung ist vielleicht zuviel gesagt. Doch nur einige Worte würden genügen, um Freunde zu werden – und Freundschaft suchen doch die meisten Menschen. Um Freunde zu haben, müssen wir mit anderen Menschen reden, doch es scheint, daß Ihr dazu nicht bereit seid.« (Aus einem Schüleraufsatz des 14jährigen Erwin Harris, Antigua, Karibik)

Eine Begegnung, die diesen Namen verdient, müßte doch wohl gekennzeichnet sein von einem menschlichen und nicht primär materiellen Interesse am anderen, von einem gegenseitigen Verstehen-Wollen und Aufeinander-Eingehen, von gegenseitiger Wertschätzung und Rücksichtnahme. Die Bedingungen, unter welchen der moderne Tourismus abläuft, sind nicht dazu angetan, die Entfaltung solcher Tugenden zu begünstigen, weder auf der einen, noch auf der andern Seite. Die Barrieren sind enorm und kaum zu überwinden. Fast auf Schritt und Tritt sind wir in unserer Tourismusbeschreibung auf Dinge gestoßen, die einer Begegnung hinderlich sind. Wir wollen hier nicht alles wiederholen. Der Hinweis auf einige besondere Merkmale soll genügen.

Völkerverständigung?

Anfang der sechziger Jahre schrieb ein führender Fremdenverkehrswissenschaftler: »Tourismus ist zum vornehmsten Instrument unseres Jahrhunderts in der Völkerverständigung geworden. Durch ihn lernen sich die Bewohner entferntester Hemisphären und Träger verschiedenartigster Sprachen, Rassen, Religionen, politischer Richtungen sowie wirtschaftlicher Stellungen kennen. Er führt sie zusammen. Er bewirkt in entscheidendem Maße, daß sie miteinander ins Gespräch kommen, daß ihnen die Geisteshaltung des Partners, die sie aus der Ferne nicht begriffen, durch den persönlichen Kontakt weniger fremd erscheint als zuvor, daß sich auf solche Weise Gegensätze überbrücken und ausgleichen lassen. Weil nicht die Wirtschaft, sondern der Mensch in seinem Mittelpunkt steht, kann der Tourismus, ganz besonders auch in den Beziehungen zu den Entwicklungsländern, als eines der wichtigsten Mittel der Annäherung der Völker und schließlich der Erhaltung friedlicher Beziehungen unter ihnen gelten. Diese hohe Aufgabe hat zur Zeit mehr Gewicht denn je. Sie überragt darum alle andern, die in Betracht fallen.«[130]

Solches war schon vor zwanzig Jahren eine Theorie, aber keine Realität. Heute, da das Reisen zu einem Massenphänomen geworden ist, gehört die Mär von der Völkerverständigung vollends ins Reich der Wunschvorstellungen. Aber immer noch gibt es Leute, die dem Tourismus den Friedensnobelpreis verleihen möchten. Andere hingegen vergleichen seine zerstörende Kraft mit jener der Atombombe. Friedrich Wagner, der für seine ausgewogene Argumentation bekannte Altmeister der deutschen Reisejournalisten, meint, es wäre eine Illusion, zu erwarten, daß die Millionen der Touristen gleichsam ständig Freundschaftsadressen mit der einheimischen Bevölkerung austauschen. Auf eine völkerverbindende Mission des Tourismus trotzdem zu vertrauen, sei ein Glaube, der sich auf viele Erfahrungen stützen könne.[131]

Ich habe diesen Glauben nicht und kenne auch nur sehr wenige positive Erfahrungen und Beispiele. Ich meine sogar, daß die Chancen und Voraussetzungen zu einer echten zwischenmenschlichen Begegnung kaum schlechter sein können, als sie es im Verhältnis von Reisenden und Bereisten sind. Die Begegnung ist in den meisten Fällen eine illusionäre Klischeeformel, ein Trugbild. Wo die »Von-weg«-Motivation und die Ich-Betonung dominieren, wo Massen auftreten, die nur mit Serienabfertigung zu bewältigen sind, wo Kommerz, Hektik und Fremdbestimmung vorherrschen, wo Überlegenheits- und Unterlegenheitsgefühle aufkommen können, wo die Unterschiede zu groß sind, da muß das Herz auf der Strecke bleiben, da kann eine Begegnung nicht stattfinden. Selbst wenn die Industriebürger in ihre eigenen Feriengebiete reisen, also die Kontakte auf ähnlicher gesellschaftlicher Ebene erfolgen, bleibt eine wirkliche Verständigung meistens aus.

Es wird immer wieder übersehen, daß sich die Reisenden und die Bereisten in einer total unterschiedlichen, ja gegensätzlichen Situation befinden. Was für den einen Freiheit und Vergnügen ist, bedeutet für den andern Belastung und Arbeit. Das Freizeitverhalten stößt auf das Arbeitsverhalten, die Erholungsbedürfnisse auf Existenzbedürfnisse. Das Geld des einen ist das Brot des andern. Wie will man es denen, die vom Tourismus leben, verargen, daß sie sich in erster Linie fürs Geld und nicht für den Menschen interessieren, der im Touristen steckt. Einheimische in Dauerkontakt mit den Touristen entdecken bald deren Schwächen und Unsicherheiten in der ihnen fremden Umgebung. Einige nützen sie aus. Bei andern können Gefühle der Verachtung aufkommen.

Auch die Reisenden haben ihren egoistischen Standpunkt. Ihre eigene Erholung geht ihnen über alles. Die Begegnung mit den andern wird nicht wirklich gesucht. Sie ist nur insofern interessant, als sie etwas zur Erholung und Abwechslung beitragen kann. So gehen beide, sowohl die Reisenden als auch die Bereisten, zueinander auf Distanz. Zwar bezeichnen drei Viertel der befragten Einheimischen in einem schweizerischen Bergkurort ihre Beziehung zu den Touristen als eher freundschaftlich und nur ein Viertel als eher distanziert.[132] Aber diese überwiegend »freundschaftliche« Haltung sei zu einem großen Teil auf die Bedeutung der Touristen als Wirtschaftsfaktor, als »kostbare Ware«, zurückzuführen und entspringe kommerziellen Motiven, meinen auch die Soziologen, welche diese Untersuchung durchführten. Bei der älteren Generation der Einheimischen wird in der gleichen Studie eine besonders positive Grundhaltung gegenüber den Touristen festgestellt. Dafür seien über die bereits erwähnten Motive hinaus die eigene Erfahrung mit dem »Individualtourismus« und der persönliche Kontakt zu (Stamm-)Gästen verantwortlich. Die Einstellungen der jüngeren Generation würden viel stärker schon vom inzwischen eingetretenen Massentourismus geprägt. So machen die Einheimischen in diesem Bergdorf auch einen deutlichen sprachlichen Unterschied zwischen »Touristen« und »Gästen«: Bei der Bezeichnung »Gast« schwingt eine eher freundschaftlich-persönliche Beziehung mit. Gäste sind offenbar jene Besucher, die länger da bleiben, die immer wiederkommen, die man kennt. »Touristen« hingegen sind alle die vielen andern: die Kurzaufenthalter, die Tagesausflügler, die Wochenend-Sportler. Eine wirtschaftlich bedeutsame Gruppe, aber eben nur »Material«.

Einmal mehr ist es die Massenhaftigkeit des Reisens, die rationalisierte Abwicklung und der standardisierte Kreislauf, welche die Schaffung herzlicher Beziehungen oder geistigen Austausches verhindern. Mehr als Krämerlächeln und sterile Höflichkeit liegen bei diesen oberflächlichen Kontakten nicht drin. Und wenn ein Reisender doch mehr sucht, vergißt er meistens etwas: Was für ihn ein einmaliges Erlebnis darstellt, ist für den Bereisten eine ständige Wiederholung der gleichen Situation. Immer wieder die gleichen Anlässe, die gleichen Besichtigungen, die gleichen Feste und die gleichen Fragen. Und immer wieder neue Touristen, Hunderte, Tausende. Die Spontaneität schleift sich ab. Beim Bauern auf der Wiese, dem pro Tag ein paar Dutzend Wanderer begegnen ebenso wie beim Angestellten am Skilift, der Hunderten von Touristen pro Stunde den Bügel unterschiebt; beim Skilehrer, der jede Woche mit einer Gruppe den Skilehrerabend feiern muß; bei den Zimmervermietern, Hotel- und Restaurantangestellten, Reiseführern, die im Laufe des Jahres mit Tausenden von Gästen zusammentreffen. Immerzu wird von ihnen Gesprächsbereitschaft, Freundlichkeit, Höflichkeit, Zuvorkommenheit und Fröhlichkeit erwartet. Viele Bereiste aber sind mit Kontakten übersättigt. Irgendwann treten Abnützungserscheinungen auf. Der Einheimische ist überfordert. Er sondert sich ab und zieht sich zurück oder reagiert gereizt und aggressiv. Diese Zusammenhänge erklären, weshalb das Begegnungsbedürfnis bei den Gastgebern wahrscheinlich noch geringer ist als bei den Touristen. Auch sind die touristischen Einrichtungen und Anlagen nicht auf Begegnung angelegt. Weil nur für Touristen gedacht, können sie sogar ausgesprochen begegnungsfeindlich sein. Sie entsprechen den Einheimischen nicht. Oder der Zugang ist ihnen aus finanziellen und anderen Gründen nicht möglich oder ausdrücklich unerwünscht, ja untersagt. Segregation anstatt Integration. Dem Einheimischen die »Dorfbeiz«, dem Touristen das »Haus des Gastes«, jeder für sich und unter seinesgleichen.

Beim Ferntourismus, bei den Reisen der Reichen in die Länder der Armen, sind die Bedingungen für einen interkulturellen Dialog noch schwieriger. Sie erscheinen schlechterdings unerfüllbar. Die Verhaltensforschung – aber auch die eigene Erfahrung – lehrt uns, daß es für eine wirkliche Begegnung zwischen Menschen mindestens etwas Gemeinsames braucht. Wo uns gar nichts Gemeinsames verbindet, wo die Rollen derart verschieden sind, gibt es keine Basis für einen wirklichen Dialog.[133] Bei Reisen in die Dritte Welt treffen nicht nur Menschen grundverschiedener Kulturen aufeinander, sondern auch verschiedener sozialer Klassen. Die Gegensätze könnten größer nicht sein. Die »Haves« kommen zu den »Have-Nots«. Damit der Kulturschock nicht zu groß wird und es noch Erholung bleibt, schirmt man den Touristen vom Gastland und seinen Menschen in Ghettos oder in sonstigen Anlagen ab, die ihm vertraut sind. Der in der Werbung angepriesene hautnahe Kontakt mit den Einheimischen findet auf Ausflügen mit klimatisierten Bussen statt, abgesichert durch den Reiseleiter, im vertrauten Schoße der Reisegruppe. Was Begegnung sein sollte, gerät zum »Zoo-Syndrom«, zur gegenseitigen Begaffung. Der Einheimische wird Schau- und Fotoobjekt. Man kann sich auch sprachlich nicht verständigen. Und weil immer die Zeit drängt – man möchte ja möglichst viel sehen, um die hohen Kosten der Reise herauszuschlagen –, ist auch ein Verweilen, ein stilles Beobachten ausgeschlossen. Im Hotel oder am Strand lernt man die Einheimischen nur in dienenden Funktionen kennen: den Kellner, die Zimmermädchen, den Aufpasser, die Souvenirverkäufer, den Chauffeur, die Musiker, die Folkloretänzer. Das verstärkt die Gefühle der eigenen Überlegenheit.[134] Zwei Autoren aus der Dritten Welt beschreiben es so: »Er (der Tourist) kommt im Grunde genommen wegen des Landes und nicht wegen der Leute. Er ist ein Vorüberziehender, der in Wahrheit nichts sieht. Und was sucht er eigentlich anderes, als sich seine vorgefaßten Meinungen bestätigen zu lassen, also in den Genuß seines gewohnten Komforts zu gelangen und das falsche Bild, das er sich vom Gastland geschaffen hat, in der Wirklichkeit vorzufinden.«[135] Oder: »Es ist nicht ein Land, das sie besuchen, es ist das Phantom eines Landes – wo alles Aufmerksamkeit findet, was seltsam ist, ungewöhnlich, bizarr, gewaltig oder winzig. Beim flüchtigen Durcheilen oder raschen Überfliegen wird nur das sichtbar, was der Reisende erwartet hat. Dabei kann er kaum der Versuchung des Ethnozentrismus entgehen, das heißt einem Nationalismus, der die eigene Kultur als einzig maßgebende ansieht.«[136] Trifft nicht vieles in dieser Beschreibung auch auf den Tourismus in unseren Breitengraden zu?

So wird verständlich, weshalb das Reisen, wie es heute abläuft, kaum je mithilft, einander wirklich näherzukommen und sich besser zu verstehen. Die trübe Brille der Vorurteile bleibt aufgesetzt. Obwohl es darüber kaum Untersuchungen gibt, deutet vieles darauf hin: Reisen, vor allem solche in fremde Kulturkreise, bringen häufig keinen Abbau, sondern eine Bestätigung, ja sogar eine Verstärkung von Vorurteilen. Die anderen sind arm, aber glücklich. Sorglos, unbeschwert und gastfreundlich. Aber eben etwas unordentlich, nicht so sauber, ja schmutzig und unhygienisch, unzuverlässig auf alle Fälle, faul doch auch und halt nicht so intelligent. Ja, genau das hatte man ja erwartet, das ist keine Überraschung, das ist eben Afrika, sagt man dann. Oder: typisch italienisch, typisch französisch. Aber das Bild, was wir von den anderen haben, ist manchmal ebenso schief wie das Bild, das sie von uns haben. Der Einheimische schließt vom Verhalten des Touristen auf dessen Herkunft. In den Augen des Einheimischen im Entwicklungsland zum Beispiel sind Touristen unermeßlich reich und müssen nie arbeiten. »Touristen sind Leute, die Inseln besuchen, um Feste zu feiern.« Oder weil sie halbnackt herumrennen, müssen sie »von kalten Inseln« stammen. »An ihren Stränden fällt Schnee, und manchmal sind diese sogar zugefroren.« – Das sind nur einige Zitate aus Kinderaufsätzen.[137] Wie die Welt der andern in Wirklichkeit aussieht, wissen meistens beide nicht. So bedeutet Reisen vielfach, daß beide, Gast und Gastgeber, einander ein Klischee bestätigen.[138]

Völkermißverständigung statt Völkerverständigung. Manchmal Konfrontation statt Begegnung. Im schlimmsten Fall sogar gegenseitige Verachtung statt Achtung: Die Touristen verachten die »unterentwickelten« Einheimischen – und diese wiederum die enthemmten Fremden.[139] Verallgemeinern darf man auch hier nicht. Dafür ist – wie wir schon sagten – die Datenbasis zu schmal. Aber etwas ist alles in allem ganz sicher: Von einer echten menschlichen Begegnung zwischen Reisenden und Bereisten ist man meistens weit entfernt. Sehr weit sogar.

Erholt?

»Erholung ist Ansporn und Ursache zum Reisen, selten die Wirkung der Reise ... Die Leute haben das Jahr durch genug Gelegenheiten, sich von der letzten für die nächste Reise zu erholen.«[140] Ironisch aber wahr: Die Ferien oder das Wochenende bringen für viele Menschen die doch so dringend benötigte körperliche und nervliche Erholung nicht. Im Gegenteil: Der Ferien- und Freizeitstreß ist groß. Verschiedene Mediziner sind diesen Fragen nachgegangen und haben Untersuchungen angestellt. Sie wissen zu berichten, daß die überwiegende Mehrzahl der »Normalurlauber« nicht entspannt und ausgeglichen, sondern angespannt, nervös und unkonzentriert heimkehrt.[141] Nach den Beobachtungen eines Psychiaters leiden viele Urlauber im Anschluß an ihre Ferien an einem »Holiday-Syndrom«, an Schlaflosigkeit, Erschöpfung und unklaren Angstzuständen. Sie finden nur mit ärztlicher Hilfe ins Normalleben zurück.[142] Und wer hat nicht schon Leute darüber klagen gehört, daß sie ein paar Wochen nach ihren Ferien überhaupt keinen Erholungseffekt mehr verspüren?

Erholung könne nur dann eintreten, sagen uns die Mediziner, wenn wir unserem Körper Zeit lassen, sich auf die neue Situation umzustellen. Es gelte, den Dreischritt Entmüdung – Entspannung – Erholung zu berücksichtigen. Die ersten drei Tage sollen dem Ausspannen, dem Ausruhen dienen. Medizinisch gesehen sei der dritte Tag der kritischste. Die Gefahr eines Einbruchs, einer Störung und einer Krise sei da am größten, wenn man es nicht richtig mache. Erst nach diesen drei Tagen sei der Körper bereit: Die Erholung könne beginnen. Weiter empfehlen die Ärzte, der Erholungsurlaub solle mindestens drei zusammenhängende Wochen dauern. Der »Erholungsgipfel« liege meist erst in der dritten Ferienwoche – er schließe allerdings ein Formtief nach der Heimkehr keineswegs aus.[143]

Der normale Tourist aber schlägt diese Ratschläge in den Wind. Er tut alles, was aus medizinischer Sicht verboten ist. Anstatt gemächlich in die Ferien hinüberzuschlafen, stürzt er sich ohne Verzug ins Getümmel: von der Reizüberflutung im Alltag auf dem direktesten Weg in die Reizüberflutung der Ferien; von einer Spannung in die andere; über Tausende von

Kilometern in wenigen Stunden von einem Klima ins andere. Dies mit der gleichen Hektik wie im Alltag. Man will profitieren, die ganze Welt umarmen, möglichst schnell braun und körperlich wieder fit werden. Man will auch essen, trinken, tanzen und sich unterhalten. Man unterwirft sich einem eigentlichen Ferien-Leistungswettbewerb. Einmal überhaupt nichts tun, einfach so daliegen und vor sich hindösen, sich wohlig in einen zeitlosen Zustand hineingleiten lassen, seinen eigenen Gedanken nachhängen, auf Tempo Null schalten und richtig faulenzen, das gelingt nicht vielen. Wo immer mehr Erholung suchen, finden am Ende immer weniger Erholung. Und überdies: In den Ferien muß man etwas unternehmen, damit man auch etwas zu erzählen hat. Faulenzen klingt nicht seriös. »Urlaub ist die Fortsetzung der Arbeit mit anderen Mitteln.«[144] Die Strapazen sind groß. Man lebt bewußt oder unbewußt gegen seine eigenen biologischen Rhythmen: forcierte Erholung bis zum Kollaps. Plötzlich geht es nicht mehr. Man hat sich »übernommen«. Man hat einen Sonnenbrand. Man hat Kopfschmerzen. Man hat einen Reisekoller. Man hat eine Magenverstimmung. Es kommt zu einem Konflikt mit dem Ehepartner, mit den Kindern, mit dem Nachbarn am Strand oder auf dem Campingplatz.[145] Nicht selten treten noch zusätzliche Streßpunkte auf: Warteschlangen, kilometerlange Staus, Pannen, Streiks von Zollbeamten, Fluglotsen oder Hotelangestellten, überfüllte Hotels, Zelt- und Campingplätze, schlechtes Wetter, verschmutzte Strände, unbekömmliches Essen. Und viele Millionen Urlauber plagt »la Turista«, wie man die Störungen im Verdauungsapparat bei Reisenden auch bezeichnet. Zurück zu Hause ist man erholungsreif.

Das etwa sind die Gründe, weshalb immer mehr Ärzte den »Urlaub vom Urlaub« propagieren oder eine Anpassungspause von zwei bis drei Tagen vor der Wiedereingliederung in den Arbeitsprozeß vorschlagen. Aber auch der Kurzurlaub am Wochenende könne ausgesprochen schädlich sein, warnen die Freizeitmediziner, und sie weisen wiederum auf die Umstellungsperiode und die Wellentäler hin. Von einem Reiz in den andern zu stürzen, von einer Spannung in die andere zu taumeln, habe oft negative Konsequenzen.[146] Wer kennt sie nicht, die Montagsmüdigkeit. Man ist nicht nur müde, weil man wieder arbeiten muß, sondern weil das Wochenende anstrengend war. Der kritische dritte Tag ...

Glücklich und zufrieden?

Wenn man sich vielleicht schon nicht so gut erholt hat, ist man dann wenigstens mit seiner Reise zufrieden, hat man etwas Glück heimgeholt, ist man gar zufriedener als zuvor? Das könnte ja für den Menschen und für die Gesellschaft noch bedeutungsvoller sein als die bloße Erholung. Einwandfrei lassen sich diese Fragen nicht beantworten. Es gibt zwar Untersuchungen über die Reisezufriedenheit. Man fragt die Touristen etwa: »Wenn Sie noch einmal alles überdenken: Wie zufrieden waren Sie – alles in allem – mit Ihrer Urlaubsreise?« 90% der Reisenden äußern sich positiv, 50% sagen sehr gut, für 40% waren die Ferien gut.[147] Die Zufriedenheitsquote ist offenbar sehr hoch, und sie hat sich über Jahre hinweg kaum verändert. Also eitel Sonnenschein? Mindestens zwei gewichtige Vorbehalte sind anzubringen. Einmal hat der Mensch, wie wir gesehen haben, einen ganzen Korb voller Wünsche und Sehnsüchte, die er mit seinen Ferien verbindet. Viele seiner Erwartungen sind jedoch sehr allgemein und unbestimmt. Weil man ihn nicht konkret fragt, mit was er zufrieden oder unzufrieden war, mit der Unterkunft, mit der Verpflegung, mit dem Wetter, mit den Partnern, mit der Unterhaltung, mit den Sehenswürdigkeiten usw., kann die Antwort eigentlich fast nur positiv lauten. Mit irgend etwas wird doch jeder zufrieden gewesen sein. Und wenn auch nicht: Auf jeden Fall brauchte man in dieser Zeit nicht zu arbeiten. Manch einer ist vielleicht nur schon deshalb auch mit seiner Ferienreise zufrieden: nicht arbeiten müssen als das höchste der Gefühle. Sonst keine besonderen Ansprüche!

Der zweite Einwand ist noch gewichtiger und entspricht einer übereinstimmenden Erkenntnis aller Freizeitpsychologen: Nur wenige Leute sind in der Lage, einen weniger gelungenen Urlaub auch als solchen vor sich selbst und vor allem vor andern einzugestehen.[148] Die Reise muß gelungen, die Ferien müssen schön gewesen sein, weil man darauf hingearbeitet hat, weil man sich darauf gefreut hat und weil man auch selbst für die Ferienentscheidung verantwortlich ist. Und weil es alle andern auch so schön hatten, wird man nicht zugeben, daß manches vielleicht doch nicht so gewesen ist, wie man geglaubt hatte; daß es in Togo eigentlich zu heiß war, oder daß das mit dem tollen Sex in Bangkok so toll auch wieder nicht war.[149] Man spielt die gängige Rolle des glücklichen Urlaubers. Das Eingeständnis einer Ferienpleite wäre fast ein soziales Versagen. So werden denn Enttäuschungen anders verarbeitet als im Alltag. Weil nicht sein kann, was nicht sein darf, werden sie nach Kräften verdrängt oder bagatellisiert. Hinterher werden sie vielleicht sogar zu Abenteuern und Sondererlebnissen umstilisiert, wie Paul Rieger meint. Er beschreibt es so: »Das Seltsame ist, daß zerplatzte Illusionen praktisch nicht auf andere weiterwirken. Man behält sie für sich, verdeckt im eigenen Innern. Der Enttäuschte findet sich plötzlich im Kreis der Kollegen und Verwandten und hört ständig: ›Wie wars denn? Erzähl mal!‹, und er erzählt und findet Zuhörer, die genauso an den Klischees und Bildern hängen und an sie glauben, wie er es getan hat. Kann er sich hier zurückhalten? Zudem, blamierte er sich nicht gewaltig, wenn er zugibt, daß es nichts war: kein Abenteuer, nur ein paar Räusche und ein bißchen Flitter. Wird er nicht riskieren, ausgelacht zu werden, wenn er so viel Geld für den Urlaub hinlegen mußte? Nein, er wird die Wahrheit nicht riskieren, und so entsteht der Urlaub noch einmal in neuen Bildern – jetzt wird er erst ein Genuß. Er wird seiner Zuhörerschaft erzählen, wie toll es war. Sie wird die Angeberei nicht durchschauen, sondern voll Bewunderung und vielleicht auch leisem Neid zuhören und im stillen den Entschluß fassen, das nächste Mal auch dorthin zu fahren ... Viel Urlaubsrummel ist pure Angeberei.«[150]

Auch wenn man also nicht viel Stichhaltiges zur Reisezufriedenheit sagen kann, eines steht auf jeden Fall fest: Beim Reisen erlebt der Mensch etwas mehr Freiheit als sonst; auch etwas mehr Natur und Kontakt mit anderen Menschen und mehr Abwechslung. Alles Dinge, die einen Zugewinn gegenüber dem normalen Leben bedeuten. Dinge, die mithelfen, Defizite an einigen Stellen wenigstens zeitweise abzubauen. Wahrscheinlich hat man deshalb auf Reisen und in den Ferien wirklich Glücksempfindungen. Nicht die große Sensation, nicht das großartige einmalige Ereignis, sondern die vielen kleinen Dinge in den Ferien, die Kette von vielen kleinen Glückserlebnissen machen das Ferienglück aus. Und wie gesagt: Schon der kleinste Zuwachs an Freuden kann genügen, um Gefühle der Zufriedenheit und des Glücks zu erzeugen. Ein bißchen Sonne, ein bißchen Freude, ein paar nette Leute, etwas Bewegung und frische Luft mögen dazu schon ausreichen.

Ebenso sicher ist allerdings auch, daß Reisen und Ferien niemals alle die überhöhten Erwartungen, Wunschvorstellungen und Sehnsüchte erfüllen können, die viele Menschen in sie hinein projizieren. Die paar Ferienwochen sollten alles in einem sein und bringen: ein Jungbrunnen, der das überlastete Nervensystem regeneriert, den verwelkten Körper strafft, aktives Erleben und intensives Ausleben gestattet, den Durst nach Gemeinsamkeit und Kontakt stillt, Einsamkeit überbrücken hilft, die verlorengegangene Eltern-Kind-Beziehung neu auferstehen läßt, zerrüttete Ehen kittet und so weiter, und so fort. Eine große Feier von Freiheit und Glück in paradiesischer Umgebung. Auch die schönste Ferienwirklichkeit muß hinter diesen überladenen Hoffnungen notwendigerweise zurückbleiben. Denn so schön wie im Prospekt ist diese Ferienwelt wahrlich auch nicht überall. Die meisten merken es: Das Leben läßt sich in ein paar Ferienwochen und an ein paar Wochenenden eben nicht nachholen. Die großen Lebenslöcher des Alltags sind mit einigen kurzen Augenblicken der Freiheit, der kreativen Muße, des Glücks und der Selbstbestimmung während der Freizeit und Ferienzeit nicht auszufüllen. Also bescheidet man sich mit dem, was die Ferien gebracht haben ... und freut sich, kaum wieder zu Hause, schon auf das nächste Mal. Man hätte ja noch so viel erleben wollen, aber die Zeit war zu kurz. Doch die nächsten Ferien werden's bestimmt bringen. So halten die unerfüllten und auch immer wieder neu in Erinnerung gerufenen Bedürfnisse den Topf des Reisens am Kochen. Der Kreislauf kann wieder von neuem beginnen. Immer und immer wieder.

Das Wichtigste zum Schluß: Was Reisen und Ferien dem einzelnen Menschen einbringen, welchen Gewinn er daraus zieht, entscheidet sich weniger auf der Reise selbst als im Alltag. Wer im Alltag glücklich und zufrieden ist, wer da, wo er arbeitet und lebt, genügend Freiräume und Möglichkeiten der Selbstentfaltung hat, wem es gelingt, sich dem Dauerstreß oder der Isolation zu entziehen und anregend mit anderen Menschen zusammenzuleben, wer sich zu Hause und im Alltag wohlfühlt, der braucht die Reisen und die Ferien als Fluchtwege und Kompensation nicht. Für ihn können Ferien zu einer wirklichen Ergänzung und Bereicherung werden. Weil der Alltag ihn nicht frustriert und ausgelaugt hat, besitzt er überschüssige Kräfte und Interessen. Er ist bereit, sich dem anderen zuzuwenden, Aktivitäten zu entwickeln, Neues kennenzulernen und Wissen zu vermehren. Der Gewinn, den er aus seiner Freizeit und seinen Ferien zieht, wird deshalb größer sein und nachhaltiger wirken. Wer zu Hause keine Selbstverwirklichung erfährt, wird sie auch in den Ferien nicht finden. Der Mensch emanzipiert sich nicht im Vier-Wochen-Takt.[151] Was im Alltag nicht klappt, kann nicht in den Ferien plötzlich funktionieren. »Wer insgesamt kommunikativ ist, wird auch in den Ferien leichter in eine Begegnung finden. Wer sensibel ist, wird über die Wunder der Natur eher betroffen, vom Charme eines Menschen eher begeistert sein als ein Unansprechbarer. Wer durchweg in seinem Leben Phantasie, Kreativität und Initiative entwickelt, wird auch in seinen Ferien einen größeren Reichtum entdecken.«[152]

Was bleibt zurück? – Reisen als Probier- und Lernfeld

Was nimmt der Mensch von seiner Reise mit nach Hause? Sind die Souvenirs, die man ins Bücherregal stellt oder an die Wand hängt, oder die Fotos im Album die einzigen bleibenden Erinnerungen? Oder hat man etwas dazugewonnen? Ist man um eine Erfahrung reicher geworden oder wirken sich die Erlebnisse vielleicht sogar in einer Veränderung der Lebenseinstellung und des alltäglichen Verhaltens aus? So wichtig diese Fragen sind, so wenig weiß man darüber. Es gibt zwei Thesen. Es ist möglich, sagt die eine, daß der Alltag alle Nachwirkungen der Reise rasch auslöscht. Der Alltag hat uns wieder. Zur Verarbeitung der Eindrücke bleibt gar keine Zeit. Man hat ja vielleicht auch nicht so viel Besonderes erlebt in den Ferien. Es wird als selbstverständlich empfunden, daß man nach den Ferien wieder arbeiten muß. Gleich wie vorher. Die Ferien sind der Jahreszucker, die Drei-Wochen-Illumination. Diese These wird wahrscheinlich für die meisten Ferien- und Freizeitmenschen zutreffen. Sie brauchen die Ferien und den Ausbruch aus dem Alltag, um nachher wieder weitermachen zu können. Sie haben sich an diesen Rhythmus und an die entsprechenden Einstellungs- und Verhaltensmuster gewöhnt. Schon so gewöhnt, daß sie meistens jeweils auch wieder gerne nach Hause kommen, weil es so sein muß und weil es zu Hause doch am schönsten ist. Obwohl es viele zu Hause gar nicht so schön haben. Aber darüber wird nicht weiter nachgedacht.

Es könnte aber ebensogut sein, meint die zweite These, daß Erfahrungen, die man auf Reisen und in den Ferien gemacht hat, Lernprozesse in Gang setzen und mit der Zeit, also mit zunehmenden Reiseerfahrungen, Einstellungs- und Verhaltensänderungen auftreten, die schließlich sogar gesellschaftsverändernd wirken. Nicht draußen *erleben* und daheim *erzählen*, sondern draußen *erlernen* und daheim *erproben.*[153] Von den anderen lernen. Zum Beispiel von den lateinamerikanischen Lebensweisen, wie uns ein einheimischer Soziologe empfiehlt: »Wir arbeiten gerade genug, um soviel zu verdienen, wie wir unserer Ansicht nach benötigen, um das Leben genießen zu können. Freizeit wird im allgemeinen sehr viel höher bewertet als Überstundenbezahlung. Wir können euch nicht beibringen, wie man arbeitet, aber wir haben vielleicht ein paar gute Anregungen zum Thema, wie man ausspannt.«[154] – Das klingt fast so wie der Rat eines deutschen Reiseleiters für seine Gäste: »Von den Südamerikanern sollten wir gerade das lernen, was wir ihnen als Fehler ankreiden: Gelassenheit, Unbekümmertheit, Mañana-Denken.«

Vor zweihundert Jahren schrieb Johann Wolfgang von Goethe: »Ich habe so oft bemerkt, daß wenn man wieder nach Hause kommt die Seele statt sich nach dem Zustand den man findet einzuengen, lieber den Zustand zu der Weite aus der man kommt ausdehnen möchte, und wenn das nicht geht so sucht man doch so viel als möglich von neuen Ideen hereinzubringen und zu pfropfen, ohne gleich zu bemercken ob sie auch hereingehen und passen oder nicht.«[155] Reisen, so unsere zweite These, könnte zum Bewußtsein der eigenen Wirklichkeit führen, zu einer Relativierung der vertrauten Kulturnormen, zu einem Erkennen anderer Möglichkeiten menschlichen Zusammenlebens und zum Hinterfragen der eigenen Lebensumstände. Reisen als »Schule fürs Leben«. Reisen könnte all das tatsächlich bringen. Solange es aber bleibt, was es heute überwiegend ist, nämlich ein unproblematisches und kommerziell geleitetes Freizeit- und Konsumvergnügen des Industriebürgers, solange werden diese großen Chancen, die im Reisen liegen, kaum wahrgenommen. Und wenn, dann höchstens von einigen bewußten und aufgeklärten Zeitgenossen. Sie allerdings könnten eine nicht zu unterschätzende Vorhut für die nachrückende Masse bilden. Man müßte einiges am »System Tourismus« ändern, wenn man wollte, daß die touristische Freizeitwelt wirklich für viele zu einem Lernfeld, Probierfeld und Übungsfeld werden könnte. Grundsätzlich erleichtert der Rollenwechsel in den Ferien das Probierverhalten. Neue, alternative Lebensformen können in lockerer Umgebung zwanglos trainiert werden. Gerade für Jugendliche wird diese Bedeutung des Reisens immer wichtiger. Die Ferien könnten die Chance sein, Freiheit, Selbstbestimmung, aber auch Mitverantwortung und Solidarität zu üben und einen neuen Sinn zu finden, Dinge zu erkennen, die man auch im Alltag verwirklichen möchte. Das Reisen eröffnet viele Chancen. Aber, wie gesagt, die Chancen bleiben Theorien, wenn das Reisen bleibt, was es ist.

Anzeichen für ein kritischeres Tourismusverständnis

Der Tourismus wird heute nicht mehr genauso gesehen wie früher. Aber es ist eigentlich erstaunlich, wie lange es gedauert und was es alles dazu gebraucht hat, bis sich eine etwas kritischere Optik einstellen konnte. Denken wir nur etwas zurück: Noch vor nicht viel mehr als zehn Jahren – das Zeitalter des modernen Massentourismus war längst angebrochen, und die Probleme häuften sich bereits – standen sämtliche Beteiligte dem Phänomen des Reisens noch recht unbefangen gegenüber. Seit den sechziger Jahren herrschte eine geradezu unbändige touristische Entwicklungseuphorie. Immer neue Länder, Regionen und Unternehmungen versuchten, sich in diese vermeintliche Goldgrube des 20. Jahrhunderts hineinzudrängen. Sie sahen im Tourismusgeschäft die große Chance, den verdienten Ausgleich für die zurückliegenden mageren Kriegs- und Krisenjahre, die lange herbeigesehnte Möglichkeit, endlich eine wirtschaftliche Entwicklung in Gang zu setzen oder sich in den Genuß der touristischen Devisenspritze zu bringen. Soweit Auswirkungen in den Urlaubsländern überhaupt analysiert wurden, beschränkten sich die Untersuchungen auf wirtschaftliche Effekte. Der Euphorie mußte die Ernüchterung folgen. Anfang der siebziger Jahre begann man zu erkennen, daß die Geister, die man da gerufen hatte, ihre Tribute forderten und nicht mehr so leicht loszuwerden waren. Die Landschaftsfresser, die für jedermann sichtbaren Folgen des Tourismus auf die Umwelt, waren zum Thema geworden. In allerneuester Zeit erst ist man in der Praxis schließlich auch noch zu jenem letzten Problemkreis vorgestoßen, mit dessen Studium man im Grunde hätte beginnen sollen: gemeint ist die Auseinandersetzung mit den psychologischen und gesellschaftlichen Auswirkungen des Reisens, die Thematik des vorliegenden Buches also. Das schnelle Wachstum des Tourismus, aber auch allgemeine gesellschaftliche Struktur- und Bewußtseinsänderungen haben zu einer neuen differenzierten Tourismusbetrachtung geführt. Gefördert wird dieser Prozeß noch zusätzlich durch eine neue Kritik, in deren Schußfeld der Tourismus geraten ist. Eine Kritik, die man nicht mehr, wie viele frühere Tourismuskritiken, leichthin abtun kann. Die neuen Zweifel artikulieren das Unbehagen an den Phänomenen der Industriegesellschaft. Zur Debatte stehen die Folgen, die der

Tourismus als ein Produkt der industrialisierten Gesellschaft hervorbringt. Weltweit in Gang gekommen ist die Diskussion über die Kosten und Nutzen des Tourismus für Wirtschaft, Umwelt und Gesellschaft, wo früher nur von Nutzen und von Wirtschaft die Rede war. Die Belastbarkeit der Erholungslandschaft und auch die Belastbarkeit der dort wohnenden Menschen durch den Tourismus sind die neuen Fragen, über die nicht mehr bloß einige Theoretiker diskutieren. Inzwischen sind diese Themen zum bevorzugten Gesprächsstoff und Studienobjekt internationaler Organisationen, zahlreicher Kongresse, Seminare und Fachtagungen, interdisziplinärer Forscherteams und auch der Massenmedien geworden. Und die Sache wird recht kritisch angegangen. Eine kleine Auswahl der Titel von Fernsehfilmen und -gesprächen, die in jüngster Zeit in Deutschland, Österreich und in der Schweiz ausgestrahlt wurden, möge dies belegen: ›Die Alpen-Apokalypse‹; ›Der vergiftete Schnee – Das Geschäft mit dem Wintersport‹; ›Ruiniert der Tourismus Land und Leute?‹; ›Touristen und Einheimische – Begegnung oder Konfrontation?‹; ›Konsumartikel Abenteuer – Tourismus in der Dritten Welt‹; ›Tourismus – Ein neuer Kolonialismus?‹.

Aber was am wesentlichsten ist: Die Diskussion wird neuerdings in zahlreichen touristischen Zielgebieten aufgenommen. Es zeichnet sich vielerorts ein Gesinnungswandel gegenüber dem Tourismus ab.

Der »Aufstand der Bereisten« oder: Das erwachte Selbstbewußtsein der einheimischen Bevölkerung

In zahlreichen bevorzugten Reisedestinationen wächst bei der einheimischen Bevölkerung das Unbehagen gegenüber dem touristischen Boom und seinen Gefahren. In traditionellen Reisegebieten ist das kritische Bewußtsein bereits recht weit fortgeschritten, und auch in Entwicklungsländern beginnt es jetzt Fuß zu fassen. Das, was man »Aufstand der Bereisten« nennen könnte, äußert sich zu Beginn meistens in Zeichen des Protestes oder unbesonnenen Abwehrreaktionen. Erst in einer späteren Phase organisiert sich der Widerstand. Daraus können sich in einer dritten und letzten Phase schließlich kraftvolle politische Willensäußerungen zugunsten einer gemäßigten und selbstbestimmten Tourismusentwicklung ergeben.

Einige Beispiele, wie sich weltweit die Empfindlichkeiten der einheimischen Bevölkerung auf überbordende Tourismusentwicklungen zu regen beginnen:

Als Ende der siebziger Jahre in London die Shopping-Touristenwelle überschwappte, konnte man gelegentlich Londonern begegnen, die sich ein T-Shirt mit dem Emblem »I am not a tourist« übergezogen hatten. Im ›Evening Standard‹ ließ der bekannte Dramatiker John Osborne (›Blick zurück im Zorn‹) eine aufsehenerregende Story erscheinen, in der er von London als einem riesigen touristischen Slum sprach und seinen geplagten Landsleuten auch gleich »Lösungen« anbot: »Alle Touristen, ob sie nun aus Amerika, Deutschland, Japan oder gar Italien ... kommen, sind menschlicher Müll.« ... Also: »Man gestalte alles so unbehaglich und abstoßend wie möglich ... Begrüßt alle ausländischen Touristen auf die großartige australische Art: Der erste Gruß lautet: ›Warum sind Sie hier?‹, die zweite Frage lautet: ›Wann reisen Sie ab?‹ ... Sei wie die Franzosen, weigere Dich, höflich zu sein, beantworte keine Fragen und spreche keine andere Sprache als Deine eigene und gebe vor, das Kauderwelsch Deines Gegenüber nicht zu verstehen.«[156]

In den skandinavischen Ländern Schweden, Norwegen und Finnland werden schon seit längerer Zeit Bedenken gegen den unbegrenzten Ausländertourismus geäußert. Das hat unter anderem zum Slogan »Schweden den Schweden« und zu einer Kürzung der Mittel für die Fremdenverkehrswerbung im Ausland geführt. Auf einer Tagung in Jütland waren sich Touristiker, Politiker und Naturschützer einig: »Weder die Natur, noch die Bevölkerung können mehr Touristen verkraften«, hieß es in einer einstimmig angenommenen Resolution, und ein Bürgermeister warnte die Fremdenverkehrsfachleute: »Jetzt dürft Ihr nicht mehr so viel ankurbeln, daß wir selber keinen Platz mehr hier haben! Wir wollen auch nicht, daß die Bevölkerung dem Touristen zuliebe in alten Volkstrachten herumlaufen muß.«[157]

In der Schweiz ist in verschiedenen Gebieten ein ganz deutlicher und schnell wachsender Widerstand der einheimischen Bevölkerung gegen den Tourismus um jeden Preis festzustellen. In bekannten Tourismusgebieten und -orten sind Projekte, die eine weitere Fremdenverkehrsentwicklung gebracht hätten, in Volksabstimmungen durchgefallen. Aus der Mitte der Bevölkerung, und vor allem veranlaßt von den Jungen, bilden sich in verschiedenen Orten und Talschaften Komitees, Vereinigungen,

Arbeitsgruppen, Volks- und Bürgerinitiativen, die gegen touristische Großprojekte und gegen die Verbauung ihrer Landschaft antreten und sich für eine harmonische Entwicklung ohne Zerstörung einsetzen wollen. Mehr und mehr entwickeln sich aus der Abwehr heraus auch positive Konzepte für einen anderen Tourismus. Sie werden in Informationsbroschüren dargestellt und weiteren Bevölkerungskreisen zugänglich gemacht. Das im folgenden zitierte Beispiel des kleinen Walliser Ortes Erschmatt steht für viele andere ähnliche Initiativen da. Ein Auszug aus den Satzungen des Vereins Pro Erschmatt veranschaulicht, welches die neuen Absichten sind:

»Der Verein Pro Erschmatt sieht im Tourismus eine Entwicklungsmöglichkeit für das Dorf. Doch dieser hat Vor- und Nachteile, er kann sich für oder gegen ein Dorf und seine Bevölkerung entwickeln. Deshalb setzt sich der Verein Pro Erschmatt für einen gesunden und angepaßten Tourismus ein, für einen Tourismus,

- bei dem die Bevölkerung die Nutznießer sind, nicht einzelne Spekulanten;
- der die Landschaft – unser Kapital – nicht durch Spekulation verschandelt und dadurch den Erholungscharakter nimmt, sondern Rücksicht auf die Landschaft und die Dorfstruktur nimmt;
- der auch an künftige Generationen denkt, nicht bequeme kurzfristige Lösungen plant, sondern mittel- und langfristige;
- bei dem sich die Gemeinde entwickeln kann und sich nicht in infrastrukturelle Belastung verwickeln läßt;
- der nicht durch Spekulation die Bodenpreise in die Höhe schnellen läßt, so daß er für Einheimische zu teuer wird;
- der nicht zum Ausverkauf der Heimat führt;
- der keine toten Feriendörfer entstehen läßt, welche nur wenige Wochen im Jahr bewohnt werden;
- der Selbstbestimmung statt Fremdbestimmung gewährleistet, also die Mitsprache und Mitbeteiligung der einheimischen Bevölkerung an der Planung und Realisierung neuer Tourismusprojekte;
- der attraktive Arbeitsplätze schafft, das einheimische Gewerbe berücksichtigt und nicht unnötig Bauland verschleißt.«[158]

Die Einsicht nimmt zu, daß eine einbeinige, allein auf Tourismus beruhende Wirtschaft leichter zu Fall zu bringen ist als eine mehrbeinige. Mit neuer Intensität wird deshalb nach Alternativen zur touristischen Entwicklung gesucht, so zum Beispiel im

Rahmen eines umfangreichen nationalen Forschungsprogramms in der Schweiz.[159] Die Postulate zur Erhaltung und Stärkung der Landwirtschaft feiern Renaissance.

An Vehemenz gewonnen hat besonders auch die Kritik gegenüber Dritt-Welt-Reisen. Geprägt von der Sorge über die schwerwiegenden sozialen und kulturellen Folgen des Tourismus der Reichen in den Ländern der Armen ist in den letzten Jahren weltweit eine eigentliche Anti-Tourismusbewegung entstanden. In vielen Ländern – gerade auch in Europa und in den USA – haben sich tourismuskritische Gruppen gebildet. Sie führen eigene internationale Seminare durch – Gegenkonferenzen zu den offiziellen Tourismus-Kongressen.[160] Sie publizieren Bücher und Dokumente,[161] sie geben Informationsmaterial für Touristen heraus,[162] sie organisieren Ausstellungen, sie haben ihre eigene Zeitschrift.[163] Karitative Hilfswerke, kirchliche Kreise und junge Intellektuelle sind in diesen Gruppen besonders stark vertreten. Ziel der meisten Vertreter dieser sehr ernst zu nehmenden Bewegung ist es nicht, den Tourismus gänzlich zu unterbinden, sondern nach alternativen Tourismusformen zu suchen. Im Augenblick überwiegt allerdings noch die bloße Kritik den positiven Vorschlag. Weil dabei jeweils ein harter Konfrontationskurs zum offiziellen und kommerziellen Tourismussektor gesteuert wird, riskieren die Gruppen, ins Abseits gedrängt zu werden und im Endeffekt wenig zu erreichen. Mit einem Versuch zur Kooperation wäre der Sache wahrscheinlich besser gedient. Wesentlich ist jedoch, daß immer mehr betroffene Einheimische aus den Reisezielgebieten selbst in dieser Bewegung mitmachen. Noch sind sie allerdings eine kleine Minderheit. Doch eines ist sicher: Die Zeichen des Unmutes über gewisse Auswirkungen des Tourismus und die Forderung nach Gegenmaßnahmen mehren sich – auch in einflußreichen Kreisen. Die Kritiker können dies als Erfolg werten. So haben zum Beispiel vor kurzem mehrere kenyanische Zeitungen das Verhalten der europäischen Touristen in diesem ostafrikanischen Land stark kritisiert. Der in Nairobi erscheinende ›Sunday Standard‹ schrieb: »Die Eindringlinge von heute kommen nicht mit Kanonen oder Schwertern. Sie kommen mit Drogen, Geld und seltsamen Sitten.« Es wird von den Behörden gefordert, etwas zu tun, bevor die Lage völlig außer Kontrolle gerate.[164] Auch in Sri Lanka werden ähnliche Klagen über die lockeren und rücksichtslosen Sitten der Touristen laut. Der Tourismusminister fordert strikte Maßnahmen gegen Touristen, die durch

Prostitution, Drogenmißbrauch, Nudismus und anderem die einheimische Bevölkerung schockieren und gegen die guten Sitten des Landes verstoßen. Am meisten kränkt die Ceylonesen das respektlose Verhalten der Touristen in den Tempeln und an historischen Stätten. Ungeniert wird photographiert, wo es verboten ist, und man findet nichts dabei, über Altäre, Gräber und Monumente zu klettern und in Buddhastatuen das Datum des Besuches einzukratzen. Ein lokaler Politiker meint dazu, die Gäste aus dem Westen würden das alles in den Kathedralen Roms oder in den Museen von London oder Paris ja auch nicht tun.[165] Immer mehr Touristiker der Dritten Welt sind in Sorge und auf der Suche nach einem Mittelweg aus einem Dilemma heraus: Sie wollen zwar soviele Touristendollar wie möglich aus den Taschen der Urlauber ziehen, jedoch nicht gleichzeitig ihre Nation in ein Volk von Dienern, Anmachern und Betrügern verwandeln.[166]

Die Belege sind zahlreich: In vielen Tourismusgebieten der Welt ist der Prozeß zu einer neuen, differenzierten Fremdenverkehrspolitik in Gang gekommen. Im Zuge dieser Entwicklung werden sich die Bereisten immer stärker bemühen, die Entscheidungsgewalt in den wesentlichen Dingen zurückzugewinnen und sie nicht weiterhin Auswärtigen zu überlassen. Sie werden mit der Zeit den auswärtigen Tourismusproduzenten das Marktdiktat aus den Händen nehmen. Die Bereitschaft nimmt zu, überhöhte Entwicklungszielsetzungen zu redimensionieren und Auflagen und Einschränkungen zu erlassen, um sich vor unerwünschten Auswirkungen des Tourismus abzuschirmen. Das Dispositiv der Planungs-, Abwehr- und Schutzmaßnahmen zur Sicherstellung der erwünschten Zustände wird jedenfalls umfangreicher und einschneidender werden. Die Bedingungen, die an eine touristische Entwicklung geknüpft sind, werden zahlreicher, differenzierter und restriktiver. Aber damit ist eine Wende zum besseren noch lange nicht überall Tatsache. Allen Mahnungen zum Trotz geht in zahlreichen anderen Gebieten die rücksichtslose Verwandlung von Natur in Tourismusgelände und von Landleuten in Tourismusbedienstete nach bekanntem und leider vom Markt bisher kaum bestraften Muster munter weiter. Aus bloßer Ignoranz oder wider besseres Wissen werden dort erneut die gleichen Fehler begangen. Man will offenbar aus den erschreckenden Beispielen, die überall auf der Welt anzutreffen sind, nicht lernen. Vielleicht, weil diese am Markt immer noch relativ erfolgreich sind und bisher keine spektakulären Zusammenbrüche erfolgten, die ein länderübergreifendes Echo ausgelöst hätten. Trotzdem bin ich zuversichtlich: Das Problembewußtsein und der Wertmaßstab der Bereisten sind im Vormarsch. Längerfristig wird es überall zu neuen Tourismuskonzepten kommen. Offen bleibt allerdings, ob die Wende nicht für viele Gebiete zu spät erfolgt.

Vom fremdgesteuerten zum emanzipierten Touristen

Die zweite Kraft, die das Reisegeschehen grundlegend umgestalten könnte, sind die Touristen selbst. Im Gegensatz zu all jenen Kulturpessimisten und Gesellschaftskritikern, die mit zuweilen beißendem Spott die Suche nach Glück und Befreiung im Tourismus als Illusion bezeichnen, bin ich Optimist: Ich glaube an die Möglichkeit der Emanzipierung des Touristen. Auch wenn der Lern- und Reifeprozeß, den die reisenden Menschen durchlaufen müssen, sich nicht von heute auf morgen vollziehen wird. Ganz ähnlich wie bei den Bereisten braucht es dafür Zeit, Erfahrung und Schulung. Man kann die berühmte Stufenleiter des amerikanischen Psychologen Maslow auch auf den Tourismus übertragen, weil sich die touristische Bedürfnisentwicklung im Zeitablauf ähnlich vollzieht wie die Bedürfnisentwicklung des Menschen schlechthin. Maslow sieht in seiner Bedürfnispyramide fünf Stufen, die jeder Mensch emporzuklettern versucht. Stufe 1: Die Befriedigung vitaler Bedürfnisse; Stufe 2: Das Bedürfnis nach Sicherheit; Stufe 3: Das Bedürfnis nach Zugehörigkeit und Liebe; Stufe 4: Das Bedürfnis nach persönlicher Anerkennung; Stufe 5: Das Bedürfnis nach Selbstverwirklichung und Selbstentfaltung. Wenn die Bedürfnisse der einen Stufe gesättigt sind, treten die nächsthöheren Bedürfnisse an deren Stelle.

Ich bin überzeugt, daß auch die progressive Entwicklung der touristischen Bedürfnisse auf diesen inneren Gesetzmäßigkeiten basiert. Das bedeutet nichts anderes, als daß wir es zunehmend mit einem emanzipierten, mündigen Touristen zu tun haben werden. Er wird anspruchsvoller. Er setzt die einwandfreie Befriedigung seiner elementaren Bedürfnisse, also zum Beispiel gute Verpflegung und bequeme Unterkunft, weitgehend als selbstverständlich voraus. Und in dem Maße, in dem sein Bedürfnis nach rein körperlicher Erholung (schlafen, essen, trinken) befriedigt wird, verstärkt sich sein Bedürfnis nach »Erholung der Gefühlswelt« durch Aktivitäten und Begegnungen, die im Alltag nicht möglich sind. Er versucht, seine sozialen Bedürfnisse durch den Kontakt zu anderen Menschen und seine Bedürfnisse nach Selbstverwirklichung durch Erlebnisse, schöpferische Tätigkeit, Bildung und Entdecken zu befriedigen. Vom Vergnügen im Bauch zum Vergnügen im Hirn. Die Entwicklung weist in Richtung einer stetigen Verfeinerung und Kultivierung der Erholungsbedürfnisse, auch schon als »Geburt einer neuen Reisekultur« bezeichnet. Und gibt es nicht auch viele neue Merkmale in unserer Gesellschaft, die mithelfen könnten, diesen Wandel zu beschleunigen? So das verstärkte Streben nach Unabhängigkeit und Individualität, gepaart mit einem wachsenden Verständnis für immaterielle Werte wie Gesundheit, Umwelt, Natur, Wissen und Bildung. Also: vom fremdbestimmten/manipulierten über den informierten/erfahrenen zum emanzipierten/mündigen Touristen. Der kritische Verbraucher nicht nur zu Hause, sondern auch auf Reisen sein. Ein neuer Tourist, der seine Bedürfnisse klar äußert und sich auch danach verhält. Ein Käufermarkt also und nicht mehr ein Verkäufermarkt. Ein Markt, in dem der Konsument und nicht mehr der Produzent das Sagen hat.

Zugegeben: Was in der Theorie überzeugend klingen mag, ist noch lange nicht Wirklichkeit. Noch überwiegt die Zahl der passiven und unkritischen Touristen bei weitem jene der aktiven und problembewußt Reisenden. Aber die Bereitschaft und Offenheit der Menschen für ein anderes Reisen nehmen zu.

Für eine Humanisierung des Alltags

Stellen wir uns einmal vor, die enormen jährlichen Vergnügungsreisekosten würden zur Verschönerung unserer Städte und Landschaften, zur Umgestaltung unserer Arbeitsplätze, für die Suche nach einem harmonischen Leben verwendet! Stellen wir uns vor, der Charme und die Schönheit der Ferienzeit sickere in unseren Alltag! Dann wären die Probleme von Müdigkeit und Erholungsbedürftigkeit gelöst durch das, was ich die »Lösung des Herzens« nennen möchte. Also: Keine Ferien mehr oder – wenn man so will – endlose Ferien. Das wahre Leben, das wahre Glück...

Michel Tournier

Weil Alltag und Reisen zusammengehören wie siamesische Zwillinge, wollen wir uns in diesem Teil des Buches mit dem Alltag beschäftigen. Wir wollen aufzeigen, was sich in der Arbeitswelt, in der Wohnwelt und in der täglichen Freizeitwelt tut und wo hier die Chancen und Möglichkeiten der Veränderung liegen. Erst dann möchten wir uns Maßnahmen für ein besseres Reisen überlegen. Von Interesse ist also nicht allein die Frage, wie es gelingen könnte, das Reisen und die Ferien zu verbessern, sondern welche Voraussetzungen darüber hinaus im Alltag zu ändern wären, damit sich mehr Lebensqualität insgesamt einstellen kann – um das, was als Gegenwelt empfunden wird, zum selbstverständlichen Teil der sozialen Wirklichkeit zu machen;[167] um im Alltag mehr Ferien zu haben.

Das Alltagsleben in der Arbeitsgesellschaft – Arbeit, Wohnen und Freizeit im Engpaß

Die Arbeitsgesellschaft auf Krisenkurs

Was bedeutet dem Menschen die Arbeit? Die moderne Arbeitspsychologie lehrt, daß der Mensch zur Arbeit ein vieldeutiges Verhältnis hat. Ein jeder kann einiges davon an sich selbst beobachten: Arbeit als Notwendigkeit zur materiellen Existenzsicherung, um Geld zu verdienen, als Mühe und Anstrengung. Arbeiten aber auch als Möglichkeit, menschliche Kräfte und Fähigkeiten produktiv zu entfalten, Schöpfer und Gestalter zu sein, sein eigenes Dasein zu bereichern und zu erweitern. Selbstwert, Anerkennung, Stolz, Selbstentfaltung, Lebensziel und Lebenserfüllung sind mit Arbeit eng verbunden. Alle diese Ansprüche und Wünsche tragen die Menschen an die Arbeit heran. Aber die moderne Arbeitswelt vermag ihnen immer weniger zu genügen.

Die bisherige Menschheitsgeschichte war eine Geschichte der Arbeit. Ganz früher galt Arbeit als Fluch und Bürde: »... im Schweiße deines Angesichts sollst du dein Brot essen ...« Dann kamen die Reformatoren und predigten die Arbeit als Berufung und Würde: »Macht euch die Erde untertan.« Ein neues Arbeitsethos war geboren: die protestantische Berufsethik mit den Grundprinzipien Arbeitswille, Leistung, Ordnungssinn, Fleiß und Disziplin.[168] Dieses positive Arbeitsverständnis hat schließlich zum dynamischen System unserer heutigen Industriegesellschaft geführt. Ein System, das auf dem ökonomischen Leistungsprinzip beruht und die wirtschaftlich-technische Rationalität ins Zentrum rückt. Eine Leistungs-, Konkurrenz- und Erfolgsgesellschaft mit materiellen Wohlstandswerten.[169] Eine Gesellschaft, in der die Arbeit zum Mythos des Fortschritts und des materiellen Wohlstands wird, in der sich Erziehung und Ausbildung auf den Beruf konzentrieren, in der Freizeit als Ruhe- und Konsumzeit verstanden wird und Pensionierung als wohlverdienter Lohn für ein hartes Leben der Arbeit.

Als Ergebnis hat diese industriegesellschaftliche Entwicklung den herbeigesehnten materiellen Wohlstand und die Beseitigung der Armut gebracht. Man konnte den Fortschritt in zwei Formen verteilen: in höheren Löhnen und kürzeren Arbeitszeiten. Diese beiden Meßlatten des Wohlstandes sind zum Glaubensbekenntnis der industriellen Gesellschaft schlechthin geworden. In ihren jährlichen Wachstumsraten messen wir den Fortschritt. Die erzielten Ergebnisse sind spektakulär: Arbeiteten die breiten Bevölkerungsschichten vom 18. bis Anfang des 19. Jahrhunderts jährlich 4000 bis 4500 Stunden – teilweise mit 7-Tage-Woche und 15-Stunden-Tag – liegt heute in den Industrieländern die jährliche Arbeitszeit zwischen 1700 und 2100 Stunden.[170] Der erarbeitete Zugewinn an Freizeit ist wahrlich respektabel. Wurden in den Jahren 1900 bis 1940 rund 75 Prozent des erzielten Produktivitätsfortschritts zugunsten der Verkürzung der Arbeitszeit verwendet, wanderten von 1940 bis 1980 zwischen 80 und 90 Prozent auf das Lohnkonto.[171] In der Schweiz beispielsweise hat sich das pro Einwohner verfügbare Realeinkommen seit 1950 mehr als verdoppelt, in der Bundesrepublik Deutschland sogar vervierfacht.[172] Soweit also die Fortschritte und Errungenschaften, die niemand bestreiten kann und auf die niemand verzichten möchte. Aber wenn man die Medaille umdreht, kommen die Kehrseiten des Fortschritts und der industriellen Arbeit zum Vorschein, die ebensowenig wegzudiskutieren sind, obwohl viele Politiker davor einfach den Kopf in den Sand stecken. Sie nehmen schnell überhand und lassen – wenn nichts dagegen unternommen wird – den industriegesellschaftlichen Schnellzug in einen langen schwarzen Tunnel hineinrasen, der keinen Ausgang hat.

Kehrseite 1: Der Sinnverlust und die schwindende Verantwortung in der Arbeit. – Massenproduktion und extreme Arbeitsteilung – verstärkt noch durch neue Technologien und modernste Produktionsabläufe – reduzieren den Arbeitsinhalt auf immer kleinere und spezialisiertere Teilverrichtungen. Für viele Menschen nimmt die Beziehungslosigkeit zu ihrer Arbeit zu. Entfremdete und entqualifizierte Arbeit. Anstelle von Arbeitsinhalt und -sinn tritt das Geld.

Kehrseite 2: Abnehmende Arbeitszufriedenheit und damit abnehmende Lebenszufriedenheit. – Drei Viertel der Menschen, die mit ihrer Arbeit voll und ganz zufrieden sind, sind es auch mit ihrem Leben.[173] Mit der Arbeit hingegen sind immer weniger zufrieden. Nur noch 18 Prozent der deutschen Berufstätigen erklären sich mit ihrem Arbeitsplatz als besonders zufrieden.[174] Und etwa die Hälfte aller Männer in Deutschland sieht für sich im Beruf keine Verwirklichungschancen mehr.[175]

Trotz mehr Geld und weniger Arbeit scheint das Wohlbefinden der Menschen eher geringer geworden zu sein.

Kehrseite 3: Die Starrheit der Zeitordnung und der Zeitdrill. – Das Zeitmaß der Arbeit hat das ganze Leben einem starren Raster unterworfen. Es wird vorgeschrieben, wann die Arbeit zu beginnen hat, wann sie unterbrochen und wann sie beendet werden darf. Tag für Tag, Woche für Woche. Für alle gleich – zeitgleich; festgeschnürte, standardisierte Arbeitspakete. Man ist ohne freie Entscheidung. Die Maschinen und nicht mehr der Rhythmus des Menschen und der Natur bestimmen das Maß der Zeit. Ein Zeitdrill mit Sekundenjagd, Digitaluhr, schriller Pausenglocke, Stempelkarte und pünklicher Tagesschau.

Kehrseite 4: Freizeit als Restzeit der Arbeit. – Der Mensch hat zwar mehr Freizeit, aber diese Freizeit ist stark abhängig und beeinflußt von der Arbeit. Freizeit ist Restzeit, Nebenprodukt der Erwerbsarbeit. Als eigenständiger Zeitanteil verstanden, ist sie gesellschaftlich unproduktiv und damit sinn- und wertlose Zeit. Sie kennt keinen Eigenwert. Dienerin der Arbeit zu sein ist ihr hauptsächlicher gesellschaftlich anerkannter Nutzen: Freizeit als Regenerationszeit zur körperlichen und geistigen Wiederherstellung der Arbeitskraft; Freizeit als Konsumzeit, schafft Arbeit und Einkommen; Freizeit als Bildungszeit, vor allem auch zugunsten von Beruf und Arbeit.

Kehrseite 5: Streß und Langeweile in Arbeit und Freizeit. – In der technisierten und spezialisierten Arbeitswelt offenbaren sich zunehmend Streß und Langeweilegefühle. Vieles ist für den Einzelnen undurchschaubar, unüberblickbar, unvorhersehbar, unbeeinflußbar und unkontrollierbar geworden. Streß entsteht aber nicht nur dadurch, daß man eine Situation durch Überforderungen aller Art »nicht mehr im Griff hat«. Er kann ebenso mit einer körperlichen oder geistig-seelischen Unterforderung zusammenhängen. Auch dazu hat die moderne Arbeit beigetragen. Über 40 Prozent aller Schweizer Berufstätigen beklagen sich über Streß und Zeitdruck in der eigenen Arbeit.[176] In einer anderen Schweizer Untersuchung sagen gar zwei Drittel der befragten Arbeitnehmer aus, daß sie heute mehr unter Streß stehen als noch vor wenigen Jahren.[177] Und in der Freizeit macht sich zunehmend Langeweile breit: Jeder dritte Bundesbürger Deutschlands beklagt sich darüber, während vor 30 Jahren nur jeder fünfte so empfand.[178] Es gibt Medizinsoziologen, die für die Zukunft eine »Medikalisierung« unseres ganzen Lebens befürchten: Eine dramatische Zunahme des Medikamentenverbrauchs infolge von Streß und Langeweile zeichnet sich ab.

Kehrseite 6: Arbeitslosigkeit – Millionen ohne Arbeit und Anerkennung. – Wie ein Krebsgeschwür hat sich in den westlichen Industrieländern die Arbeitslosigkeit ausgebreitet. Schon seit Mitte der sechziger Jahre zeigten die Arbeitslosenzahlen eine deutlich steigende Tendenz. In den achtziger Jahren ist nun die Krankheit schlagartig ausgebrochen, und zwar vor allem aus drei Gründen: sinkende Raten des wirtschaftlichen Wachstums, Einsatz von neuen Technologien, die Arbeitsplätze gefährden, und Zunahme der Zahl der Beschäftigungssuchenden (vor allem infolge der Auswirkungen des Babybooms der sechziger Jahre vor dem Pillenknick und der beruflichen Emanzipation der Frau). Diese Arbeitslosigkeit kommt nicht überraschend und war seinerzeit sogar vorausgesagt worden.[179] Inzwischen ist in den westlichen Industriestaaten das Heer der Arbeitslosen auf mehr als 30 Millionen Menschen angewachsen. Hinter diesen Zahlen verbergen sich fatale psychologische Probleme für die Betroffenen: das Gefühl wertlos, nutzlos, überflüssig und von der Gesellschaft ausgeschlossen zu sein. Die Folgen sind Resignation, depressive Zustände oder – bei den besonders betroffenen Jugendlichen nicht selten – Haß gegenüber dieser Gesellschaft, Abrutschen in den kriminellen Untergrund, Verfallen in politische Extreme, Flucht in Drogen und Sekten.

Wo die Arbeit ärmer an Umfang, Inhalt und Sinn wird, muß die arbeitsfreie Zeit immer mehr Hoffnungen genügen, Ausgleich für all die versagten Befriedigungen bieten. Die Freizeit muß es bringen. Daß es hierbei vielen Menschen zu kaum mehr als zu Ersatzhandlungen reicht, ist offensichtlich. Zu gering ist die verbleibende Kraft und Kreativität, und zu bescheiden sind oft auch die zur Verfügung stehenden Geldmittel, um die vielfältigen Ersatzangebote der Freizeitindustrie zu konsumieren.

Die Zukunft der Arbeitsgesellschaft heutigen Zuschnitts sieht trübe aus. In den Industrieländern ist zwar das Bevölkerungswachstum weitgehend zum Stillstand gekommen. Aber die Entwicklungsländer werden dafür sorgen, daß die Weltbevölkerung von 4,7 Milliarden heute auf 6,4 Milliarden im Jahre 2000 ansteigen wird.[180] Wollten wir das Beschäftigungsproblem weltweit lösen, hätten wir bis im Jahre 1990 eine Milliarde zusätzliche Arbeitsplätze bereitzustellen. In den Industrieländern wird sich bis Ende der achtziger Jahre die Zahl der jugendlichen

Arbeitsuchenden nochmals um rund 20 Millionen erhöhen.[181] Für sie ist die Perspektive düster, weil bereits heute in den Industriestaaten 10 Millionen der 16- bis 24jährigen ohne Arbeit sind. Nach den neunziger Jahren ist es die schleichende Überalterung, die zu einer der größten Knacknüsse zu werden verspricht. Der Anteil derjenigen, die sechzig Jahre und älter sind – der »grauen Panther« – nimmt schnell zu, und ebenso rasch verschlechtert sich das Verhältnis zwischen der erwerbstätigen und der »passiven« Bevölkerung. Wer soll die Altersvorsorge bezahlen? Das bisherige industriegesellschaftliche Lebensmodell bietet auch für dieses Problem keine Lösung an. Und was, wenn auch der technische Fortschritt weitergeht und die Arbeitsplätze an Qualität und Zahl weiter abnehmen? Der superindustrielle Durchbruch scheint vorprogrammiert. Wir sind bereits ins mikroelektronische Zeitalter eingetreten. Das Fachblatt ›Business Week‹ schätzt, daß in den kommenden zwei Jahrzehnten 45 Prozent aller Arbeitsplätze in den industrialisierten Ländern durch die Mikroelektronik verändert oder vernichtet werden.[182] Allein im bis jetzt so beschäftigungsintensiven Dienstleistungssektor sollen 25–30 Prozent der Büroarbeiten automatisierbar sein.[183] Andere sprechen davon, daß jeder zweite Dienstleister den Job-Killern zum Opfer fallen werde.[184] Ist es denn wirklich vorstellbar, daß morgen die von den Maschinen verdrängten Menschen mit der Herstellung neuer Maschinen beschäftigt sein werden, wie uns heute die Wachstums- und Vollbeschäftigungsstrategen weiszumachen versuchen? Wassily Leontief, Nobelpreisträger der Ökonomie, bezeichnet diese Annahme als ebenso absurd wie die Erwartung, daß die durch Motorfahrzeuge ersetzten Pferde in der Automobilindustrie gebraucht werden könnten.[185]

Es ist eine große Illusion zu glauben, daß sich die kranke Arbeitsgesellschaft mit dem altbewährten Rezept »Vollbeschäftigung durch Wachstum der Wirtschaft« kurieren lasse. Ein erneuter andauernder Wirtschaftsboom ist nicht zu erwarten. Zuviele Gründe sprechen dagegen. Neben den bereits erwähnten sind es vor allem auch die steigenden Kosten der Produktion in Anbetracht der knapper werdenden Ressourcen und der kostspieligen neuen Technologien, die schrumpfenden und zum Teil gesättigten Märkte und die veränderten Einstellungen der Menschen zur Wirtschaft und Arbeit.[186] Aufgrund von verschiedenen Berechnungen ist ermittelt worden, daß es eines jährlichen Wirtschaftswachstums von vier bis fünf Prozent bedürfte, um die Arbeitslosenzahlen im heutigen Rahmen zu halten, und ein solches zwischen fünf und sieben Prozent nötig wäre, um die Arbeitslosigkeit zu mildern.[187] Aber mehr als eine durchschnittliche Wachstumsrate des Bruttosozialproduktes von 2 bis 2,5 Prozent liegt für die Industrieländer in den achtziger Jahren nicht drin. Das müssen selbst die optimistischen Schätzer zugeben.

Halten wir unter diesen Umständen an den bisherigen Strukturen der industriellen Arbeitsgesellschaft und insbesondere am konventionellen Vollbeschäftigungsziel fest, so läßt sich mit wenig Phantasie das folgende Zukunftsbild einer geteilten Gesellschaft erahnen:[188] In der regulären Wirtschaft wird 38 bis 40 Wochenstunden gearbeitet, wobei etwa die eine Hälfte der Beschäftigten gut qualifizierte und bestbezahlte Arbeit verrichten, während sich die andere Hälfte mit anspruchslosen, wenig sinnbringenden Jobs am Rande der Arbeitslosigkeit bewegt. Daneben steht eine große Gruppe von Abgesplitterten, Arbeitslosen, Unterbeschäftigten, joblosen Jugendlichen, die sich irgendwo zwischen Sozialrente und Schwarzarbeit, zwischen Legalität und Kriminalität herumtreibt und die es genauso mit dem existentiell Notwendigen zu versorgen gilt wie das wachsende Heer der Alten.

Die Zukunft unserer Gesellschaft muß nicht notwendigerweise diese rabenschwarz weitergedachte Gegenwart sein. Es gibt andere Wege – Auswege. Davon später.

Die Unwirtlichkeit der Wohnwelt und das dreigeteilte Leben

Leben heißt für viele wohnen. Stets ist der Mensch darauf bedacht, eine Nische zu finden. Es kann eine Höhle oder ein Schloß sein. Hier kann er sich zurückziehen, sich schützen, sich selber organisieren. Wohnen heißt Zimmer, Wohnung, Haus, Vorgarten, Hinterhof, Quartier, Dorf, Stadt. Wohnen bedeutet schlafen, essen, familiäre und soziale Kontakte, Freizeit, Hausarbeit, manchmal auch Berufsarbeit. Die Wohnung ist lebenswichtig. Der Mensch verbringt hier oder in ihrer näheren Umgebung 60 bis 70 Prozent seiner Freizeit. Und das Zuhause wird immer wichtiger, denn es sollte die Funktion einer »Entlastungszone« übernehmen können: ein Gegenpol zum wachsenden Streß, den die Arbeit und der moderne Alltag mit sich bringen. Aber ebensowenig wie die Arbeitswelt vermag die Wohnwelt allen diesen Wünschen, Bedürfnissen und Anforderungen zu genügen. Im Gegenteil: Die Lebensvoraussetzungen an den Wohnorten verschlechtern sich weiter, anstatt sich zu verbessern.

An einigen Kennzeichen der modernen Stadtentwicklung wollen wir beschreiben, was sich so oder ähnlich in den letzten Jahrzehnten fast überall abgespielt hat. In früheren Jahrhunderten war die Stadt Lebensraum im wahrsten Sinne. Es herrschte ein Gleichgewicht zwischen Mensch und Architektur. Die Stadt blieb eine überschaubare Einheit innerhalb eines gewählten Rahmens. Ein Rahmen, in dem eine kontinuierliche Entwicklung unter Verwendung ortsüblicher Baumaterialien und Maßstäbe Platz hatte. Ein Rahmen, der nicht gesprengt werden mußte. Wohnungen, Häuser, Plätze und Straßen, private, halböffentliche und öffentliche Bereiche standen in einer sinnvollen Ergänzung zueinander. Das Unheil begann mit der aufkommenden Industrialisierung, als mit einem Mal die Stadt den Forderungen der industriellen Produktion untergeordnet wurde. Die Struktur der Städte paßte sich den Bedürfnissen der Wirtschaft an, und die Entwicklung gehorchte nurmehr wirtschaftlichen Sachzwängen. Das Muster ist wohlbekannt. Die Arbeitsplätze werden in den City-Kernen konzentriert. Hier, in den besten Geschäftslagen, lassen sich die Banken, Versicherungen, die internationalen Handelsgesellschaften, die Großverteiler und viele andere finanzstarke Institutionen nieder. Es entbrennt ein Kampf um die Renditeobjekte im Stadtzentrum. Die Boden- und Mietpreise steigen in unerschwingliche Höhen. Die Bewohner können es sich nicht mehr leisten, hier zu bleiben, oder nur noch die reicheren unter ihnen. Sie werden verdrängt, aus der eigenen Umgebung verbannt, entwurzelt und umgetopft. Sie müssen sich in der näheren oder weiteren Agglomeration neuen Wohnraum suchen. Ihre früheren Wohnungen werden zu Luxusappartements »saniert« oder in Büroraum umgewandelt, und es entstehen neue Geschäftsbauten. Der City-Kern expandiert. Der gleiche Prozeß setzt sich fort. Nach und nach tritt eine betongraue kalte durchrationalisierte und funktionale Monotonie an die Stelle der früheren farbigen Vielfalt: Die Stadt wird zu einem riesigen Einkaufs- und Handelszentrum, geprägt von Beton, Glas und hetzenden, sich selbst entfremdeten Menschen. Nach Ladenschluß sind immer weitere Teile der Stadt ausgestorben, denn die vormaligen Bewohner sind auf Expreßstraßen oder in überfüllten Vorortzügen in anonyme Schlafstätten zurückgekehrt.[189] So sind die abendländischen Städte in den letzten Jahrzehnten zu Gebilden geworden, wie sie eigentlich niemand so richtig gewollt hat. Nicht der Gestaltungswille der Stadtbewohner und auch nicht ein stadtplanerischer Entwurf, sondern die Wirtschaft hat ihre Entwicklung bestimmt. Die Planer hatten dem nichts entgegenzusetzen. Ja, schlimmer noch, sie gehörten selbst zu den aktivsten Verfechtern dieser »großen Ordnung«. So hatte man schon in den dreißiger Jahren erklärt, der Schlüssel zum modernen Städtebau liege in den vier Funktionen: Wohnen, Arbeiten, Sich-erholen und Sich-bewegen.[190] Jede dieser Schlüsselfunktionen sei autonom, und am besten wäre ihre klare räumliche Trennung. Genau bestimmte Zonen, die den verschiedenen Tätigkeitsbereichen zugeteilt werden. Die rationale, perfekte Organisation. Und an dieses Schema hat sich die städtebauliche Entwicklung der letzten 50 Jahre auch gehalten. Ein Modell, das an alles gedacht hat, bloß an den Menschen nicht.

Funktion 1: Arbeiten in der Stadt. – Alles konzentriert sich in den Stadtkernen, die voll auf Arbeit getrimmt sind. In zweckrationalen Bürohäusern, Fabrikgebäuden, Kantinen und Schnellverpflegungsstätten.

Funktion 2: Wohnen in der Agglomeration. – Die Agglomeration wächst in konzentrischen Kreisen um die Stadt herum. Ihre steinernen Finger greifen immer weiter aufs Land hinaus und zersiedeln es. Man wohnt in Blocks, in maßstablosen Baukörpern, Silos und Bunkern gleich, die durch pflegeleichtes und unantastbares Abwartgrün voneinander getrennt sind.[191] Wohnbauten nach dem Maßstab der Maschine. Oder man wohnt – und das ist heute der Trend und der Traum fast eines jeden – im eigenen Haus auf dem Land, in einer dieser immer weiter ausufernden Einfamilienhaus-Plantagen.

Funktion 3: Sich erholen im Erholungsgebiet. – Weil da, wo man wohnt, für die Erholung nichts vorgesehen, die Umgebung lärmig, zugebaut steril oder langweilig ist, verbringt man die Freizeit draußen. Dort, wo es freien Raum, Natur und Freizeitinfrastruktur gibt.

Funktion 4: Sich bewegen. – Erst die Mobilität macht's möglich. Dem Verkehr obliegt es, die Verbindung zwischen den drei Lebensbereichen Arbeit, Wohnen und Erholen sicherzustellen. Ohne ihn ginge es nicht. Ohne ihn würde das System zusammenbrechen. Deshalb hat man ihm auch überall den Vorrang vor allem anderen gegeben und sich seinem totalitären Anspruch gebeugt. Individuelle Mobilität als Zwang, Notwendigkeit und Anspruch. Und Mobilität heißt in erster Linie Auto-Mobilität. Immerfort hat man die Verkehrswege zwischen Stadt, Agglomeration und Erholungsgebieten ausgebaut, Engpässe laufend beseitigt und die nötigen Verkehrsflächen bereitgestellt, um die Ströme der Pendler und Erholer nicht aufstauen zu lassen. Die Verkehrsgerechtigkeit der Anlagen und Einrichtungen wurde zum Credo. Die menschengerechte Stadt früherer Zeiten wurde zur verkehrsgerechten Stadt der Moderne. Hinterhöfe, Vorgärten und Alleen wichen Garagen, Parkplätzen und Straßenverbreiterungen. Das Grau vertrieb das Grün. Ein Drittel bis die Hälfte der Fläche unserer Städte sind in Form von Straßen und Parkraum für den Verkehr reserviert und dem Menschen als Lebensraum entzogen. Aus dem Ideal der Stadt im Park ist die Stadt im Parkplatz geworden.[192] Und was sich in den Städten anbahnte, wiederholt sich in den Außenquartieren und in den Erholungsgebieten. Der Moloch Verkehr ist gefräßig. Er will immer breitere Straßen, mehr Abstellflächen, Garagen, Brücken, Tunnels. Der Verkehrsasphalt ist im Vormarsch. Überall.

So hat die Entwicklung der industriellen Arbeits- und Wohnwelt den Menschen buchstäblich in Stücke gerissen, seine Lebenseinheit zersplittert und ihn heimatlos gemacht. Die Menschen in städtischen Gebieten sind zu modernen Nomaden geworden. Sie pendeln hin und her zwischen Wohnquartier und Stadt. Her und hin, Tag für Tag, nach dem Motto: »auto-métro-boulot-bistro-dodo«. Die Agglomerationen sind zu Schlafstätten degeneriert. »Der Agglomerit«, so nennt man diesen neuen Menschentyp, lebt hier anonym und oft einsam. Er fühlt sich mit seinem Wohnort nicht verwurzelt. Er hat dazu keine innere Beziehung und auch kein Engagement. Ebenso unverbindlich ist sein Verhältnis zur Stadt. Er ist ledigich Stadtbenützer und nicht Stadtbewohner. Er nimmt die städtischen Arbeits-, Einkaufs- und Freizeiteinrichtungen in Anspruch. Weiter nichts. Der Schweizer Schriftsteller Peter Bichsel beschreibt es so: »... wer will hier noch teilnehmen? W. nimmt in Kreta teil, ein anderer liebt Kenia und ein anderer hätte ohne Italien keine Hoffnung mehr ... Unsere Hoffnungen sind anderswo, unsere Freunde anderswo, unsere Sehnsucht ist ausgewandert. Wir verdienen unser Geld noch hier. Wir schlafen und essen noch hier, und wenn wir es nicht mehr aushalten, dann geh'n wir und essen chinesisch.«[193]

Also fahren die Menschen raus aus der Stadt und aus der Agglomeration so oft sie können, um dort zu finden, was ihnen hier fehlt. Je schlechter die Voraussetzungen in der Wohnwelt, um so häufiger suchen sie das Weite. Bewohner von Hochhäusern und lärmiger Gebiete unternehmen zum Beispiel rund 30 Prozent mehr Ausflüge als Bewohner von Einfamilienhäusern.[194] Und die Einwohner von Großstädten ziehen am Wochenende viel öfter aus als die Bewohner kleiner Städte. Es ist eine tragische Feststellung: Das Zuhause als Rückzugsort, als Ort der Familie, der Freizeit, der Muße, der Kommunikation und des Kontaktes mit der Natur ist für sehr viele Menschen unwirtlich und unwohnlich geworden. Was bleibt da anderes übrig, als der zeitweilige Ausbruch oder eben der Protest, die Revolte. Die Jugenddemonstrationen in verschiedenen Städten haben mindestens teilweise ihren Grund in der dauernden Einschränkung von Lebens- und Freiräumen, einer Einschnürung, die auch viele Nicht-mehr-Junge genauso empfinden. Wo können sich die Menschen entfalten, wo Zeit und Raum finden für Selbstverwirklichung, wo experimentieren, wo Verantwortung üben? Alles ist vorgespurt, reglementiert, geordnet und verordnet. Die Forderung nach totaler Mobilität, ein starkes Wirtschaftswachstum, die Verökonomisierung des Lebensraumes haben eingeengt.[195] Und deshalb sind unsere Städte unregierbar geworden.

Von Lebenssinn und neuen Lebensidealen: Die Freizeit als Motor des Wertewandels

In einem oder zwei Jahrzehnten wird alles anders und nichts mehr das gleiche wie heute sein. Die Umwälzungen sind groß. Eine fundamental andere Gesellschaft bildet sich heraus, fähig, das Schlimmste oder das Beste zu bewirken.[196] Wir stehen wieder an einem Anfang. Immer mehr Menschen haben dieses ermutigende und zugleich verunsichernde Gefühl. Die während Generationen vorbehaltlos akzeptierten Wertstrukturen und Lebensentwürfe unserer arbeitsorientierten Industriegesellschaft werden immer mehr kritisiert. Der Lebenssinn, die Lebensziele und die Lebensqualität werden hinterfragt und neu zu bestimmen versucht. Das amerikanische Stanford Research Institute spricht von der größten intellektuellen Revolution seit der Renaissance.[197] Sie habe mittlerweile bereits Millionen von Menschen erfaßt, die offen oder heimlich die bestehende Wertordnung angreifen und die bereit sind, Neues auszuprobieren und an ihrem Leben etwas zu verändern, damit es anders, damit es besser wird. Bücher, die sich aus ganz verschiedenen Blickwinkeln mit dieser Umbruchsituation befassen, finden starke Beachtung. Die Buchtitel sprechen für sich: ›Nach uns die Zukunft‹ (H. A. Pestalozzi), ›Die heimliche Verschwörung‹ (M. Ferguson), ›Wege aus der Wohlstandsfalle‹ (verschiedene Autoren), ›Menschenbeben‹ (R. Jungk), ›Wendezeit – Bausteine für ein neues Weltbild‹ (F. Capra), ›Wege ins Paradies‹ (A. Gorz). Man denke vor allem auch an das ungeheure Echo auf die Jahrhundertbücher von Michael Ende ›Momo‹ und ›Die unendliche Geschichte‹. Was hier als Menschenbild entworfen und an neuem Bewußtsein vorausgenommen wurde, entspricht ganz offensichtlich den Vorstellungen von immer mehr Leuten.

Angelpunkt der großen Umorientierung bilden zweifellos die neuen Einstellungen vieler Menschen zur Arbeit und zur Wirtschaft. Seit dem 19. Jahrhundert ist unsere Gesellschaft mehr und mehr von der Wirtschaft geprägt worden. Bis vor wenigen Jahren stand die Arbeit noch diskussionslos in der Lebensmitte. Unumschränkt und unangefochten regierten die Ideale der Leistungsgesellschaft: Leistung, Erfolg, Anerkennung, Besitz, Eigentum, Vermögen. Die vielgelobten und -geschulten Fähigkeiten, um diese Ziele zu erreichen, hießen: Fleiß, Ehrgeiz, Disziplin, Gehorsam, Ordnung, Pflichterfüllung.[198] Mit dem Ende des 20. Jahrhunderts scheint nun der Zeitpunkt gekommen, an dem die Wirtschaft und die hart arbeitenden Menschen ihre ursprünglichen Ziele eigentlich erreicht haben und man sich im Grunde anderen Dingen zuwenden könnte. Die meisten Menschen sind heute mit den lebensnotwendigen Gütern versorgt und besitzen darüber hinaus vieles mehr, das mithilft, ihr Leben noch angenehmer zu gestalten. Wir sind die Generation, die zum ersten Mal die Erfahrung materiellen Wohlstandes gemacht hat. Das gilt vor allem für die Jungen. Mit dem Verlassen des »Reichs der Notwendigkeit« spielen psychische und soziale Bedürfnisse eine zunehmend größere Rolle. Für viele beginnt das »Reich der Freiheit«.[199] Sind einmal die wichtigsten materiellen Bedürfnisse gesättigt, ist es ganz naheliegend, daß sich unser Interesse mehr auf immaterielle Güter verlagert. Die Lebenskunst und die Lebensqualität werden nun vor den Lebensstandard gesetzt. Werte wie Freiheit, Mitbestimmung und Selbstverwirklichung rücken in den Vordergrund. Beruflicher Aufstieg, Sicherheit, Verdienst werden weniger wichtig. Die Wirtschaft erfährt eine Abwertung. Die Arbeit verliert an Stellenwert. Viele Leute beginnen zu merken, daß mehr Geld und mehr Konsum nicht automatisch auch mehr Wohlbefinden und Entfaltungsmöglichkeiten bedeuten. Man hat zwar Geld und Güter im Überfluß, dafür aber keine Zeit. Keine Zeit für das, was man eigentlich tun möchte. Keine Zeit für die Familie, die Freunde, für sich selbst. Keine Zeit, um zu faulenzen, »um auf dem Rücken zu liegen und mit der Seele zu baumeln«. Aber Zeit ist Leben. Wie in der bezaubernden Geschichte des kleinen Mädchens Momo will man sich seine Zeit nicht länger von irgendwelchen »Grauen Herren« stehlen und in »Zeit-Spar-Kassen« auf Nimmerwiedersehen anlegen lassen. Die Menschen entdecken die Zeit wieder. Das Gelddenken wird langsam vom Zeitdenken abgelöst.

Der deutsche Freizeitforscher Horst Opaschowski sieht folgende neue Lebensorientierungen:[200]

- Wachsende Freizeitorientierung: Freizeit als Medium der Lebenserfüllung.
- Wachsende Erlebnisorientierung: Tendenz zum aktiven Erleben und intensiven Ausleben.

– Wachsende Gegenwartsorientierung: Starke Betonung des Lebensgenusses.
– Wachsende Genußorientierung: Nur die Gegenwart zählt, Hier-und-Jetzt und nicht in Zukunft, »no future«.
– Wachsende Natur- und Umweltorientierung: Interesse am natürlichen Leben. Primat von Natur und Umwelt vor Technik und Fortschritt.

Es sei, so meint Opaschowski, in erster Linie die jüngere Generation, die sich zum Lebensstilpionier entwickelt habe. Sie lebe neue Sinnorientierungen vor. Die mittlere und ältere Generation würden mit einem Zeitverzug nachfolgen. Tatsache ist jedenfalls, daß die Forderungen nach mehr Lebenssinn, mehr Lebenszeit, nach mehr Menschlichkeit und menschlichem Maß nicht nur von einigen »Alternativen« verfochten werden. Sie sind zunehmend auch im Wunschkatalog vieler »Etablierter« anzutreffen. Mehr Sein statt Haben. Die Anhängerschaft dieser Devise von Erich Fromm wird mit jedem Tag größer.

In einem sind sich fast alle Untersuchungen zum Wertwandel in unserer Gesellschaft einig: Die Freizeit ist in den Brennpunkt der Lebensorientierung gerückt, sie ist zum eigentlichen Motor des Wertewandels geworden.[201] Nicht mehr die Arbeit, sondern die Freizeit ist Lebensmitte. Freizeit ist Lebenszeit par excellence. Horst Opaschowski glaubt, daß sich in den achtziger und neunziger Jahren ein »freizeitkultureller Lebensstil« entwickelt, der nicht nur das Freizeitverhalten, sondern die gesamten Lebensgewohnheiten verändern und auch Rückwirkungen auf die Arbeitswelt haben werde.[202] In den fünfziger bis siebziger Jahren habe eine passive Konsumorientierung die Freizeit dominiert, mit den drei Freizeit-»F«: Fernsehen, Flaschenbier und Filzpantoffeln. Der neu sich herausbildende freizeitkulturelle Lebensstil bringe eine mehr aktive Erlebnisorientierung mit den fünf Freizeit-»S«:
– Selbst-aktiv-Sein/Selbermachen gegen Fremderfahrung und Passivität; aktives Verhalten, Eigeninitiative, freiwilliges Engagement.
– Spontaneität/Selbstentfaltung gegen Organisierung und Verplanung; Offenheit für Ungeplantes, Neues, Überraschendes; Phantasie und Kreativität.
– Sozialkontakt/Gemeinsamkeit gegen Isolation und Vereinsamung; Zusammensein mit Familie, Freunden und Bekannten; Gruppen- und Gemeinsamkeitserlebnisse.
– Sich-Entspannen/Wohlfühlen gegen Überforderung und

Streß; Freisein von Anforderung, Streß und Hektik; ungestört, unbeschwert und sorglos sein können.
- Spaß/Lebensgenuß gegen Unlust und Leistungszwang; Vergnügen, Unterhaltung und Zerstreuung; Feiern und Spielen.

Konsumkultur oder freizeitkultureller Lebensstil?

Das neue Freizeitverständnis könnte sogar die zunehmende Freisetzung von der Erwerbsarbeit zur positiven Perspektive wandeln. Weniger Arbeit als Chance zu mehr Menschlichkeit in der Arbeit, in der Freizeit, im Leben schlechthin. Vieles deutet darauf hin, daß die sanfte Revolution, die das Wertsystem unserer Industriegesellschaft umorientieren und auch den Alltag verändern wird, wirklich in Gang gekommen ist und schnell um sich greift. Aber bleiben wir realistisch: Wir stehen immer noch ziemlich am Anfang eines langen und hindernisreichen Weges, ohne zu sehen, wo er endet, und ohne zu wissen, was uns dort erwartet.

Vorerst hüte man sich vor der Meinung, der neue Lebensstil müsse unbedingt jedermanns Sache sein. Den ehrgeizigen Karrieristen, den berufenen Manager, den notorischen Konsumprotz wird es immer geben. Auch Leute, die durchaus zufrieden sind, für ihre Arbeit zu leben; Leute, die sich voll mit ihren Aufgaben identifizieren und in ihrem Beruf buchstäblich aufgehen. Und dann gibt es in unserer Gesellschaft immer noch Benachteiligte. Für sie sind Lebensqualität und Wertwandel keine Themen, weil sie selbst zum einfachen Leben zu wenig haben.

Die Geschichte lehrt uns im weiteren, daß die Veränderung persönlicher und vor allem gesellschaftlicher Leitbilder immer viel Zeit beansprucht. Es kann sehr lange dauern, bis das neue Bewußtsein beim einzelnen auch zu neuem Handeln führt, bis eine Mehrheit der Menschen den neuen Weg unter die Füße nimmt und bis die neuen Werte auch in der Gesellschaftsstruktur verankert sind. Erst wenn dies alles geschehen ist, hat sich der Wandel vollzogen. Da läßt sich nichts erzwingen, höchstens einiges begünstigen und fördern.

Ein starker Widerstand gegen den neuen Lebensstil ist das menschliche Beharrungsvermögen, das Festhalten am Gewohnten. Die Gralshüter der bestehenden Ordnung sind ebenso zahlreich wie einflußreich. Unsere öffentliche Meinung und unsere Gesellschaftspolitik sind noch immer fast bedingungslos auf Wachstum, Leistung und Arbeit programmiert, obwohl im persönlichen Leben vieler Menschen schon andere Werte und Prioritäten Geltung haben. Die Kluft zwischen privatem Denken und öffentlicher Sinnsetzung droht größer und größer zu werden.[203] So sind wir – entgegen vielen anderslautenden Äußerungen – noch immer eine Arbeits- und keine Freizeitgesellschaft. Eine Gesellschaft, die hartnäckig am Vorrang der traditionellen Berufsethik und am Prinzip der Vollbeschäftigung im Sinne der Voll*zeit*beschäftigung festhält; die uns in eine starre Zeitordnung hineinzwängt und uns vorschreibt, wann wir zu arbeiten, wann wir zu ruhen und wann wir Ferien zu machen haben. Immer alle gleichzeitig, wohlverstanden; im Zeichen der Sardinenbüchse. Und all das, obwohl es eigentlich immer weniger Menschen behagt. Obwohl zum Beispiel schon heute viele Menschen nachweisbar bereit wären, weniger zu arbeiten und auch weniger zu verdienen, um mehr leben zu können.

Der neue Lebensstil ließe eigentlich auch einen Rückgang in der Konsumorientierung erwarten: die Ablösung des konsumfreudigen durch den konsummüden Verbraucher; die freiwillige Einschränkung oder gar der Verzicht. Dagegen aber wird die Wirtschaft Sturm laufen, weil sie vom Wachstum des Konsums lebt. Und sie wird alles tun, um den Konsumenten bei der Stange zu halten. Schon in den sechziger Jahren stand in einer Fachzeitschrift für Verkaufsförderung zu lesen, daß es wahrscheinlich nur ein sicheres Mittel gebe, um eine immerwährende Konjunktur zu gewährleisten: Man müsse eine ganz neue Generation von Super-Verbrauchern züchten.[204] Und viele glauben das heute noch. Auch in dieser Hinsicht besteht also die Gefahr, daß die neuen Ideale und Vorsätze des einzelnen unter Druck geraten, die neue Freizeit auch wieder in erster Linie Komsumzeit ist und von den fünf Freizeit-»S« lediglich das fünfte, nämlich Spaß und Genuß, übrigbleibt. Dafür aber allein das »bedürfnisweckende und -manipulierende Marketing der Freizeitindustrie« verantwortlich zu machen und von »Konsumterror« zu sprechen, ist nur die halbe Wahrheit. Ohne Einverständnis des Konsumenten würde nichts funktionieren. Und der Konsument macht eben mit, zweifellos nicht nur gegen seinen Willen. Es trifft zwar zu, daß der wichtigste Bedarf an langlebigen Gebrauchsgütern in den Industrieländern gedeckt ist: So besitzen zum Beispiel in der Bundesrepublik Deutschland 90 Prozent der Haushalte ein Telefon, 84 Prozent einen Personenwagen, 83 Prozent einen Kühlschrank, 80 Prozent eine vollautomatische Waschmaschine, 79 Prozent einen Farbfernseher, 78 Prozent eine elektrische Nähmaschine und so weiter.[205] Damit sind aber noch lange keine allgemeinen Obergrenzen des Konsums erreicht. Von einer Sättigung kann nicht die Rede sein. Bestenfalls ist der erste Hunger gestillt. Sind nämlich bestimmte Bedürfnisse einmal befriedigt – so erklären uns Soziologen und Psychologen – treten an ihre Stelle sogleich andere Wünsche und neue Bedürfnisse höherer Ordnung. Oder es werden bei gleichbleibenden Motiven einfach die Ansprüche erhöht. So ist der Mensch seinem Wesen nach offenbar unersättlich, sein Verlangen unstillbar.[206] Die Entwicklung deutet demnach – zum mindesten vorerst noch – eher auf eine Verlagerung und nicht auf eine Einschränkung des Konsums hin: Geld für Weltreisen statt Möbel und Kleider; mit dem Rucksack in die Tropen statt mit Vollpension ins Salzkammergut; kleineres Auto, aber größere Hifi-Anlage; Wein statt Bier.[207] Von einem Trendbruch im Konsumverhalten sind wir vorläufig noch weit entfernt.

Zwischen dem Bekenntnis zu neuen Werten und dem Leben nach solchen Prinzipien klaffen tatsächlich noch Welten. So geben wir zum Beispiel alle vor, umweltbewußt zu sein. Aber nur wenige sind bereit, für sich selbst die Konsequenzen zu ziehen und die eigene Umweltbelastung zu verringern. Indem wir beispielsweise – wo immer möglich – mit dem öffentlichen Verkehrsmittel anstatt mit dem Personenwagen ins Büro, ins Wochenende und in die Ferien fahren. Oder indem wir bestehende Unterkünfte benützen und auf den landschaftsfressenden Bau von Wochenend- und Ferienhäusern, von Zweit- oder gar Drittwohnsitzen verzichten. Oder indem wir die Natur genießen können, ohne dafür immer gleich auch Parkplätze, Anlagen für Spiel, Sport, Fitneß und Plausch, Aufstiegshilfen, Drehrestaurants und was der Zusatzattraktionen mehr sind, zu benötigen. Oder indem wir im Oasenhotel am Wüstenrand unseren Wasserverbrauch von 600 Litern pro Tag und Tourist (einschließlich Swimmingpool und besprengter Rasenanlage) einschränken, damit die Einheimischen genug zu trinken haben und die Dattelpalmen der Kleinbauern bewässert werden können und nicht eingehen. Aber gerade in der Freizeit und in den Ferien will man nicht verzichten. Man hat so vieles nachzuholen. Und dafür hat man ja schließlich gearbeitet. Hier wird endlich einmal nicht gespart – auch in schlechten Zeiten nicht und an den Ferien zuallerletzt!

Es wird immer mehr Geld für die Freizeit ausgegeben. Die Freizeitbudgets wachsen explosiv, viel schneller als alle übrigen Verbrauchsausgaben. Das Reisen und die Ferien stehen an der Spitze der Ausgaben-Hit-Parade überhaupt. So hat sich das Freizeitbudget der Deutschen zwischen 1965 und 1984 rund verfünffacht.[209] Weitaus am meisten Freizeitgeld, fast ein Drittel, wird in die Ferien gesteckt. Die anderen Freizeitgüter sind in der Reihenfolge ihrer Wichtigkeit im Freizeitbudget: Auto – Fernsehen, Radio – Gartenpflege, Tierhaltung – Sport, Camping – Spiele, Spielzeug – Hobby, Do-it-Yourself – Theater, Kino, Bildungs- und Unterhaltungsstätten – Photo und Film. Bereits jetzt werden rund zwei Monatseinkommen im Jahr nur für Freizeitzwecke ausgegeben. Und man glaubt, der Freizeitkonsum werde auch in den kommenden Jahren weiter wachsen, während die anderen Ausgaben für den privaten Verbrauch stagnieren oder zum Teil schrumpfen sollen.

Die materiellen Verlockungen sind groß. Die Freizeitindustrie produziert eine verführerische Konsumschwemme gigantischen Ausmaßes, die das noch junge, zögernde und nicht gefestigte Verlangen nach mehr Sinn und persönlicher Entfaltung einzuebnen und zu ersticken droht. Wie will man bei soviel Äußerlichkeiten die Tür zur neu erwachten Innerlichkeit finden? Es wird uns nahegelegt, in der Arbeit diszipliniert zu sein, unsere Freizeit aber auf Überschwang, Genuß, Mobilität, Prestige und Konsum auszurichten. Die vielfältigen Angebote der Freizeit- und Vergnügungsindustrie dienen wohl eher dazu, die Menschen im Käfig der Konsumkultur bei guter Laune zu halten, als in ihnen Fähigkeiten zu fördern, die während des Arbeitslebens brach liegen.[209] Ist nicht auch zu befürchten, daß der Erlebnisboom, die Dauerpräsenz von »action« und »motion«, Cliquengeselligkeit und Gruppenzwang, Unternehmungslust und Überaktivität Freizeitstreß erzeugt? Eine neue subtile Form von Einsamkeit kann entstehen: die innere Vereinsamung inmitten von Kontaktflut und äußerer Hektik.[210]

So schwimmt man denn mit im großen Strom, gerade auch auf Reisen. Nicht immer aus Überzeugung, mehr aus Bequemlichkeit. Vielleicht auch, weil man keine anderen Möglichkeiten kennt oder nicht sieht, wie das andere zu verwirklichen wäre. Der Weg zu den Quellen aber führt gegen den Strom. Es ist beschwerlich, unsicher und alles andere als geruhsam. Doch wenn schon der Alltag strapaziös ist, möchte man wenigstens in den Ferien keine Probleme haben. Also läßt man es dabei bewenden und konsumiert eben das, was einem vorgesetzt wird. Obwohl viele sich in ihrem Innersten eigentlich etwas anderes ersehnen.

Man versteht jetzt vielleicht etwas besser, weshalb eine neue Gesellschaft, so wünschenswert sie auch sein mag, sich nicht von heute auf morgen heranbildet. Ebensowenig rasch entwikkelt sich ein neues Verständnis von Freizeit und Reisen. Wir müssen uns also fragen, ob sich die neue Lebensethik gegen die bestehenden starken Systemstrukturen durchzusetzen vermag oder ob die Bewegung nicht just dort enden wird, wo sie ihre Auflehnung begonnen hat: bei der Fremdbestimmung, beim passiven Konsum, bei der Wieder-Einverleibung in den endlosen Kreislauf immer neuer Ansprüche und vergänglicher Momente konsumptiven Glücks. Die Frage lautet also, ob das idealistische neue Menschenbild nicht an der harten Wirklichkeit der Konkurrenz-, der Erfolgs- und Leistungsgesellschaft zerbrechen wird und ob nicht einmal mehr nach großen Veränderungen alles beim alten bleibt.

Ich setze meine ganze Hoffnung in die junge Generation von heute. Morgen schon sitzt sie an den Schalthebeln und hat die Gesellschaftsveränderung in der Hand. Sie wird die Lebensstil-Bewegung mit Bestimmtheit weiterbringen und vielleicht sogar den Durchbruch schaffen. Dafür gibt es gute Omen. Allen voran

- die »fröhliche Souveränität« zumindest eines Teils der Jugendlichen gegenüber den Gesetzmäßigkeiten der industriewirtschaftlichen Zivilisation und
- die bei vielen Jungen gestiegene Fähigkeit, nach den eigenen Bedürfnissen zu leben. Die Fähigkeit auch, sich nicht diktieren zu lassen, was wichtig zu sein hat,
- und schließlich auch ihre neue Sensibilität gegenüber der Natur.[211]

So bin ich denn für die Zukunft optimistisch: Auf längere Sicht werden die vielerorts in Gang gekommenen Humanisierungsbestrebungen Fortschritte machen. In der Arbeit wie in der Freizeit, im Alltag wie auf Reisen. Es lohnt sich also, darüber nachzudenken.

Der Wandel in den Einstellungen der Menschen zur Arbeit und zum Beruf und ihr Wunsch nach einem neuen Lebensstil genügen allein nicht, um die Arbeitsgesellschaft aus ihrer Krise herauszuführen. Sie bilden dafür aber einen guten Nährboden. Darüber hinaus sind gezielte Anstrengungen notwendig, um das enge Korsett der Bedingungen aufzubrechen, das die industriegesellschaftliche Arbeit und die Arbeitspolitik heutiger Prägung bestimmt und einzwängt. Mit einigen kosmetischen Retuschen ist nichts gewonnen. Das Konzept der Humanisierung der Arbeit erschöpft sich nicht darin, daß man nichts dagegen hat, wenn sich einer den Käfig mit seinem Hamster und einen Tauchsieder auf den Schreibtisch stellt.[212] Wenn wir zu menschengerechteren Formen der Arbeit vorstoßen wollen, braucht es den chirurgischen Eingriff, die Veränderung von Grundvoraussetzungen. Die Humanisierung der Arbeit soll nicht weiter ein zeitgenössisches Schlagwort bleiben, das an akuter Blutarmut leidet. Sie ist vielmehr zu begreifen als die große Überschrift zu einer ganzen Reihe von Strategien und durchaus begehbarer Übungsfelder für ein neues Arbeits-, Wirtschafts- und Lebensverständnis. Es gibt viele Schienen, auf die der arbeitsgesellschaftliche Krisenschnellzug umgeleitet werden kann. Es wäre höchste Zeit, mit dem Bau der Bahndämme zu beginnen – auch wenn man noch nicht genau weiß, ob überall ein Durchkommen ist.

Ausweg 1: Die bestehende Arbeit inhaltsreicher machen. – Diese Humanisierungsstrategie richtet sich gegen die Sinnkrise der modernen Erwerbsarbeit. Weniger Fremdbestimmung, mehr Selbstbestimmung und Mitverantwortung ist die Stoßrichtung. Maßnahmen können zum Beispiel sein: die Verringerung der Arbeitsteilung durch Ausweitung des Aufgaben- und Verantwortungsbereiches (Job enrichment, Job enlargement, Job rotation); mehr Mitbestimmung, Selbständigkeit und Zusammenarbeit, zum Beispiel in Form von teilautonomen Arbeitsgruppen; berufliche Fort- und Weiterbildungsmöglichkeiten inner- und außerhalb des Betriebes; stärkere Betonung menschlicher und sozialer Beziehungen im Betrieb und auch des gesellschaftlichen Nutzens der zu leistenden Arbeit und so weiter. Nichts zu verändern vermag dieser erste Ausweg allerdings am unausweichlichen Freisetzungsprozeß von der Erwerbsarbeit und an der Arbeitslosigkeit.

Ausweg 2: Die neue Verteilung der Arbeit. – Arbeitslosigkeit ist die unmenschlichste, widersinnigste und wohl auch teuerste Form der Arbeitszeitverkürzung. Die Zeitbombe Arbeitslosigkeit läßt sich nur entschärfen, wenn wir die vorhandene Arbeit auf mehr Köpfe und Hände verteilen. Dem Postulat »Weniger arbeiten – Arbeit für alle« kommt in Zukunft aus menschlichen, gesellschaftlichen, aber auch wirtschaftlichen Gründen große Bedeutung zu. Es ist widersinnig, daß eine sinkende Zahl von Menschen bis zur Erschöpfung arbeitet und daneben immer mehr Menschen zum Nichtstun verurteilt sind. Als Möglichkeiten der Arbeitszeitverkürzung kommen in Frage: die Verkürzung der Tagesarbeitszeit (z. B. 7-Stunden-Tag), der Wochenarbeitszeit (z. B. 35-Stunden-Woche, Überstundenbegrenzung), der Arbeitswoche (z. B. 4-Tage-Woche), des Arbeitsjahres (z. B. Ferienverlängerung), der Lebensarbeitszeit (z. B. 10. Schuljahr, frühere Pensionierung). Wenn man neuesten Umfragen trauen will, wären heute schon 35 Prozent der deutschen und gar 47 Prozent der Schweizer Arbeitnehmer bereit, weniger zu arbeiten und auch weniger zu verdienen.[213] Mit der Ausschöpfung dieses Potentials der Freiwilligen würde schon einiges erreicht. Aber wahrscheinlich ist das nicht genug. Um eine allgemein verbindliche Reduktion der Arbeitszeit wird man wohl nicht herumkommen, wenn eine rigorose Bekämpfung der Arbeitslosigkeit das Ziel ist. Auch um gewisse Einkommenseinbußen nicht. Aber sie werden eher gering sein, weil auch mit weniger Arbeit sich immer noch Produktivitätsgewinne erzielen lassen. Und es ist angezeigt, diese in Form von Arbeitszeitverkürzungen und nicht als Reallohnerhöhungen zu verteilen. Wer der Arbeitslosigkeit – der heutigen und der zukünftigen – wirklich begegnen will, wird auf einen solchen Kurs einschwenken müssen. Anders geht es nicht. Die beschriebene neue Verteilung der Arbeit wird aber erst dann eine wirkliche Humanisierung bedeuten, wenn man auch von der starren Einteilung der Arbeitszeit und insbesondere auch vom festen Dreierblock »Sich-ausbilden – arbeiten – ausruhen« im Verlaufe der Lebenszeit abgeht. Die Herabsetzung des Rentenalters ist beileibe nicht die einzige und sicher nicht die beste Möglichkeit der Arbeitszeitverkürzung. Parallel zur neuen Verteilung der Arbeit muß deshalb eine flexiblere Zeitordnung mit aller Kraft angestrebt werden.

Ausweg 3: Die neue, flexible Ordnung der Zeit. – Dieses Prinzip, das man auch »Zeitsouveränität« nennt, visiert eine flexiblere Lebensplanung an: Dem einzelnen werden viele Wahlmöglichkeiten für seine Zeitverwendung angeboten. Er kann freier darüber bestimmen, wann und wieviel er arbeiten und verdienen will. Es gibt unzählige Varianten, wie man flexiblere Zeitmuster realisieren könnte. So zum Beispiel:

- »35-Stunden-Woche à la carte«: zum Beispiel 5 mal 7 oder 4 mal 8¾ Tagesarbeitsstunden; oder Bezug in Form von Ferientagen oder längerer Urlaub nach mehreren Jahren.
- Variablere Tagesarbeitszeiten.
- Mehr Teilzeitangebote.
- Halbjährliche Wochenarbeitszeitwahl: zum Beispiel im Sommer 30, im Winter 40 Wochenstunden.
- Jahresarbeitszeitverträge: zum Beispiel insgesamt 1500 Jahresarbeitsstunden bei einem monatlichen Minimum von 100 Stunden.
  Einführung neuer Arbeitszyklen: zum Beispiel 10 Tage Arbeit – 10 Tage frei oder arbeiten von Montag bis Donnerstag und danach von Dienstag bis Samstag.
- Job-Sharing: Zwei Mitarbeiter teilen sich Arbeitsplatz und -zeit nach eigener Absprache.
- »Sabbaticals«: Jeder hat das Recht, einmal pro Arbeitsjahrzehnt für längere Zeit auszuspannen, ohne den Arbeitsplatz zu verlieren.
- Arbeit auch im Alter: Jeder kann seinen Arbeitsrücktritt ab 55 selbst bestimmen oder sein Arbeitspensum allmählich abbauen.[214]

Mehr Zeitsouveränität entspricht dem Wunsch vieler Menschen nach mehr Lebenszeit, trägt zur Entlastung der problematischen Arbeitssituation bei, ermöglicht den gestaffelten Eintritt, aber auch den sanften Rückzug aus dem Erwerbsleben, verringert die Kluft zwischen Arbeit und Freizeit und hilft mit zur Bewältigung vieler Massen-Probleme, die aus der programmierten Gleichzeitigkeit entstehen. Würden wir für den Abbau der überholten (Arbeits-)Zeitzwänge nur einen Teil der Phantasie aufwenden, die wir für den technologischen Fortschritt einsetzen, kämen wir auf diesem wichtigen Weg schnell ein großes Stück weiter. Gefragt ist weniger technische, dafür mehr soziale Phantasie. Es gibt ernstzunehmende Denker, die glauben, daß uns am Ende dieses Jahrhunderts weniger als die Hälfte der heute geleisteten Arbeitsstunden genügen werden, um unseren Lebensstandard zu erhalten. Sie schlagen beispielsweise vor, daß man jedem Bürger ein obligatorisches Minimum von Lebensarbeitsstunden zumutet, die er flexibel verteilen kann und für die er einen minimalen »Bürgerlohn« verdient. Daneben kann er machen, was er will. Mehr arbeiten und mehr verdienen ebenso wie auf weitere materielle Segnungen verzichten und sich auf andere persönliche Interessen, Neigungen und Hobbys zurückziehen.[215] Der Nobelpreisträger Bertrand Russell ist mit seiner Utopie für ein besseres Leben inzwischen längst nicht mehr allein. So hatte Russell schon vor Jahrzehnten folgendes geschrieben: »Bei dem Stand der modernen Technik wäre es möglich, allen Menschen Freizeit und Muße gleichmäßig zuzuteilen, ohne Nachteil für die Zivilisation. Mit vierstündiger täglicher Arbeitszeit sollte sich der Mensch das Anrecht auf seinen Unterhalt und den elementaren Lebenskomfort erwerben können, während er den Rest seiner Zeit verwenden sollte, wie es ihm paßt. Wesentlichen Anteil an jedem derartigen Gesellschaftssystem würde eine fortgeschrittenere Erziehung und Bildung als die heute übliche haben. Sie sollte unter anderem anstreben, Neigungen und Interessen zu wecken, die dem Menschen eine gescheite Verwendung seiner Mußezeit ermöglichen.«[216]

Ausweg 4: Die neue Form dualen Wirtschaftens – Diese umfassendste aller Humanisierungsstrategien bedingt eine grundsätzliche Neuorientierung unseres Wirtschaftssystems und muß als positive Utopie für eine allerdings ferne Zukunft gelten. Die dualwirtschaftliche Alternative beinhaltet die Vorstellung eines zweigeteilten Wirtschaftssystems, wobei die beiden Teile sich gegenseitig ergänzen. Auf der einen Seite steht der formelle Sektor der industriellen Erwerbswirtschaft, dessen Wachstum aber gegenüber heute stark begrenzt und in qualitative Bahnen gelenkt wird. In diesem Sektor sollen möglichst viele Menschen mit stark reduzierter Arbeitszeit an der Erstellung von gesellschaftlich nützlichen und benötigten Gütern arbeiten. Dem geldwirtschaftlichen Expansionszwang, der fortwährenden Ausweitung der Produktion und dem Trend zur totalen Vermarktung und Ökonomisierung wird Einhalt geboten. An ihre Stelle tritt ein qualitatives Wirtschaften mit zum Teil neuen oder neu gewichteten Arbeitsfeldern, wie zum Beispiel der Einsatz zugunsten der Sanierung der Städte und ihrer Agglomerationen, der Ausbau spezifischer Dienstleistungen wie etwa die Gesundheitsaufklärung, die ambulante Krankenpflege, die Berufsausbildung, die Verstärkung der freizeitbezogenen Arbeit auf sozialem, kulturellem und erzieherischem Gebiet. – Auf der anderen Seite befindet sich der informelle Sektor der Haus- oder Eigenwirtschaft. Hier geht es darum, die Eigenarbeit und die Selbsthilfe in alten und neuen Gemeinschaftsformen zu beleben und aufzuwerten, zum Beispiel auch durch Bereitstellung von Gelände und Gebäuden, Werkstattausrüstungen und entsprechenden Ausbildungsangeboten. Es sollen möglichst viele Lebenstätigkeiten, die mit der fortschreitenden industriellen Entwicklung »außer Haus« verlegt wurden, ganz oder teilweise wieder »heimgeholt« werden. Sei es in Form moderner »Heimarbeit« (die sich z. B. auch elektronischer Informations- und Kommunikationssysteme und teilautomatischer Werkzeuge bedient), oder als Eigenwirtschaft und Selbsthilfe privater Haushalte und lokaler Gemeinschaften – und zwar vom Gemüseanpflanzen und von Handwerksarbeiten bis zur medizinischen Selbsthilfe, der Pflege und Betreuung von Kranken und Alten, der Erziehung und Ausbildung, der nachbarschaftlichen Beratung in allen möglichen Lebensfragen und so weiter.[217] Sicher wäre diese duale Wirtschaft für den einzelnen mit einer gewissen materiellen Einbuße verbunden. Das Weniger an Arbeit und Lohn aus dem formellen Sektor ließe sich aber mit dem Mehr an Eigenleistung sicher teilweise kompensieren. Und die Einbuße würde wohl auch durch den Zugewinn an Lebensqualität, Lebenszufriedenheit und Lebenssinn, und auch durch die individuelle Freiheit und die soziale Verantwortlichkeit mehr als wettgemacht. Insgesamt würde der Mensch wohl eher wieder mehr arbeiten, aber vor allem im Sinne der individuellen Tätigkeit, die nicht Freiheit von der Arbeit, sondern Freiheit in der Arbeit meint.[218] Die kleineren wirtschaftlichen und sozialen Netze wären schließlich auch eine günstige Voraussetzung, um die Explosion der staatlichen Auf- und Ausgaben wieder in den Griff zu bekommen. Die duale Alternative ist die menschliche Wirtschafts- und Lebensform für übermorgen.

Die Wiederherstellung der Wohnlichkeit

Wohnlichkeit ist nicht etwas Objektives, etwas Meßbares, das sich in Quadratmetergrößen von Zimmern, Grünfläche-Anteilen oder in der Anzahl von Sport- und Freizeitanlagen ausdrükken läßt. Sie ist vielmehr etwas subjektiv Empfundenes. Wohnlich ist eine Stadt, ein Quartier, eine Straße, ein Haus, eine

Wohnung dann, wenn es Möglichkeiten gibt, sich selbst zu entfalten, Mitmenschen zu begegnen, eigene Vorstellungen zu verwirklichen und eigene Ausdrucksfähigkeiten in die Wohnumgebung einfließen zu lassen.[219] Erreicht ist die Wohnlichkeit vor allem dann, wenn die Bewohner selbst etwas dazu beitragen, selber etwas verändern können; wenn Spielraum da ist. Wohnlichkeit kann nur durch die Menschen selbst entstehen.[220]

Die Wohnlichkeit früherer Zeiten läßt sich in unseren Städten nicht mehr wiederherstellen. Ebensowenig wie man die Zivilisation rückgängig machen kann. Die Wiedergutmachung der begangenen städtebaulichen Sünden im großen Stil ist nicht möglich. Aber in harter Kleinarbeit kann es gelingen, den Trend zu einer weiteren Verödung der Städte und Wohnquartiere zu stoppen und einen Teil des verlorengegangenen Lebensraumes zurückzuerobern. Diese Gegenbewegung hat in den letzten Jahren in vielen Städten eingesetzt. Sie hat nichts mit einer modischen Nostalgiewelle zu tun, sondern mit dem Bedürfnis des Menschen nach ganzheitlicher Lebensgestaltung. Es ist eine Reaktion auf die Entfremdung. Immer mehr Bewohner ergreifen selber die Initiative, damit es wohnlicher wird zu Hause und in der Nachbarschaft. Die Zahl der Anwohnergruppen, Stadtteilvereine, Aktionskomitees nimmt schnell zu. Ein neues Stadtteilbewußtsein ist im Entstehen. Auch die Stadtverwaltungen, Planer und Architekten beginnen umzudenken.[221] Verkehrsberuhigung, Durchmischung, strukturierte Überbauungen, so hören sich im Fachjargon einige der neuen Parolen an. Mit solchen Ordnungsprinzipien werden zwar bessere Voraussetzungen für mehr Wohnlichkeit geschaffen – und das ist bitter nötig. Aber wohnlich wird es erst, wenn die Bewohner selbst mitmachen. Und dafür stehen tausend Möglichkeiten offen. Vieles ist schon praktisch getestet worden und hat sich als machbar erwiesen. Jeder kann es in die Hand nehmen. Wer wissen möchte, wie es anzustellen ist, dem stehen mittlerweile schon eine ganze Reihe von gut gemachten Anleitungen, Erfahrungsberichten und sonstigen Publikationen zur Verfügung. Gute Beispiele unter vielen anderen: Das ›Handbuch für Quartier-Verbesserer‹ (Zürich 1980).[222] Die Vorschläge ›Freiräume – Toleranzräume‹ der Zürcher Arbeitsgruppe für Städtebau (Zürich 1981).[223] Das Handbuch ›Freizeit in Luzern‹ (Luzern 1981).[224] Diesen drei Berichten entnehme ich die meisten der folgenden Gedanken und Anregungen. Vorweg einige allgemeine Forderungen, welche die »Philosophie« illustrieren:

Die sinnliche Stadt: »Der natürliche Umgang mit den Grundelementen Wasser, Erde, Steine, Pflanzen, Holz und Feuer muß wieder erlernt werden. Wo sind die kleinen Bäche, die man stauen kann? Wo der Ort zum offenen Feuer? Wo erlebt das Kind, wie aus Holz eine kleine Hütte selbst gezimmert werden kann? ... Wo ist der natürliche, direkte Kontakt des Menschen mit dem Tier möglich? Wo ist der Kaninchenstall, der kleine Hühnerhof?«

Die unfertige Stadt: »Wir müssen wieder neue und andere Freiräume schaffen, Zonen, wo etwas stattfinden kann, das nicht zu rentieren braucht. Bereiche, die noch nicht durchorganisiert sind. ... Nischen sollten vorherrschen ... ausgesparte Räume, die unfertig sind, die Platz haben für Kreativität, für eine – begrenzte – kreative Un-Ordnung, für Aktionen der Bewohner. Höhlungen im Quartier wären auszusparen, in denen die Kinder ihre eigenen Quartiere hineinbauen könnten ...« Scherzwinkel offen lassen. Auf zuviel Perfektion verzichten. Nicht durchreglementieren.

Die lebendige Stadt: »Städtisches Leben bedeutet Dichte, Durchmischung, Vielfalt, Koexistenz und nicht Separierung, Trennung. Jede Beschränkung der Vielfalt von Lebensmöglichkeiten fördert das einseitige Überhandnehmen einer einzigen Funktion. ... Wir fordern eine Abkehr von der sterilen Trennung von Funktionen und werben für ein Neben- und Miteinander ...«

Die kommunikative Stadt: »Man darf nie aufhören, Kontakt zu schaffen.«

Die menschliche Stadt: »Was uns fehlt, ist die Toleranz; das Ertragen der Andersartigkeit der Mitbewohner; das Akzeptieren anders gelagerter Bedürfnisse von Kindern, von Jugendlichen, von Alten, von Müttern, von Ausländern, Arbeitern, Intellektuellen ... Wir schieben allzu oft die Verantwortlichkeit ab an Dritte, statt bei uns selber anzufangen. Eine Stadt wird nur menschlicher, wenn die Menschen es sind.«

Was kann in der Wohnung, im Haus, in der Nachbarschaft getan werden? Zum Beispiel:

- Dem Wohnungsmieter größere Freiheit gewähren und ihn zur Mitverantwortung heranziehen. Ihm mehr Gelegenheit geben, seinen Lebensbereich selbst zu gestalten. Möglichkeit einer beschränkten Selbstverwaltung durch die Mieter fördern.
- Zusammen wohnen: Dem Hauswart weniger, der Bewohner-

Gemeinschaft mehr Verantwortung übertragen. Mieterversammlungen. Diskussionen von gemeinsamen Wohnproblemen. Gemeinsames Aufstellen der Hausordnung, Aufgaben teilen. Wohnbau-Genossenschaften und Wohn-Gemeinschaften fördern.

– Renovieren statt demolieren. Grundsätzlich sollten möglichst alle Gebäude erhalten, also nicht abgerissen werden. Sanft renovieren, das heißt laufend das Nötigste ausführen und verbessern. Keine Luxusrenovierungen. Eigeninitiative und Arbeitsleistungen der Bewohner bei Planung und Ausführung der Renovierungen fördern.
– Zweckentfremdeten Wohnraum – vor allem Büros – wieder der Wohnnutzung zuführen.
– Nutzungsdurchmischung (Wohnen, Arbeiten, Spielen, Erholen) und soziale Durchmischung (Ältere und Jüngere, Familien und Alleinstehende und so weiter) anstreben.
– Anteile von Freiraum, Grünflächen und Kinderspielplätzen pro Wohneinheit vergrößern.
– In neuen Wohnblöcken und -siedlungen Gemeinschaftsraum für Bewohner, Werkraum oder Hobby-Keller, Kinderspielzimmer einplanen.
– Farbige und originelle Fassaden – von den Bewohnern selber gestaltet – auch an Mietshäusern zulassen.
– Das Wohnungseigentum auf breiter Basis fördern.
– Für geschlossene und strukturierte Wohnsiedlungen anstelle der Einfamilienhaus-Weiden eintreten.

Verschiedene dieser Forderungen richten sich vor allem auch an die Liegenschaftspolitik der öffentlichen Hand. Aber es gibt auch einsichtige private Eigentümer, Vermieter, Bauherren oder Architekten, auch initiative Mieter, die einiges erreichen können.

Was kann im Stadtviertel getan werden? Zum Beispiel:

– Spielräume für Kinder schaffen anstelle der vorkonfektionierten Kinderspiel»plätze« mit Betonröhren, Sandkasten und Rutschbahn, zum Beispiel Flächen zwischen den Häusern, auf denen Fußball gespielt werden darf, wo man Hütten und Höhlen bauen kann.
– Kleingärten einrichten: Große ungenutzte Rasenflächen können abgezäunt und in Kleingartenparzellen aufgeteilt werden. Interessierte Mieter haben die Möglichkeit, einen Kleingarten zu pachten und Gemüse und Blumen anzupflanzen.
– Naturgärten anstelle von Abwartgrün. Anstatt überall Rasen

anzusäen, einige Freiflächen belassen, auf denen man der Natur die Chance gibt, sich wild zu entwickeln.

- Schrebergärten im Stadtviertel und auch im weiteren Stadtbereich erhalten und erweitern. Auf gleichschalterische Gestaltungsvorschriften für die Gartenhäuschen verzichten.
- Die asphaltierten Vorgärten wieder grün machen.
- Hinterhöfe sanieren, beleben und in Treffpunkte verwandeln.
- Straßenraum dem Menschen zurückgeben: »Wohn(liche)-Straßen sind Schneckentempo-Straßen, ruhige Straßen, Straßen, auf denen alles mögliche möglich ist, Straßen für die Anwohner.«
- Plätze für alle. Die Plätze sollen für jedermann vielfältig benutzbar sein. Hindernisse und Verbote abbauen, welche die Verfügbarkeit einschränken. Vielseitiges Geschehen und sich überlagernde Nutzungen: Märkte, Straßencafés, Theater, Konzerte, Wandzeitungen, »Hyde Park Corners«.
- Stadtteilkneipen als schützenswerte Objekte behandeln.
- Schulhäuser für die Öffentlichkeit öffnen, für sportliche oder kulturelle Anlässe, fürs Hobby-Kochen, Werken usw.
- Stadtteil- und Jugendtreffs aufbauen: jedem Stadtteil sein Jugendtreff.
- Stadtteilvereine bilden und die Stadtteilanimation organisieren.

Was kann im weiteren Stadtbereich und was muß im Verkehrsbereich getan werden? Zum Beispiel:

- Sport- und Freizeitanlagen – wo immer möglich – dezentralisieren und für alle zugänglich machen. Der Ghettoisierung von Sport- und Kulturstätten, der einseitigen Nutzung von Anlagen und den überdimensionierten Großzentren muß der Kampf angesagt werden.
- Die großen, oft als elitär bezeichneten Kultureinrichtungen und Veranstaltungen, vor allem das Theater, die Museen und die Konzerte »popularisieren« und in die Stadtteile hinaustragen.
- Den privaten Automobilverkehr einschränken und den öffentlichen Verkehr fördern, was Hand in Hand zu gehen hat. Zur Hemmung des Individualverkehrs kommen vor allem in Frage: Verkehrsberuhigung durch Geschwindigkeitsbeschränkungen, autofreie Zonen, Fußgängerzonen, Fahrverbote mit Zubringerdienst, bevorzugte Behandlung der Anwohner auch fürs Parken, restriktivere Parkplatzpolitik, Ver-

kleinerung und stärkere Bewirtschaftung des Parkraums, Ausbau des Park-and-Ride-Systems, höhere finanzielle Belastung in Form von Steuern oder baupolizeilicher Auflagen wie Erstellung unterirdischer Parkplätze und dergleichen. Bei der Förderung des öffentlichen Verkehrs ist zu denken an: attraktive Ausgestaltung der Verkehrsmittel, Ausweitung des Verkehrsnetzes im Stadt- und Agglomerationsverkehr, Verbesserung der Fahrplangestaltung und tarifliche Maßnahmen bis hin zum Nulltarif. Nicht zu vergessen: die Förderung des Fahrradverkehrs durch die Anlage spezieller Wege. Analoge verkehrspolitische Anliegen gelten auch für den Erholungsverkehr in die nähere oder weitere Umgebung und für die Lösung des Verkehrsproblems in den Ferienorten, das jenem der Städte sehr ähnlich ist.

Ansätze für eine wohnlichere Stadt gibt es viele. Wenn auf allen diesen Ebenen etwas geschieht, ist es nicht unrealistisch, an die allmähliche Schaffung neuer Wohnqualitäten zu glauben. Der Wertewandel begünstigt diese Entwicklung: Wo die Freizeit mehr und mehr in die Lebensmitte rückt, steigt das Interesse am Zuhause. Wenn dann weiter die arbeitsfreien Stunden anwachsen, und es gar zur Aufwertung der Hauswirtschaft kommen sollte, ist man schon beinahe wieder seßhaft und hat jedenfalls eine nochmals engere Beziehung zum Daheim. Also wird die Zahl der Stadt- und Stadtteilverbesserer morgen wesentlich größer als heute sein: Es wird mehr Menschen geben, die bereit sind, aus der Isolation in ihren Wohnquartieren herauszutreten, sich mit anderen zusammenzuschließen und etwas für die Wiederherstellung der Wohnlichkeit zu tun. Und es wird auch mehr Politiker, Behörden, Planer, Architekten, Bauherren, Eigentümer, Vermieter, kulturelle, kirchliche und andere Institutionen geben, die das Anliegen begriffen haben und selbst aktiv werden.

Thesen für eine Humanisierung des Reisens

Wie kommen wir vom extensiven zum intensiven Reisen,
vom Kilometerfressen zum Verweilen,
vom Abhaken im Baedeker zum Stehenbleiben und Sinnieren,
von der Hetze zur Muße,
vom aggressiv Zerstörerischen zur kreativen Kommunikation,
vom kameraumhängten Trottel zu Menschen mit dem dritten Auge?

Das scheinen mir wichtige und brennende Fragen zu sein.
Wir alle wollen doch das Sinnvolle und die Menschlichkeit.

Al Imfeld

Einen neuen, einen besseren Tourismus hervorbringen – welch utopisches Vorhaben! Wie will man diese enorme Maschinerie verändern ...? Schon am Anfang unseres Buches haben wir gesagt, welches unser allgemeines Leitbild sein soll, welchen Zustand wir für erstrebenswert halten: »Was wir im Idealfall brauchen, ist eine harmonisierte, kooperative Welt, in der jeder Teil ein Zentrum ist, das nicht auf Kosten anderer, sondern partnerschaftlich mit der Natur und in Solidarität mit zukünftigen Generationen lebt.«[225] Nachdem wir jetzt wissen, wie die Ferienmaschinerie funktioniert, wird noch viel klarer, wie genau diese Formulierung den Kern der Sache trifft. Mit Humanisierung meinen wir alle Maßnahmen, die uns diesem Zustand näherbringen, sei es im Bereich des Reisens oder anderswo.

Bevor wir an die Formulierung von Gedanken und Vorschlägen für ein besseres Reisen und eine wünschbare Zukunft herangehen, wollen wir etwas noch einmal ganz deutlich aussprechen: Ein neues touristisches Bewußtsein führt in der realen Welt zu wenig oder zu gar nichts, wenn es nicht eingebettet wird in eine neue Art von eigener Lebensführung,[226] die über das Reisen hinaus alle Lebensbereiche umfaßt. Was wir in erster Linie brauchen, sind nicht andere Reisen, sondern veränderte Menschen. Erst eine andere Gesellschaft und andere Lebensverhältnisse im Alltag werden einen anderen Touristen hervorbringen. Eine kranke Gesellschaft kann keine gesunden Touristen produzieren. Der Alltag muß sich verändern, wenn sich das Reisen verändern soll. Deshalb ist es zwecklos, dem Phantom eines »eigentlich richtigen« Reisens nachzujagen, auf das hin alle Menschen zu erziehen seien.[227] Es gilt vielmehr, den Lebenszusammenhang von Arbeit, Wohnen, Freizeit und Reisen zu beachten. Der Mensch ist als ein unteilbares soziales Wesen zu begreifen.[228] Nicht als eines, das fein säuberlich parzelliert werden kann in den Arbeitsmenschen, den Feierabendmenschen, den Wochenendmenschen und den Ferienmenschen. Sein Grundbedürfnis ist das nach ganzheitlicher Selbstverwirklichung und durchgehender Lebenssinngebung. Auch in den Ferien kann man sich selbst nicht entkommen. Wir haben es ausführlich beschrieben: Die Alltagsverhältnisse prägen den reisenden Menschen, so wie andererseits auch die Ferienerlebnisse Rückstrahlungen auf den Alltag haben können. Müssen wir also auf einen besseren Tourismus warten, bis die Gesellschaft, die ihn hervorbringt, selbst besser geworden ist? Oder sollten wir nicht trotz allem versuchen, in der Reisewelt zu beginnen und hier einiges zu verbessern? Vielleicht ergeben sich daraus sogar Impulse für ein insgesamt besseres Leben. Und ein Beschreiten dieses Weges könnte weiterhelfen in Richtung auf eine humanere Gesellschaft. Eine Chance, die wahrgenommen werden muß.

Ich habe meine Vorstellungen für eine Humanisierung des Reisens in Form von Thesen dargestellt. Sie sind eher als ergänzungsbedürftiger Entwurf, als Skizze einer Haltung und eines möglichen Weges zu verstehen, denn als systematisches Pflichtenheft. Ein wissenschaftlicher Anspruch wird damit nicht erhoben. Die Vorschläge sind Ausdruck meiner persönlichen Überzeugung oder Hoffnung. Ihre Aufteilung in 23 Thesen ist willkürlich und soll der besseren Übersichtlichkeit dienen. Ebenso die eingezogenen Sammeltitel und die Hervorhebungen in Kursivschrift. Bei kombiniertem Maßnahmeneinsatz wäre die Gesamtwirkung am größten. Aber man kann überall beginnen ... Wichtig ist, daß Anfänge gemacht werden. Wo auch immer.

These 1: Für einen sanften und menschlichen Tourismus eintreten – Oberste Ziele neu gewichten

Ich gehöre nicht zu jenen, die den Tourismus seiner negativen Auswirkungen wegen drastisch einschränken oder am liebsten überhaupt abschaffen möchten, doch habe ich einiges Verständnis für solche Reaktionen. Tourismus kann manchmal wirklich verheerend, unmenschlich und selbstzerstörerisch sein. Ich gestehe freimütig ein, daß auch für mich als Wissenschaftler die Versuchung oft groß ist, meine Aufgabe eher in der Tourismusverhinderung als in der Tourismusverbesserung und -förderung zu sehen. Oft plagt auch mich das Unbehagen über das, was der Tourismus weltweit anrichtet, und die Enttäuschung, daß sich daran in den vergangenen Jahren trotz vieler guter Vorschläge eigentlich kaum etwas verbessert hat. Aber es ist einfach nicht wahr, daß die einzige Alternative zum heutigen Tourismus kein Tourismus ist. Es gibt andere Möglichkeiten. Weil der Tourismus für viele Menschen – für Reisende und Bereiste – lebenswichtig ist, gilt es, ein positives Ziel zu verfolgen und für das Reisen einzutreten. Aber das kann man mit gutem Gewissen nur tun, wenn der Tourismus anders, wenn er besser wird. Unsere Analyse hat es deutlich genug gezeigt: So wie bisher kann es einfach nicht weitergehen. Alle, die als Touristen leben und die vom Tourismus leben, müssen dies einsehen und eine neue Hierarchie der Werte akzeptieren. *Es geht darum, Formen des Tourismus zu entwickeln und zu fördern, die einen möglichst hohen Nutzen für alle Beteiligten bringen, – den Reisenden, den Bereisten, den Tourismusunternehmungen –, ohne mit untragbaren Nachteilen vor allem ökologischer und gesellschaftlicher Art verbunden zu sein.* Und wie gesagt: Wir haben bisher solche Formen weder gesucht noch gefunden, geschweige denn verwirklicht.

Etwas anders ausgedrückt muß die *oberste Zielsetzung einer human- und umweltorientierten Tourismuspolitik* wie folgt lauten:

Gewährleistung einer optimalen Befriedigung der vielfältigen touristischen Bedürfnisse für Menschen aller Volksschichten im Rahmen leistungsfähiger Einrichtungen und in einer intakten

Umwelt unter Berücksichtigung der Interessen der ortsansässigen Bevölkerung.[229]

Das heißt: Die Tourismuspolitik wird nicht länger allein nach wirtschaftlichen und technischen Zweckmäßigkeiten ausgerichtet, sondern daneben stellt sich die Forderung nach einer intakten Umwelt und nach Beachtung der Bedürfnisse aller beteiligten Menschen. Ein Tourismus, der diese Bedingungen erfüllt, ist für mich »sanfter Tourismus« oder »angepaßter Tourismus« (angelehnt an die Argumentation zugunsten einer angepaßten Technologie), im Gegensatz zu jenem »harten Tourismus«, der ausschließlich wirtschaftlichen und technischen Zwängen gehorcht. Niemand wird bestreiten, daß bisher das harte Reisen überwogen hat, überall und ohne Unterschied.

Voraussetzung für eine Umstellung vom harten auf den sanften Tourismus ist ein klares Bekenntnis zu neuen Prioritäten: Im Mittelpunkt sollen die Menschen stehen. Tourismus wird nur dann Zukunft haben, wenn er eine Entwicklung zu mehr Menschlichkeit einschließt; gemeint ist die einfache Erkenntnis, daß der Tourismus für den Menschen geschaffen ist und nicht der Mensch für den Tourismus.[230] Zweck jeder Entwicklung, auch der touristischen, sollte es sein, nicht Dinge, sondern den Menschen zu entwickeln – die menschliche Entfaltung als primäres Ziel, die Rückbesinnung auf den Menschen, auf humane Tugenden, soziale Fähigkeiten und moralische Lebenseinstellungen.[231] Nicht ein »idealer Übermensch«, aber ein »neuer« Mensch, wobei das Neue auch aus alten Werten geschöpft werden kann. Es geht also darum, den Tourismus den Menschen zurückzugeben und ihn so menschlicher zu machen.

Neu sind solche Forderungen nicht. Sie werden, wenn vielleicht auch nicht so eindeutig, seit mehreren Jahren schon vor allem von Wissenschaftlern erhoben. Aber die »Macher« haben sie bisher nicht übernommen. So sehen sich seit geraumer Zeit die Empfehlungen, Resolutionen, Postulate und Forderungskataloge vieler Institutionen und Autoren für eine Neuorientierung der Tourismuspolitik sehr ähnlich. Man ist sich weitgehend einig. Nur marschiert eben die Politik nicht mit. Die »Denker«, die in ihren Stuben hocken, sind politische Leichtgewichtler. Ihre Empfehlungen bleiben so lange politisch blutarme Theorien, als nicht von der Basis her Druck auf die Politik ausgeübt wird. Die Basis, das sind hier die Reisenden und dort die Bereisten. Erst wenn sie nicht mehr mitmachen, wenn sie sich nicht mehr alles gefallen lassen, erst dann wird sich auch die praktische Politik, die Realität ändern. Gesucht werden also widerspenstige Touristen und widerspenstige Einheimische. Hier zeichnen sich nun doch Entwicklungen ab, die mehr sind als ein bloßer Hoffnungsschimmer. Wir haben sie schon ausführlich kommentiert. Da ist der allgemeine Wertewandel hin zu mehr Leben und Menschsein im Alltag. Er stellt auch für die Humanisierung des Reisens eine günstige Voraussetzung dar. Auf diesem Hintergrund wird der Prozeß der Emanzipierung des Touristen weitere Fortschritte machen: weniger fremdgesteuerte, dafür mehr informierte, kritische und mündige Touristen, die mitdenken, mitsprechen, mitmachen, mitfühlen und miterleben. Und schließlich ist der Gesinnungswandel bei der Bevölkerung in den Zielgebieten des Reisens eine wichtige neue Kraft. Hier werden die Probleme, die der Tourismus mitbringt, zunehmend erkannt. Ein wachsendes Selbstbewußtsein und ein erstarkter Wille nach selbstbestimmter Entwicklung manifestieren sich.

Das sind die Gründe, die mich bei allem Realismus glauben lassen, daß in den kommenden Jahren erstmals eine echte Chance für eine wirkliche Veränderung der Tourismuspolitik besteht. Die Gesprächslage ist offen, das Problembewußtsein hoch, so hoch wie selten zuvor. Und so gilt es, heute mehr denn je zu fordern, daß Tourismuspolitik vor allem eine menschenorientierte Politik sein muß. Versucht sie das nicht und bleibt sie fixiert auf wachstumspolitische Ziele und die Belange der Fremdenverkehrsindustrie, wird sie früher oder später mit Formen eines »Aufstands der Touristen« wie eines »Aufstands der Bereisten« – gegen die Touristen – konfrontiert sein.[232]

These 2: Schritte in der richtigen Richtung tun – Nicht auf die große Veränderung warten

Die Möglichkeit der Wende zu einem besseren Tourismus zeichnet sich ab. Ob der Durchbruch gelingt, bleibt jedoch weiterhin ungewiß. *Wichtig ist, möglichst viele der betroffenen Menschen wirklich betroffen zu machen und ihnen zu einem neuen kritischen Bewußtsein zu verhelfen.* Erst dann werden sie vielleicht auch ihr Verhalten ändern. Der schwerste, aber letztlich alles entscheidende Schritt.

Wir wollen auf diesem Weg vorankommen. Deshalb soll hier

nicht das Bild einer idealen, aber unerreichbaren (Reise-)Gesellschaft entworfen werden. Es wird sie nie geben können. Zu vieles steht dagegen. Das alles beherrschende Geschäft-ist-Geschäft-Prinzip zum Beispiel oder das unüberwindbare Nord-Süd-Gefälle. Wir brauchen nicht nur langfristige Zielsetzungen, die erst in einer fernen Zukunft zu erreichen sein werden. Da bliebe nur das große Hoffen und Warten darauf, daß die Welt sich verändern möge. Aber die Zukunft wird das sein, was wir aus ihr machen, und nicht das, worauf wir warten. Deshalb benötigen wir auch kurzfristig gesteckte Ziele. Es geht um Dinge, die wir hier und jetzt anpacken können, um damit gewissermaßen ein Stück Zukunft im Kleinen vorwegzunehmen. So können und wollen denn unsere Vorschläge für eine Humanisierung des Reisens nicht vollständig sein. *Sie sollen vielmehr die Richtung erkennbar machen, in die wir uns bewegen sollten.* Sicher gibt es viele andere denkbare Wege. Was zählt, ist nicht so sehr, wo man durchgeht, sondern in welche Richtung man geht. Wir wollen das System Reisen verändern. Aber gerade, weil wir das wollen, müssen wir das Machbare im Auge behalten – also nicht Demontage des Systems, sondern seine Veränderung in kleinen Schritten. *Durch kleine Schritte in der richtigen Richtung Fakten schaffen und gleichzeitig Bewußtseinswandel vorantreiben, um dann mit Hilfe des veränderten Bewußtseins den nächsten kleinen Schritt tun zu können.*[233] Die sanfte Revolution.

Die bekannte Frage, ob wir zuerst versuchen sollen, die Gesellschaft oder uns selbst zu verändern, gleicht dem Dilemma vom Huhn und vom Ei. Wir müssen beides zugleich – eine Doppelstrategie also – verfolgen. Geschieht das eine ohne das andere, verliert es an Wirkung und ist auf die Dauer zum Scheitern verurteilt. Wo Bewußtsein und Bereitschaft der einzelnen Menschen fehlen, nützen auch neue Gesetze nichts. Und umgekehrt entfalten Veränderungen im individuellen Bereich erst dann ihre volle Wirkung, wenn sie mit neuen gesellschaftlichen Regeln gekoppelt sind, an die sich auch die anderen zu halten haben. *Mit der Veränderung kann und muß also überall begonnen werden. Es brauchen nicht immer spektakuläre Reformen zu sein. Gerade auch im Hinblick auf eine Verbesserung des Reisens ist die »kleine persönliche Revolution« ebenso bedeutungsvoll.* Schließlich kommt es auf jeden einzelnen Touristen an, ob er mit seinen Reisen menschliche Werte aufbaut oder zerstört. So gesehen, hat auch der kleinste Schritt in die richtige

Richtung in sich einen Wert. Es ist entscheidend, daß der einzelne selbst aktiv wird und Eigeninitiative entwickelt, ohne auf die andern zu warten; daß er zunächst versucht, im Kleinen etwas anzufangen. *Global denken – lokal handeln.* Die Folgen des eigenen Tuns im größeren Zusammenhang sehen.[234] Es auch deshalb einmal anders probieren. Es kann bei einfachen Dingen, nicht weit vor der eigenen Haustür beginnen. Das Abenteuer gleich um die Ecke! Einmal schauen, wie es ist, wenn man ein paar seiner Verhaltensweisen im Alltag oder auf Reisen verändert. Nur wenn wir es selbst probieren, nur durch Selbsterfahrung, finden wir heraus, ob etwas Neues und anderes für uns nicht doch vielleicht besser als das Bisherige ist. *Das Neue muß dem einzelnen, der mitmacht, etwas bringen, nicht etwas wegnehmen.* Nicht das reduzierte, sondern das erfülltere, das freud- und gemütvollere (Er-)Leben. Dafür müssen möglichst anstekkende Formen gefunden werden. Gebots- und Verbotstafeln genügen nicht. Nicht das schlechte Gewissen, nur die positiven eigenen Erfahrungen, nicht das Gefühl der Pflicht, sondern das Gefühl der Verantwortung helfen weiter.

These 3: Den Freiheitsbegriff in der Freizeit- und Tourismuspolitik richtig interpretieren

Die Ferien sind für viele ein letzter Hort der Freiheit. *Die Tourismuspolitik soll soweit wie immer möglich auf dem Prinzip der Freiwilligkeit und Zwangslosigkeit beruhen und freiheitliche Selbstbestimmung für alle beteiligten Menschen gewährleisten.* Tourismuspolitik ist zu einem guten Teil Freizeitpolitik. Wenn wir die im Freizeitbegriff so zentrale »freie Zeit« realisieren wollen, setzt dies die Abwehr aller Versuche voraus, diese Zeit aus kommerziellen oder sonstigen Gründen wieder in Beschlag zu nehmen.[235] Anleitung zur Kultivierung des Reisens darf nicht zur Verplanung und Reglementierung, Animation nicht zur Manipulation werden. Die Freiheit muß erlebbar bleiben. Freizeitpolitik darf unter keinen Umständen bedeuten, den anderen zu einer nur subtileren Form der Fremdbestimmung in der Freizeit zu erziehen.[236] Freizeit und Reisen ausschließlich als Privatsache, als totaler, uneingeschränkter und verhaltensbeliebiger Freiraum? Das sicher auch wieder nicht. Weil der Freiraum des einen an den Freiraum des andern stößt, weil die

Kosten und Nutzen des Reisens ungleich verteilt sind, weil es auch hier Bevorzugte und Benachteiligte und es neben den kurzfristigen Interessen des einzelnen ein langfristiges Gesamtinteresse der Gesellschaft gibt, ist das Aufstellen von Spielregeln unerläßlich. Die Summe der Einzelinteressen hat noch niemals das Gesamtinteresse ausgemacht. Auch im Tourismus hat man kaum je das freiwillig getan, was schließlich dann doch als im gesamten Interesse liegend anerkannt wurde.[237] Der freie Markt ist auch hier nicht besser als anderswo: Er löst weder die Probleme der Wachstumsgrenzen, des Raubbaus, der Umweltzerstörung und der Ausbeutung der Schwachen, noch verändert er das weltweite Ärgernis, daß die einen hungern, während die anderen prassen, noch nimmt er Rücksicht auf die Interessen künftiger Generationen.[238] An eine Selbstregulierung zu glauben, wäre ebenso naiv wie gefährlich. Ordnungspolitik ist also auch hier notwendig. Ohne das Setzen von Rahmenbedingungen vor allem durch den Staat müßte die Freiheit der Freizeit und des Reisens zur Anarchie und zum Chaos geraten. *Freizeit- und Tourismuspolitik ja! Aber nicht, um ideologische Vorstellungen von Gesellschaft und ihrer Veränderung in den relativ herrschaftsfreien Raum der Freizeit hineinzutragen.*[239] *Sondern um zu verhindern, daß ungezügelte Selbstentfaltung zur Beeinträchtigung des Lebens anderer und zur Ausbeutung der Umwelt führt. Das Markieren von Grenzen und das Formulieren einiger Bedingungen, damit sich auch in der Freizeit und beim Reisen mehr Mitmenschlichkeit insgesamt entwickeln kann.* Mehr Gemeinschaft statt Vereinzelung, mehr Solidarität statt Eigennutz, mehr Zusammenarbeit statt Konkurrenz. Per Saldo nicht weniger, sondern mehr Freiräume. Freiräume für alle. Für uns. Für jene, die wir besuchen. Für unsere Nachkommen. Das ist die Freiheit, die ich meine.

These 4: Den Massencharakter des Reisens und die eigene Touristenrolle akzeptieren

Bei allen Ideen für eine Humanisierung des Reisens ist eine wichtige Gegebenheit zu beachten, die viele Tourismuskritiker und -reformer oft verächtlich übergehen: die legitimen einfachen Wünsche der Normaltouristen. Auf sie ist vor allem Rücksicht zu nehmen und nicht auf die Bedürfnisse einer kleinen

Elite. Sehr viele Touristen wollen und müssen sich einfach erholen, weil sie abgeschlafft sind. Sie wollen auch ausspannen, dem bedrückenden Alltag zeitweilig entkommen und eine Art Gegenwelt erleben. So erscheint zum Beispiel das passive Genießen eines relativ luxuriösen Lebens in den ghettoartigen Hotels und die Weigerung, sich mit politischen und sozialen Problemen zu beschäftigen, durchaus als gesellschaftlich legitimierte und für den einzelnen sinnvolle Verhaltensform.[240] Unter den heutigen Lebensumständen liegt doch für viele das Sinnvolle und der Reiz des Urlaubs gerade darin, eine Weile nichts Sinnvolles tun zu müssen. Urlaub als »Un-Sinn«.[241] Keine missionarischen Vorschläge also für ein »sinnvolleres« Reisen der Massen ohne Berücksichtigung dieser elementaren Gegebenheiten. Die große Zahl der Normaltouristen darf aber deshalb als Zielgruppe für Verbesserungsmaßnahmen nicht ausgeschlossen werden. Im Gegenteil: *Nur wenn es gelingt, den Tourismus als Massenphänomen zu bewältigen und in diesem Massendasein Positionen der Individualisierung und Humanisierung zu entwickeln, ist ein entscheidender Schritt getan.* Gewisse Möglichkeiten eines besseren Reisens werden allerdings vorerst auf kritische Minderheiten ausgerichtet sein – auf jene relativ wenigen zum Beispiel, die sich den »Streß des bewußten Reisens«[242] aufladen wollen. Solche Minderheiten können aber heute wie zu allen Zeiten entscheidende Katalysatoren auch des qualitativen Umschwungs und der Weiterentwicklung auf Massenbasis sein.[243]

Viele von uns – Reisende und Tourismusträger – haben zum Reisen als Massenerscheinung und zur eigenen Touristenrolle ein gestörtes, ja ein geradezu gequältes Verhältnis. Etwas am Reisen verbessern wollen, setzt zwei Einsichten voraus. Hans Werner Prahl und Albrecht Steinecke haben sie in ihrem beachtenswerten Buch ›Der Millionen-Urlaub‹ einprägsam formuliert. Die eine: *Wir müssen den Massencharakter des Tourismus endlich akzeptieren.* Die Widersprüche im Massentourismus können nur dadurch aufgehoben werden, daß wir ihn – auf einer anderen praktischen und bewußtseinsmäßigen Ebene – praktizieren, nicht dadurch, daß wir versuchen, ihm zu entgehen.[244] Stop also dem Wettlauf, der im Dienste eines vorgeblichen »Individual-Tourismus« und des vermeintlichen Zwanges, immer »originell« sein zu müssen, stets neue Ziele anpeilt, Destinationen entdeckt, Aktivitäten austüftelt, Ferienformen erfindet und Sonderbarkeiten anbietet.

Eng mit dieser ersten hängt auch die zweite Einsicht zusammen: *Die realistische Selbsteinschätzung als Tourist.*[245] *Sie ist schlechthin Grundvoraussetzung für ein bewußteres Reiseverhalten.* Auch wenn wir uns noch so dagegen sträuben, wenn wir vor anderen Touristen davonlaufen, wenn wir uns am liebsten verkleiden möchten, um nicht als Tourist erkannt zu werden, auch wenn wir uns einbilden, mehr Einheimischer als Tourist zu sein ... wir sind und bleiben Touristen. Und nicht a priori bessere Touristen als all die anderen. Wenn wir uns zu diesem Bewußtsein durchringen können und uns als Touristen selbst ansichtig werden, legen wir den Grundstein für mehr Offenheit, Toleranz, Bescheidenheit und Kommunikationsbereitschaft beim Reisen.

These 5: Die Reiseströme entzerren und besser verteilen

Viele – aber längst nicht alle – Probleme, die das moderne Reisen aufgibt, sind auf zwei altbekannte Erscheinungen zurückzuführen: auf die ungeheure zeitliche Konzentration des Ferienmachens und des Wegfahrens auf einige wenige Wochen und Weekends, gepaart mit einer ausgeprägten örtlichen Ballung des Reiseverkehrs. Jedermann aus dem gleichen Grund zur gleichen Zeit am gleichen Ort. Die Flucht aus der Masse in die Masse. Die zeitliche und räumliche Konzentration des Tourismus sind verantwortlich dafür, daß die Reisemasse mehr und mehr über das »menschliche Maß« hinausgeht und demzufolge von den Reisenden und Bereisten als Belastung und Bedrohung empfunden wird. Ganz abgesehen von der übermäßigen Nutzung der Erholungslandschaften, die auch zu einem guten Teil davon herrührt.

Das Reisen der Millionen wird sich nie in kleinste Einheiten aufteilen und individualisieren lassen. Und allein bleiben wollen die reisenden Menschen ja auch wieder nicht. Die Massenhaftigkeit wird bleiben. Aber es muß darum gehen, ihre Größe, ihren Umfang zu kontrollieren und abzubauen. Die Frage nach der richtigen Menge ist auch für die Planung des Tourismus in den Zielgebieten ohne Zweifel eine der zentralen Problemstellungen. Die Erkenntnis von Paracelsus gilt auch hier: Wohl dosiert kann der Tourismus Medizin sein, ebenso wie zuviel davon Gift bedeutet. Solange jedoch die Touristenmassen wie

Lawinen anfallen, sind diese Fragen nach den psychologischen und ökologischen Belastungsgrenzen weit in den Hintergrund gedrängt. Die Erholungsgebiete und die dort wohnenden Menschen werden einfach überrannt, und »Lawinenverbauungen«, sofern sie überhaupt bestehen, eingerissen. Deshalb:

- *Die Bestrebungen zu einer Entzerrung der Reiseperioden, zu einer Staffelung der Schul- und Betriebsferientermine und zu einer breit angelegten diesbezüglichen Information sind auf allen Ebenen zu intensivieren und gegenseitig aufeinander abzustimmen. Dieser Frage muß in internationalen Organisationen (zum Beispiel Weltorganisation für Tourismus, OECD, Europäische Gemeinschaft) und auch in der nationalen Politik eine ganz neue Priorität gegeben werden.*
- *Die touristischen Einrichtungen in den Zielgebieten sind räumlich besser zu verteilen nach dem Grundsatz der »dezentralisierten Konzentration«. Damit auch weniger entwickelte Gebiete vom wirtschaftlichen Nutzen des Tourismus profitieren können, ist die touristische Infrastruktur auf eine größere Zahl von Schwerpunkten auszudehnen und darüber hinaus eine gezielte Förderung von Kleinprojekten vorzusehen.*

Über die Dringlichkeit der ersten Forderung nach einer Entzerrung der Reiseperioden ist man sich überall einig. Aber ebenso verbreitet ist die Resignation darüber, daß die jahrzehntelangen politischen Diskussionen zu diesem Thema zu fast nichts geführt haben. Man scheint sich damit abgefunden zu haben, daß alle zur gleichen Zeit fahren und daß nichts dagegen zu machen ist. Ein neuer Anlauf ist aber unbedingt nötig. Das Postulat gehört in die oberste Schublade, weil seine Verwirklichung die Voraussetzungen für das Wohlbefinden aller beteiligten Menschen und auch der Erholungslandschaften ganz wesentlich zu verbessern vermöchte. Sollten die Menschen morgen wirklich souveräner über ihre Arbeits- und Freizeiten bestimmen können, hätte der einzelne mehr Möglichkeiten, der Masse und den Engpässen auszuweichen. Ob er es dann auch täte, ist gar nicht einmal so sicher.

Nicht so unbestritten ist die zweite Forderung, den Tourismus zu dezentralisieren und dadurch die Maßstäbe zu verkleinern. Die Honigtopf-Theorie hat viele Anhänger: Die beste Lösung sei es, einige wenige große Honigtöpfe – lies: Ferienstädte – aufzustellen, Großanlagen, wo sich die Touristen zu Zehntausenden, ja Hunderttausenden wie nahrungsuchende Insekten ansammeln, dafür aber alle übrigen Gebiete von der

»Touristenplage« freizuhalten. Auch wenn es nicht gerade so extrem formuliert wird, ist in zahlreichen Gebieten ein zunehmender Widerstand gegenüber touristischen Entwicklungen zu beobachten, die vom ganzen Land Besitz ergreifen. Man möchte dem Tourismus bestimmte Zonen zuteilen und die übrigen Gebiete abschirmen (vgl. auch unsere These 13 zur Frage der künstlichen Urlaubszentren). Unsere Forderung nach einer vermehrten Dezentralisierung soll nicht bedeuten, daß die zu große Konzentration durch eine Zersplitterung abgelöst werden soll. Eine solche wäre im Hinblick auf ihre Folgen für Umwelt und Gesellschaft gleichermaßen bedenklich. Gemeint ist ein Mittelweg, der den Nutzen und die Kosten besser verteilt, und zwar wiederum aus der Sicht aller Beteiligten.

These 6: Die Voraussetzungen für einen fairen Tauschhandel und für partnerschaftliche Beziehungen schaffen

Wir haben es erkannt: Der Tourismus ist in erster Linie ein Geschäft in einem industrialisierten Vorgang. Je mehr die Beteiligten sich dessen bewußt sind, desto besser.[246] Es ist auch deutlich geworden, daß die Geschäftsbeziehungen zwischen Reisenden und Bereisten, zwischen den Entsende- und den Empfangsgebieten des Tourismus nicht überall korrekt sind. Die Kosten und Nutzen sind oft ungleich verteilt. Meist sitzen die Bereisten am kürzeren Hebel. *Wenn wir einen menschlicheren Tourismus wollen, müssen wir zunächst einmal sicherstellen, daß ihm eine faire ökonomische Transaktion zugrunde liegt, es keine Benachteiligten gibt und die Vor- und Nachteile für beide Seiten etwa gleich groß sind.* »Les bons comptes font les bons amis.« Frei übersetzt: Erst wenn die Kasse stimmt, kann man auch über Freundschaft sprechen. Verschiedene unserer nachstehenden Thesen zielen auf diese Verbesserung der Tauschbeziehungen hin. *Als Idealbild schwebt vor, daß die Probleme, die der Tourismus stellt, von beiden Seiten gemeinsam angepackt werden, daß Tourismuspromotoren und -investoren aus den Städten mit Vertretern der Empfangsgebiete zusammensitzen und die touristischen Entwicklungen gemeinsam planen und finanzieren, Kosten und Preise gemeinsam kalkulieren, Werbung und Verkauf gemeinsam betreiben und auch die Gewinnverteilung gemeinsam besprechen. Gesucht sind also Modelle der Zusammenar-*

beit, die auf Gegenseitigkeit, Gleichberechtigung und Solidarität beruhen. Modelle einer echten Partnerschaft im Tourismus, bei der nicht nur ein Partner tätig ist.

Beispiele solcher Kooperation gibt es meines Wissens erst sehr wenige. Pierre Lainé hat in Frankreich und Senegal vier Ferienorte lanciert, die nach den Regeln einer »harmonisierten Entwicklung« geplant wurden.[247] Die hinter diesem Konzept stehenden Leitgedanken werden später dargestellt. In der weltweiten Realität gibt es eine solche Zusammenarbeit zwischen Metropolen und Peripherien, zwischen Stadt und Land jedoch noch nicht. Das einseitige Vorgehen dominiert. Hier werden Marketingstrategien zur Tourismusförderung – eigentlich Angriffsstrategien – entwickelt, während man dort mehr und mehr Verteidigungs- und Schutzstrategien aufbaut. So ist zum Beispiel den Tourismusländern der Dritten Welt vorgeschlagen worden, sich gruppenweise zu eigenen Reiseagenturen zusammenzuschließen, um mit den großen Reiseveranstaltern zu verhandeln und ihnen Konkurrenz zu machen. Genauso wie die Organisation erdölexportierender Staaten (OPEC) könnten auch die Länder der Dritten Welt zum Schutz ihrer Interessen eine »Vereinigung von Ländern mit permanentem Sonnenschein« schaffen.[248] Ein Kartell der Sonnenländer also als Gegengewicht zum Kartell der Ferienmacher. Besser wären wohl gemeinsame Lösungsversuche. Aber vielleicht bleibt den benachteiligten Gebieten nichts anderes übrig, als zunächst in die Gegenoffensive zu gehen, um die Diskussion in Gang zu bringen und die Tourismusentwicklung in eine neue Richtung zu lenken.

These 7: Tourismusförderung nicht als Selbstzweck und Allheilmittel betrachten – Breitgefächerte Wirtschaftsstruktur anstreben – Monokultur vermeiden

Diese These spricht etwas an, was in den Zielgebieten des Tourismus immer und immer wieder in Vergessenheit gerät: Mehr Tourismus – das heißt mehr Ankünfte, Logierplätze, Passagierzahlen, Deviseneinnahmen, mehr Betten und Transportkapazitäten, oder wie auch immer das Wachstum gemessen wird – bedeutet noch lange nicht mehr Wohlfahrt. Aber gerade das müßte eigentlich Zweck jeder Entwicklung sein: nämlich verbessertes Wohlbefinden der Bevölkerung, zum Beispiel in Form höherer Einkommen, guter Arbeitsplätze, verbesserter sozialer und kultureller Einrichtungen, erhöhter Wohnattraktivität und so weiter. Nicht bloß das erhöhte Bruttosozialprodukt, sondern gewissermaßen das gesteigerte Bruttosozialglück. So gesehen darf Tourismusförderung und Tourismuswachstum nie als Ziel für sich gelten. Aber das Denken und Argumentieren in Wachstumsraten und die Feier des statistischen Superlativs sind in der Tourismuspolitik noch weit verbreitet. In der heutigen Zeit angespannter Wirtschaftslage sogar mehr noch als je zuvor.

Tourismus ist auch nicht a priori erfolgversprechender zur Ankurbelung der Wirtschaft und zur Erhöhung des Wohlstandes als andere Aktivitäten im Bereich der Landwirtschaft, des Gewerbes oder der Industrie zum Beispiel. Aber auch diesbezüglich wird er in der Praxis immer noch vielerorts als Rettungsanker, als große Chance und als Allheilmittel emporgejubelt. Von den besonderen Risiken, die ihm unverändert innewohnen, wie von seiner starken Ausland-, Saison- und Konjunkturabhängigkeit wird wenig gesprochen. Deshalb die Forderungen:

– *Der Tourismus ist nur insofern zu fördern, als er der empfangenden Bevölkerung einen gewünschten wirtschaftlichen Vorteil bringt, vor allem in Form von Einkommen und Arbeitsplätzen, dieser Vorteil von dauerhafter Natur ist und er die übrige Lebensqualität nicht beeinträchtigt. Der möglichst genaue Nachweis der Auswirkungen eines Projektes (wirtschaft-*

liche Kosten und Nutzen, Sozial- und Umweltverträglichkeit) muß vor dessen Ausführung erbracht werden.
- *In den touristischen Zielgebieten ist eine möglichst breitgefächerte Wirtschaftsstruktur anzustreben. Die Land- und Forstwirtschaft, das Handwerk und Gewerbe, die Kleinindustrie und die nicht-touristischen Dienstleistungen sind mit mindestens gleicher Priorität wie die Tourismusentwicklung zu fördern. In Gebieten mit stark wachsendem Tourismus – in sogenannten Großfremdenverkehrsgebieten – ist der Förderung dieser anderen Wirtschaftsaktivitäten erste Priorität zu geben.*

Was es unter allen Umständen zu verhindern gilt, ist eine touristische Monokultur, die wie alle Monokulturen schlecht, aber vielleicht noch um einiges risikoreicher und gefährlicher ist. In verschiedenen bevorzugten Reisezielgebieten, so zum Beispiel im Alpenraum, läuft die Entwicklung fast widerstandslos in diese Richtung. Hier muß das galoppierende Wachstum der touristischen Infrastruktur mit raumplanerischen Mitteln und über eine Kontrolle des Baumarktes gebremst, ja vorübergehend gänzlich gestoppt werden. Auf der anderen Seite sind alle Mittel und Phantasie darauf zu verwenden, die noch bestehenden vom Tourismus unabhängigen Arbeitsplätze wenigstens zu erhalten.

Mögliche *Maßnahmen* (entnommen einem Forderungskatalog für die schweizerischen Erholungsgebiete):[249]
- Tourismusorientiertes Baugewerbe schrittweise zurückbilden und frei werdende Arbeitskräfte insbesondere in der Hotellerie (Unterhalt, Renovation), in der Land- und Forstwirtschaft (Erschließung), in der Wohnbausanierung und in der Energiewirtschaft einsetzen.
- Förderung von sinnvollen Erwerbskombinationen Tourismus/Landwirtschaft (z. B. Ferien auf dem Bauernhof).
- Finanzielle Abgeltung der Leistungen für Umweltpflege und für die Bewirtschaftung wertvoller Kulturlandschaften, welche die Landwirtschaft im Interesse der Allgemeinheit erbringt.
- Kauf von landwirtschaftlichen Flächen durch die Gemeinde und Vermittlung an interessierte junge Landwirte.
- Landwirte für Durchfahrtsrechte und Ertragsausfälle im Zusammenhang mit Luftseilbahnen, Skiliften und Pisten großzügig entschädigen.

- Lokale Verarbeitung und Vermarktung einheimischer Nahrungsmittel und Materialien wie zum Beispiel Holz, Stein, Wolle sowie regionale Spezialitäten fördern.
- Nicht-touristische Dienstleistungen aus dem öffentlichen und privaten Bereich wie zum Beispiel Militär, Bildungswesen, öffentlicher Verkehr, Banken, Versicherungen und so weiter aus den Städten in die Randgebiete verlegen.

These 8: Die Bedürfnisse und Interessen von Reisenden und Bereisten in den Mittelpunkt stellen und vereinbar machen

Die Tourismusentwicklung harmonisieren heißt vorweg, den Klüngel der sich oft widerstreitenden Interessen zu entwirren und klare Prioritäten zu setzen. Ich folge in diesen Überlegungen dem Konzept von Pierre Lainé.[250]

Die verschiedenen Bedürfnisse und Interessen äußern sich auf drei Ebenen. Die erste Ebene ist jene der Zielsetzungen und Vorstellungen der direkt Betroffenen und unmittelbar Interessierten: Auf der einen Seite das Interesse der Empfangsgebiete und der hier lebenden Menschen an der Bewahrung ihres kulturellen Erbes und ihrer Umwelt bei gleichzeitiger Ausschöpfung der Möglichkeiten zu einer wirtschaftlichen und sozialen Besserstellung. Auf der anderen Seite das Interesse der Entsendegebiete und ihrer Menschen am Tapetenwechsel, am Entdecken und Kennenlernen.

Auf der zweiten Ebene liegen die Ziele und Interessen von Personen, Unternehmungen und Institutionen, die im touristischen System als Akteure auftreten und daran ein hauptberufliches Interesse haben: so am Tourismusort selbst das Baugewerbe, das Gastgewerbe, die Handels- und Dienstleistungsbetriebe, die Berufe im Sport- und Unterhaltungssektor und so weiter. Dann weiter: die »Mittler« zwischen Angebot und Nachfrage wie Reisebüros, touristische Organisationen und dergleichen. Und schließlich auch: Tätigkeiten, deren Erträge nicht im Empfangsgebiet bleiben, wie die Aktivitäten auswärtiger Promotoren, Fabrikations- und Vertriebsunternehmungen für Freizeit- und Sportartikel und andere mehr.

Auf der dritten Ebene sind die Interessen von Personen und Gruppen angesiedelt, die nur gelegentlich und mehr zufällig im touristischen System auftreten, zum Beispiel Immobilienhändler oder Promotoren, die hin und wieder ein touristisches Geschäft tätigen und sich anschließend zurückziehen.

Das Konzept einer Tourismusentwicklung im Gleichgewicht fordert, daß die Hierarchie der Ziele streng eingehalten wird: In jedem Fall müssen die Ziele der ersten Ebene – die Interessen der Bereisten und der Reisenden in ihrer Gesamtheit – den Vorrang vor den Zielen der anderen Ebenen, also vor den Interessen einzelner Berufsgruppen haben. Auf dieser Ebene ist zu versuchen, die Bedürfnisse der Bereisten und der Reisenden miteinander vereinbar zu machen und Entwicklungen so zu planen, daß das Geschaffene gleichzeitig für beide Teile nützlich ist. Dies setzt ein gemeinsames Vorgehen und eine gegenseitige Absprache voraus. Sie sind – wo immer möglich – in die Form eines Vertrages zu kleiden, der den Interessenausgleich unter den Beteiligten verbindlich und langfristig regelt. Im Falle der Unvereinbarkeit oder des Zweifels sind die Interessen der Ortsansässigen stets vor die Interessen der Auswärtigen zu stellen.

Tatsache ist, daß diese Hierarchie der Ziele und diese Prioritäten in Wirklichkeit kaum je beachtet werden und die Frage der Vereinbarkeit überhaupt kein Thema ist. Noch schlimmer: Immer und immer wieder werden die Prioritäten umgekehrt. Daraus ergeben sich dann die Fehlentwicklungen, die überhandnehmende Fremdbestimmung: der Tourismus als Hamsterer von Boden, Natur und Kulturgütern, als neuer Kolonisator, als Umweltzerstörer.

Ein Beispiel soll hier noch einmal verdeutlichen, welche tragischen Folgen es haben kann, wenn man die Hierarchie der Ziele nicht respektiert und jahrzehntelang falsche Prioritäten gesetzt oder akzeptiert hat und sich jetzt das Rad kaum mehr zurückdrehen läßt. Es ist das traurige Beispiel des Baumarktes, der sich in vielen Erholungsgebieten total vom Tourismus losgekoppelt hat und eigenen Gesetzen gehorcht. So wird zum Beispiel in den Ferienorten des schweizerischen Berggebietes eine gigantische Schwemme von Chalets, Ferien- und Zweitwohnungen produziert, ausschließlich auf kurzfristigen Profit ausgerichtet und ohne jeglichen Bedacht auf die langfristigen Interessen der Orte. Die positive Einschätzung der touristischen Wachstumschancen, der starke Ausbau der Infrastruktur durch die Kurortgemeinden, die Legalisierung des Stockwerkeigentums, das Bedürfnis nach Sachwertanlage, der Wunsch nach Plazierung von ausländischem Fluchtkapital und vieles andere mehr haben einen Bauboom in Gang gesetzt, der ungebrochen anhält, auch wenn ihn jetzt viele Gemeinden stoppen möchten. Der »Tourisme de service« ist durch den »Tourisme de construction« abgelöst worden – das Immobiliengeschäft ist zum Hauptgeschäft des Tourismus avanciert. Viele Menschen leben heute vom Ausverkauf des Bodens, vom Verbrauch der Landschaft. Im Tourismuskanton Wallis arbeiten rund 20 Prozent der gesamten berufstätigen Bevölkerung im Baugewerbe. Würde man einen Baustop für Chalets und Ferienwohnungen deklarieren, würde dies den Verlust von etwa 4000 Arbeitsplätzen bedeuten. Also muß weiter gebaut werden. Gemäß kantonalem Leitbild heißt es: auf keinen Fall mehr als 1500 neue Ferienwohnungen pro Jahr.[251] In Wirklichkeit werden es aber sicher deutlich mehr sein. Weiter bauen, um das Baugewerbe zu erhalten. Nicht für den Tourismus, sondern sogar gegen ihn. Die Prognose bis zum Jahr 2010, aufgestellt im Jahr 1978, lautet für die ganze Schweiz auf einen Zuwachs von über 1 Million Betten, vor allem in Zweit- und Ferienwohnungen. Dafür würden ungefähr 150 Quadratkilometer Land benötigt, was etwa der doppelten Fläche des Zürichsees entspricht.[252] Die Bauwirtschaft macht Sachzwänge geltend. Sie ist in den Behörden auf allen politischen Ebenen gut vertreten und hat eine starke Lobby. Tourismusentwicklung heißt für sie: »Schaffe, schaffe, Häusle und Liftle baue.«[253] Die touristische Baukonjunktur ist kaum zu bremsen, um so weniger als die Bauwirtschaft gerade auch in den Erholungsgebieten einen erheblichen Teil des noch nicht überbauten Baulandes aufgekauft hat und die Bauzonen in den meisten Gemeinden viel zu großzügig bemessen sind. Man könnte darin gut und gerne zwölf Millionen Einwohner unterbringen, was der doppelten Einwohnerzahl der Schweiz von heute entspricht. Und noch etwas: Der größte Teil des Bauvolumens in den Ferienorten wird durch auswärtige Bauunternehmer erstellt, weil das einheimische Gewerbe soviel Kapazität gar nicht hätte. Negative Auswirkungen dieses eigengesetzlichen Baumarktes auf die Einheimischen und den Tourismus gibt es zuhauf: hohe Infrastrukturausgaben für die Gemeinden, weil die Versorgungs- und Entsorgungssysteme auf den Spitzenbedarf ausgerichtet werden müssen; geringe Steuereinnahmen; Steigerung der Bodenpreise; Erschwerung und Verteuerung des Wohnungsbaus für die einheimische Bevölkerung; Verunzierung des Orts- und Landschaftsbildes; geschlossene Fensterläden; tote Orte.

Dieses Beispiel zeigt deutlich, wo anzusetzen ist, wenn der

Interessenstandpunkt der Einheimischen in den Feriengebieten aufgewertet und der Bedrohung der Eigenständigkeit durch externe Entscheidungen abgeholfen werden soll: *Die Ortsansässigen müssen im Kampf um die Produktionsmittel Boden, Arbeit und Kapital ein gewichtiges Wort mitreden, ja die führende Rolle spielen können.* Dieses Anliegen steht im Mittelpunkt der Thesen 9 bis 11. Wenn man darüber hinaus die Kluft zwischen den Bedürfnissen der Reisenden und der Bereisten verringern will, sind vor allem zwei weitere Forderungen zu beachten:

- *Der Luxuscharakter des Tourismus beziehungsweise der touristischen Einrichtungen ist abzubauen. Die Möglichkeiten zu mehr Einfachheit ohne Verlust an Qualität sind auszuschöpfen* (vgl. dazu auch These 12 »Das Einheimische und Landestypische betonen und kultivieren«).
- *Es sind vor allem auch solche Investitionen und Einrichtungen zu fördern, die Reisenden und Bereisten gleichermaßen zugute kommen und von beiden Seiten benützt werden können (zum Beispiel Infrastrukturanlagen, Freizeiteinrichtungen).*

These 9: Die Kontrolle über Grund und Boden in einheimischen Händen behalten

Einer der wichtigsten Punkte zugunsten der angestrebten gleichgewichtigen Entwicklung ist die *Forderung, daß die Tourismusgemeinde die Verfügungsgewalt über den Boden und damit auch die Souveränität des Entscheides über dessen Nutzung behält. Sie darf ihr wirkungsvollstes Steuerungsinstrument auf keinen Fall aus der Hand geben.*

Die Bodenpolitik beziehungsweise die Raumordnungspolitik sind ohne Zweifel die zentralen Instrumente, die den Empfangsgebieten erlauben, die touristische Entwicklung zu kontrollieren. Eine Politik des Laisser-faire und Laisser-aller öffnet der Bodenspekulation Tür und Tor. Die Entwicklung kippt schnell aus dem Gleichgewicht, meistens kaum mehr korrigierbar und zum Nachteil der Einheimischen. Je nachdem, welchen Staat man betrachtet, haben die einzelnen Gemeinden verschiedene Mittel, um die Verfügungsgewalt über den Boden zu erhalten. Auch da, wo sich der Boden in privaten Händen befindet, ist die öffentliche Hand nicht machtlos, sondern kann über das Instrument der Ortsplanung (Flächenwidmungsplanung, Nutzungsplanung) entscheidenden Einfluß nehmen.

Bei touristischen Neuentwicklungen sollte sich die Standortgemeinde, ein Gemeindeverband oder ein sonst für die Gemeinschaft wirkender Träger vor dem ersten Spatenstich die Verfügungsgewalt über den Boden sichern, auf dem die künftigen touristischen Aktivitäten stattfinden sollen. Es geht wohlverstanden nicht um den gesamten Boden, sondern vor allem um jene Teile, die für die bauliche Nutzung und die touristischen Aktivitätsräume von Bedeutung sind. Gemeinsam mit einer Partnerorganisation, die sich aus auswärtigen Promotoren, Geldgebern und Spezialisten zusammensetzt, wird hernach das Entwicklungskonzept im einzelnen erarbeitet, und es werden sämtliche Modalitäten des Baus, des Betriebs, der Finanzierung, der Werbung und des Verkaufs in einem Entwicklungsvertrag festgehalten. Er beschreibt die genaue Arbeitsteilung und enthält für alle Beteiligten detaillierte Pflichtenhefte. Daß solches keine theoretischen Hirngespinste sind, hat Pierre Lainé mit der Entwicklung von mehreren Ferienorten bewiesen, die auf diesen Prinzipien einer integralen und vertraglich geregelten Partnerschaft beruhen.[254]

Aber auch da, wo solche umfassenden Planungen nicht oder nicht mehr durchführbar sind, bleibt die Anwendung von zwei Erkenntnissen möglich. Erstens: *Die gegebenen raumplanerischen Möglichkeiten sind maximal auszuschöpfen und konsequent anzuwenden* (was kaum je getan wird). Zweitens: *Die partnerschaftliche Zusammenarbeit ist in Form langfristiger und verbindlicher Verträge und Konventionen zu fixieren* (was noch seltener praktiziert wird).

Mögliche *Maßnahmen* (Bestehende raumplanerische Mittel zur Korrektur der baulichen Fehlentwicklungen in Ferienorten, entnommen einem Forderungskatalog für die schweizerischen Erholungsgebiete):[255]

– Revision der Ortsplanung/Beschränkungen des Baugebietes: Verkleinerung der Bauzonen (sofern das Land noch unerschlossen ist, erwächst keine Entschädigungspflicht); Nutzungsverlegung: Die gleiche bauliche Nutzung wird räumlich konzentriert, die Freiflächen vergrößern sich; Baugebietsetappierung: Räumliche und zeitliche Aufteilung des Baugebietes in Bauetappen im Kampf gegen die Streubauweise;

Erschließungsetappierung: Zeitliche Staffelung der durch die Gemeinde zu bauenden Erschließungsanlagen;
Ausscheiden von Bauzonen, die ausschließlich für Häuser Ortsansässiger bestimmt sind (die rechtliche Haltbarkeit dieser Maßnahme ist noch nicht abschließend geklärt);
Keine neuen Bauland-Einzonungen;
Abschluß freiwilliger und befristeter Bauverzichtsverträge mit Eigentümern von Bauland;
Eventuell generelles befristetes Bauverbot als Übergangslösung.

- Verbesserung und Verschärfung der Bauvorschriften hinsichtlich Gesamtgestaltung und Baustil.
- Vergabe der öffentlichen Bauaufträge ausschließlich an das örtliche Baugewerbe und zeitliche Staffelung dieser Investitionen.
- Landerwerb durch die Gemeinde zwecks dauernder Freihaltung oder um beziehungsweise es für den Wohnungsbau der Ortsansässigen zur Verfügung zu stellen.
- Errichtung von gemeindeeigenen Wohnungsbauten für Einheimische.
- Definitiver Schutz von noch unverbauten Fluß- und Seeufern.
- Schrittweise Rückbildung des Baugewerbes (vgl. auch These 7).

These 10: Den Kapitaleinsatz für touristische Investitionen steuern

Der Kapitaleinsatz für touristische Investitionen ist so zu planen, daß beide Seiten – Empfangsgebiete und Vertreter der Entsendegebiete – finanzielle Verpflichtungen eingehen und die entsprechende Mitverantwortung übernehmen, wenn auch nicht notwendigerweise zu gleichen Teilen. Das auswärtige oder ausländische Kapital hat sich ebenso an den »unrentablen« Teilen der touristischen Ausrüstung (insbesondere an der allgemeinen Infrastruktur und an Gemeinschaftseinrichtungen) zu beteiligen und Risikokapital zu übernehmen, wie andererseits die einheimische Beteiligung an den gewinnversprechenden Investitionen (zum Beispiel Einrichtungen der Beherbergung, der Verpflegung, des Sport- und Unterhaltungsbetriebes und so weiter) sicherzustellen und zu fördern ist. Letzteres kann über die Entwicklung neuer Finanzierungsmodelle, zum Beispiel auf genossenschaftlicher Basis, erreicht werden. Ziel soll es dabei sein, eine breite finanzielle Beteiligung aus der einheimischen Bevölkerung zu ermöglichen.

Eine eigenständige Entwicklung aufzubauen und die Abhängigkeit von außen zu verkleinern, heißt nicht, notwendigerweise auf auswärtiges oder ausländisches Kapital gänzlich zu verzichten. Im Gegenteil, es sprechen gute Gründe für den Einbezug von auswärtigem Kapital bei touristischen Entwicklungen. Der Finanzbedarf ist jeweils aus eigenen Mitteln kaum aufzubringen. Das auswärtige Kapital verbreitert die Finanzierungsbasis. Durch einen erhöhten Kapitaleinsatz kann es auch eher gelingen, von Anfang an eine qualitativ bessere touristische Ausrüstung zu planen, die im Markt eine höhere Chance besitzt, was langfristig für alle Teile ergiebiger ist. Für den Einsatz von auswärtigem Kapital spricht aber vor allem das Argument, daß nur auf diesem Weg die Entsendegebiete auch am Risiko teilhaben, das in jeder touristischen Entwicklung liegt. Wer in einem Ferienort Geld investiert hat, wird diesem Ort nicht einfach den Rücken zudrehen, wenn es ihm nicht mehr paßt. Er wird sich viel eher dafür einsetzen, daß der Touristenstrom nicht abreißt, auch wenn vielleicht einmal schwierigere Verhältnisse auftreten sollten. Er wird seiner finanziellen Interessen wegen alle Anstrengungen zugunsten des Ferienziels unternehmen. Sein Engagement wird ungleich größer sein, als wenn er hier nichts besäße. Dies spricht in jedem Fall dafür, die auswärtigen Tourismuspromotoren an den Investitionen in den Zielgebieten finanziell zu beteiligen. Ohne dieses finanzielle Engagement sind die Ferienregionen noch viel abhängiger von der gerade herrschenden Situation in den Gästeherkunftsgebieten und von den Launen der Tourismuspromotoren. Beispiele von Reiseveranstaltern, die kurzfristig ihre Belegungsverträge kündigen, von einem Reiseziel auf das andere umdisponieren und bestimmte Destinationen einfach plötzlich sitzen lassen, gibt es genug – aber auch die positiven Beispiele von finanziell beteiligten Tourismuspromotoren, die große Anstrengungen unternehmen, damit auch ihr Geschäft floriert. Deshalb also: Einsatz von auswärtigem Kapital ja. Aber wiederum bewußt geplant und vertraglich vereinbart. Voraussetzung muß allerdings bleiben, daß dieses Kapital niemals zu einer Beherrschung durch die Auswärtigen führt. Aber solches kann ebenfalls durch entsprechende Vereinbarungen ausgeschlossen werden.

These 11: Entwicklung auf einheimische Arbeitskräfte ausrichten – Qualität der Arbeitsplätze verbessern

Die Erstellung touristischer Anlagen ist im allgemeinen nur dort sinnvoll, wo die dadurch geschaffenen Arbeitsplätze in erster Linie der am Ort beziehungsweise in der Region ansässigen Bevölkerung zugute kommen und von ihr belegt werden können. Der Beizug auswärtiger Arbeitskräfte ist auf ein Minimum zu beschränken. Gerade auch die Kaderpositionen sollen von Einheimischen besetzt werden können, auch wenn dies oft erst nach Ablauf einer gewissen Zeit möglich ist. Der mangelnden Attraktivität vieler touristischer Arbeitsplätze ist durch eine Intensivierung der Aus- und Weiterbildung auf allen Ebenen und vor allem auch durch eine Verbesserung der Arbeitsbedingungen (insbesondere durch bessere Entlohnung und menschlichere Arbeitszeiten) und durch einen Ausbau der sozialen Sicherheit zu begegnen.

In den Diskussionen um die touristische Entwicklungspolitik wurden Fragen wie jene der Rekrutierung der Arbeitskräfte und der Qualität der Arbeitsplätze bisher meistens großzügig übergangen. Kaum je ist ein touristisches Erschließungsprojekt auf das am Ort verfügbare Potential an Arbeitskräften ausgerichtet worden. Stillschweigend geht man davon aus, daß arbeitswillige Menschen ohnehin genug vorhanden sind. Und wenn nicht am Ort, dann läßt man sie einfach von auswärts kommen. Für die guten Stellen und die anforderungsreichen Kaderpositionen denkt man ohnehin nur an Leute aus der Stadt oder aus dem Ausland. Den Einheimischen werden die ausführenden Tätigkeiten und Dienstleistungen überlassen. Tourismusentwicklung im Gleichgewicht erfordert eine neue Optik: zielgerichtete Anstrengungen zu einer Aufwertung der touristischen Berufe und zu einem verstärkten Einbezug der Bereisten auf allen Ebenen. Die anvisierte Partnerschaft muß auch bei der Besetzung der Arbeitsplätze zum Ausdruck kommen. Den Einheimischen darf nicht nur die untergeordnete Arbeit übrigbleiben. Qualifizierte Berufsleute aus den Empfangsgebieten sollten auf allen Stufen des touristischen Systems und in allen Phasen der Tourismusplanung eingesetzt werden: bei der Projektierung, beim Bau und beim Betrieb der Anlagen sowie im Bereich der Information, der Werbung und des Verkaufs. Wäre es nicht vielleicht sogar eine gute Idee, wenn die großen Reiseorganisationen für die Kundenberatung am Schalter, für die Gestaltung des Informations- und Werbematerials, für die Reiseleitung auch Vertreter aus den Tourismusgebieten einsetzen würden? Dokumentieren, daß man es mit der Partnerschaft ernst meint.

These 12: Das Einheimische und Landestypische betonen und kultivieren

Überall auf der Welt gleichen sich die touristischen Angebote wie ein Ei dem anderen. Als ob man sich dessen schämen müßte, hat man das Einheimische in falsch verstandenem Kundeninteresse wegretuschiert und alles auf einen imaginären touristischen Einheitsgeschmack ausgerichtet. Bedenkenlos hat man die eigene Kultur zugunsten einer gesichtslosen Tourismus-Unkultur aufgegeben und so der weltweiten »Coca-Colonisierung« Vorschub geleistet. Nicht zuletzt auch deshalb sind die Tourismusziele alle untereinander austauschbar und ist der Konkurrenzkampf entsprechend größer geworden.

Wir fordern demgegenüber ein eindeutiges Bekenntnis zur einheimischen Kultur und ihren konsequenten und möglichst weitgehenden Einbezug in die touristischen Angebote. Zu erinnern ist in diesem Zusammenhang auch an die Forderung, den Luxuscharakter des Tourismus abzubauen und die Möglichkeiten zu mehr Einfachheit auszuschöpfen (vgl. dazu These 8). Die Architektur in den Erholungsgebieten soll die landesüblichen Stilelemente, Bauformen und Materialien übernehmen und die einheimische Handwerkskunst nutzen. Hier ist eine Gelegenheit, die Reisenden mit dem einheimischen Kunstschaffen bekanntzumachen (Wandschmuck und so weiter). Die einheimischen Gerichte und Spezialitäten sollen zuoberst auf der Speisekarte stehen, wobei da und dort gewisse »Anpassungen« (zum Beispiel »Entschärfung«) notwendig und durchaus auch möglich sind, ohne der traditionellen Eßkultur Gewalt anzutun. Das Angebot an sogenannter internationaler Küche ist zu reduzieren. Ebenfalls sollen einheimische Getränke bevorzugt angeboten werden. Die stark internationalisierten Ausbildungspro-

gramme der Hotelfachschulen und anderer beruflicher Ausbildungsstätten sind nach diesen Grundsätzen zu revidieren und vermehrt auf eine Kultivierung des Einheimischen auszurichten.

Die Menschen in den Zielgebieten des Tourismus wären gut beraten, wenn sie mehr unverkrampftes Selbstbewußtsein an den Tag legen und den Reichtum ihrer Kultur den Reisenden vermehrt zugänglich machen würden. Für eine solche Politik sprechen viele Gründe. Nicht zuletzt auch die Aussicht besserer Marktchancen. Die Theorie lehrt, daß jene Produkte am Markt besonders erfolgreich sind, die ein unverwechselbares Gesicht haben, die eine sogenannte Unique Selling Proposition, einen einzigartigen Verkaufsvorschlag also, beinhalten und sich von den anderen abheben. Im internationalen Tourismusgeschäft, in dem alles über den gleichen Leisten geschlagen wird, wird solches immer notwendiger. Ganz abgesehen davon, daß ein größerer Teil des wirtschaftlichen Nutzens im Empfangsgebiet bleibt, wenn man Vorhandenes nutzen kann und nicht das meiste importieren muß. Das Interesse der Bevölkerung am Tourismus wird größer sein, und entsprechend besser auch die Voraussetzungen für die Begegnung mit den Reisenden.

Der Spielraum für die praktische Interpretation dieser Forderungen ist natürlich sehr breit. Viele mögen dazu auch Fragezeichen setzen. Das Verfolgen einer solchen Politik ist vergleichbar mit einer schwierigen Gratwanderung zwischen Authentischem und aufgeputzter Folklore, zwischen echt und unecht, zwischen ehrlich und verlogen. In der Ferienarchitektur zum Beispiel wird die Interpretation alles andere als leicht sein. Das Abgleiten in einen Pseudo-Heimatstil ist schnell geschehen. Der beängstigende Vormarsch des überall gleichen rustikalen Dekors zum Beispiel, das im Dienste einer vorgetäuschten Heimeligkeit immer mehr Ferieneinrichtungen im Alpenraum überzieht, der zweckentfremdete Kuhstall im Restaurant oder Nachtclub, bieten keine Alternative. Aber es gibt durchaus auch Beispiele gelungener Interpretationen. Am meisten Skepsis wird wohl die Forderung nach mehr einheimischer Küche auslösen. Das Vorherrschen internationaler Kost wird hartnäkkig und überall damit begründet, daß die Gäste dies so wollten. Aber hat man die Gäste wirklich jemals darüber befragt? Hat man ihnen die einheimischen Gerichte und auch andere einheimische Gepflogenheiten jemals wirklich präsentiert und sie auch darüber informiert? Ist es tatsächlich der Wunsch der Touristen, in der Schweiz keine Käsegerichte, in Marokko kein

Schaffleisch, in Griechenland keine Fischgerichte und keinen Rezinawein und in Indien keinen Curry vorgesetzt zu erhalten? Es ist einfach nicht wahr, daß die Mehrzahl der Touristen nur Hamburger oder Entrecôte mit Pommes frites essen und französischen Wein, deutsches Bier oder Coca Cola trinken will. Viele Touristen suchen schon heute etwas anderes. Viele weitere könnten zum erlebnisreichen Ausprobieren des Unbekannten angeregt werden. Beim Essen ebenso wie in anderen Bereichen. Der Tourist verlangt an seinem Ferienort den Sanitärkomfort und die Hygiene, die er von zu Hause gewöhnt ist. Daneben ist er aber für Probierhandlungen durchaus zu haben und dafür auch dankbar. Der europäische Tourist mehr noch als der amerikanische, wie Untersuchungen gezeigt haben. Die Kümmerlichkeit des touristischen Eintopfs jedenfalls läßt sich mit dem Hinweis auf die überwiegenden Gästewünsche weder begründen noch entschuldigen.

Es gehört vielleicht etwas Mut dazu, diese Politik einzuschlagen, einen eigenen Weg zu gehen und es anders als die andern zu machen. Flexibel gehandhabt, aber konsequent verfolgt, könnte sie dem Reisen eine ganz neue Farbe verleihen und für alle Beteiligten einen Zugewinn bedeuten.

These 13: Die Vorteile neu geschaffener künstlicher Urlaubszentren einsehen und nutzen

Solange die grundlegenden Bedingungen des Ferienmachens unverändert bleiben und sich das Reisen weiterhin in Form periodischer Massenauszüge abspielt, ist der Aufbau künstlicher Urlaubswelten in Form von großen Ferienzentren sowohl notwendig als auch wünschbar. Die in unseren übrigen Thesen enthaltenen Grundsätze sind auf die Planung und den Ausbau solcher Zentren sinngemäß anzuwenden.

Wir müssen einsehen, daß der Auszug der Millionen neue Massenansprüche produziert hat, die nicht durch kleinteilige Organisationsformen, sozusagen im Handbetrieb, erfüllt werden können. Das betrifft neben dem Transport in gleichem Maße das Wohnen während des Urlaubs, also die Quartiere für die Freizeit.[256] Mit kleinmaßstäblichen Einrichtungen und Orten allein ist der moderne Tourismus nicht zu bewältigen. Will man die Möglichkeit des Ferienmachens für alle gewährleisten, benötigt man großzügige Aufnahmestationen, die großen Ferienmetropolen. Es ist weitherum verbreitet, sie mit kulturkritischem Unterton als Ghetto zu bezeichnen und dabei vor allem die Isolierung der Touristen in einer künstlichen Scheinwelt zu bemängeln. Besser ist es wohl, sich zu solchen Zentren offen zu bekennen und ihren Ausbau bewußt zu planen, anstatt solche Strukturen einfach wildwüchsig entstehen zu lassen, was ohnehin in den bevorzugten Tourismusregionen schon geschehen ist und auch weiter geschehen wird. Nur bei entsprechender Planung lassen sich die wichtigen Vorteile nutzen, die solche in sich geschlossenen Touristensiedlungen unbestreitbar haben können: die geregelte Beziehung zu ihrer natürlichen und sozialen Umwelt[257] und die für den Touristen sehr abwechslungsreiche kompakte Erlebnisofferte. Man kann sich durchaus die Frage stellen, ob der Tourismus in Reservaten, in ghettoartigen Zentren nicht eine hygienische Lösung bedeutet. Das Zielgebiet verbucht die wirtschaftlichen Vorteile, kann aber den Kontakt auf engen Raum und einen kleinen Personenkreis beschränken und sich vor übergreifender ökologischer und vor allem geistig-kultureller »Infektion« schützen. »Kulturschutz« und »Einheimischenschutz« als neue Begriffe neben Natur- und Landschaftsschutz. Diese Sicht der Dinge ist gar nicht so abwegig – besonders für Entwicklungsländer, aber ebenso für hiesige Verhältnisse. Für Dritt-Welt-Länder wird gefordert, daß der Standort solcher Ferienzentren außer Reichweite des täglichen Lebens der Bevölkerung liegen soll.[258] Damit hofft man, den Kulturschock zu vermeiden.

Es gibt wenig Grund, über solche Ferienformen die Nase des kulturbewußten Bildungsbürgers zu rümpfen.[259] Sie sind durchaus mit den erkannten Bedürfnissen vieler Touristen vereinbar. Die meisten Menschen, die dorthin fahren, fühlen sich keineswegs in ein Ghetto verbannt. Abschalten, sich einfach erholen und sich mit Gleichgesinnten vergnügen, das wollen doch sehr viele. Und das kann man im Ferienzentrum besonders gut, in dem doch alles darauf ausgerichtet ist, in dem ein animiertes Ferienleben herrscht und Einsamkeit und Langeweile nicht aufkommen können. Ist damit nicht schon sehr viel erreicht? Also warum nicht dazu stehen?

Zur Größe der Tourismuszentren lassen sich keine allgemeinen Regeln aufstellen. Eine optimale Ferienortgröße gibt es nicht. Die Dimensionen können ganz unterschiedlich sein, je nachdem, an welchem Standort das Zentrum steht und nach welchen Gestaltungsprinzipien es gebaut ist. Allerdings bleiben die Forderungen nach »menschlichem Maß«, nach Vermittlung von Wärme und Geborgenheit, nach Vielfalt und nach Überblickbarkeit bestehen. Sie weisen darauf hin, daß Ferienzentren niemals zu Riesenkomplexen, zu anonymen Freizeit-Wohnmaschinen mit Batteriehaltung entarten dürfen. Auf jeden Fall ist eine Reduktion der großstädtischen Maßstäbe und eine Vergrößerung der baulichen Vielfalt notwendig. Die Bewältigung dieser schwierigen Aufgabe ist bisher weltweit nur selten gelungen.

These 14: Traditionelle Reise- und Ferienformen weiter entwickeln und neue Formen ausprobieren

Selbstverständlich liegt die Zukunft nicht allein in den im letzten Abschnitt kommentierten »Enklaven für Ferienmenschen«. *Die bunte Palette verschiedenartiger Ferien- und Reiseformen muß erhalten und sogar noch vergrößert werden. Im Unterschied aber zum bisher Gehabten ist eine wichtige Vorausset-*

zung unbedingt zu beachten: Diese Formen dürfen nicht weiter wildwüchsig entstehen und wachsen, sondern müssen sorgfältig geplante Entwicklungen sein unter Beteiligung aller Interessierten. Das Erfordernis der Planung unter Einbezug aller Beteiligten gilt nicht nur für die Weiterentwicklung der traditionellen Formen des Ferienmachens, sondern auch für die Suche nach und das Experimentieren mit neuen und alternativen Reiseformen.

Die traditionellen Ferienorte, in denen Einheimische und Touristen in friedlicher, im Idealfall sogar in freundschaftlicher Koexistenz leben, haben nicht ausgedient – im Gegenteil. Sie kommen sicherlich dem am nächsten, was sich die Mehrheit der Touristen im Grunde wünscht und vorstellt. Und wahrscheinlich ist es auch die von den Bereisten bevorzugte Tourismusform. Ob solche Orte auch langfristig lebensfähig und (er)lebenswert bleiben, wird entscheidend von der Erfüllung zweier Bedingungen abhängen. Erstens davon, ob es gelingt, die Zahl der Touristen zu jener der ansässigen Bevölkerung in einem ausgewogenen Verhältnis zu halten und ein Erdrücken der Einheimischen durch die Menge der Reisenden zu verhindern. Wo diese psychologischen und gesellschaftlichen Belastungsgrenzen liegen und wann das System aus dem Gleichgewicht kippt, läßt sich nicht mit wissenschaftlicher Genauigkeit ermitteln. Die einheimische Bevölkerung muß subjektiv darüber entscheiden, was sie als tragbar erachtet. Aber rechtzeitig und verbindlich. Zweite Bedingung ist, daß es dem Ferienort gelingt, eine gemischte Wirtschaftsstruktur aufrechtzuerhalten und die touristische Monokultur zu vermeiden (vgl. dazu These 7).

Vielfältige neue Experimente anderen Reisens abseits der breiten Heerstraßen des Großtourismus[260] sind sehr zu begrüßen. Aber wohlverstanden, nur insofern, als sie nicht von der »Philosophie« abweichen, die wir in den Thesen unseres Buches zu skizzieren versucht haben. Dabei muß man sich im klaren darüber bleiben, daß solche Formen zwar wirkliche Verbesserungen bringen können, aber immer nur für Minderheiten. Die Probleme des Massentourismus bleiben weiter bestehen. Doch ließe sich vielleicht die eine oder andere Idee auch auf die Ebene des Großtourismus transformieren.

Einige Beispiele und Ansätze, in welche Richtung das Experimentieren etwa vorstoßen könnte:

– Die Weiterentwicklung des sogenannten »länderkundlichen Animationsmodells«.[261] Dieses in der Praxis schon mehrfach getestete Modell versteht sich als Alternative zu den üblichen Standardexkursionen und Sightseeing-Programmen, die dem Touristen überall auf der Welt in gleicher Form angeboten werden. Grundidee dabei ist, den Touristen zu einer Begegnung mit der Realität des besuchten Landes und zu einer intensiven Beschäftigung mit ihrer Ferienumgebung zu verhelfen. Anstatt auf den bekannten touristischen Pfaden Monumente und klassische Sehenswürdigkeiten zu besuchen, kulturhistorische Erläuterungen anzuhören, Touristenmenüs zu verzehren und sich im Souvenirshop einzudecken, werden die Reisenden ins »Hinterland«, zu den Menschen und ihrer Gegenwart geführt. Zum Beispiel mit dem Bus zu verschiedenen Dörfern, mit Besuch von Töpferwerkstätten, kleiner Wanderung zu einer Kapelle mit schönen Fresken, gemeinsamem Einkauf von Brot, Käse und Früchten zum Vesper, Ausprobieren einer lokalen Spezialität in einer Dorfwirtschaft, kleine Entdeckungsbummel auf eigene Faust, Sammeln von Kräutern, dazwischen Baden, Erläuterungen des Dorfpfarrers zu alten Ikonen und so weiter. Länderkunde als Erlebnis und nicht als Pflichtübung. Nach Auffassung der Initianten ließe sich dieses Modell überall anwenden und damit eine größtmögliche Zahl von Urlaubern ansprechen.

- In ähnlicher Richtung gehen die Vorstellungen zur Fortentwickling der Konzeption des »sozialen Wanderns«.[262] Was früher in der kleinen Wandergruppe spontan und direkt möglich war, könnte heute vorbereitet und organisiert ablaufen. Touristengruppen treffen sich zu Gesprächen mit Experten des bereisten Landes, mit Angehörigen der gleichen Berufs- oder Altersgruppe. Es werden spezielle Besichtigungen und Führungen durchgeführt.
- Ebenfalls nicht weit davon entfernt ist der Vorschlag zur Neuauflage der Studienreisen mit einem besonderen beruflichen oder Liebhaberinteresse im Mittelpunkt. Auf der Seite der Bereisten stehen Gesprächspartner, die ihrerseits ein Interesse an der Begegnung und am Informationsaustausch haben und ihre Erwartungen auch bekanntgeben können. Am besten wäre es, wenn die Einladung aus dem Gastland käme und nach Möglichkeit mit einer Gegeneinladung verbunden werden könnte. Genügend Zeit zu haben für die Aufnahme der Information und für das Gespräch ist eine Voraussetzung.
- Eine etwas andere Zwecksetzung hat der Solidaritätstouris-

mus nach Ländern der Dritten Welt, wie er von kirchlichen Kreisen zum Beispiel schon in Lateinamerika organisiert worden ist. Die Initiative für solche sogenannten »encuentros« kann nur aus dem Gastland kommen. Die verfolgte Absicht ist es, Menschen einer Lebensweise auszusetzen, die ihnen neu ist, und ihnen dann die Gelegenheit zu geben, mit ihren Gastgebern einen Gedankenaustausch über diese Situation zu führen. Die Besucher leben mit den einfachen Leuten und teilen mit ihnen die mageren Mahlzeiten und ihren Lebensstandard. Sie bleiben lange genug da, um die Gefühle der Menschen, ihre Leiden und ihre Hoffnungen verstehen zu können.[263]

- Die Ferien auf dem Bauernhof sind eine alternative Tourismusform, die bereits in verschiedenen Ländern angeboten wird. Denkbar ist dabei auch eine beschränkte Mitarbeit der Gäste bei bäuerlichen Verrichtungen, wie sie da und dort schon praktiziert wird.
- Die private Zimmervermietung durch Einheimische als Alternative zum Hotel könnte unter Umständen auch im Ferntourismus vermehrt in Frage kommen.
- Die Haustausch-Organisation, der Wohnungstausch zwischen Bewohnern verschiedener Orte oder Angehörigen verschiedener Nationalitäten, wurde bisher noch recht wenig propagiert.
- Viele weitere Alternativen, die hier mit gutem Grund nicht im Detail ausgeführt werden können, wären möglich. Sie selber herauszufinden und zu verwirklichen ist bereits eines ihrer Merkmale.[264]

Es ist naheliegend, daß solche Formen vom kommerziellen Tourismussektor kaum aktiv gefördert werden, weil sie sehr arbeitsintensiv und im kaufmännischen Sinne deshalb auch wenig gewinnträchtig sind. Hier liegt ein weites und noch wenig beackertes Betätigungsfeld für gemeinnützige Institutionen, kirchliche Kreise, Bildungswerke und viele andere Einrichtungen. Ihnen ist es übertragen, für diese erwünschte Erweiterung des nichtkommerziellen touristischen Angebotsfächers zu sorgen.

Bei der Suche nach solchen anderen Tourismusformen soll es immer um die Frage gehen, wie man dem Reisen seinen Zauber zurückgeben könnte, wie wir andere Menschen und andere Kulturen kennenlernen können, ohne ihnen so zu schaden, wie es offenbar der Fall ist.[265]

Bewußtes Reisen – Ratschläge und Übungen für ein anderes Reiseverhalten

In den Thesen 7 bis 14 haben wir über das gesprochen, was in der Planung, in der Gestaltung der Rahmenbedingungen und der Strukturen des Reisens wünschenswert ist. Dazu möchte ich eine schwerwiegende Einschränkung machen: Selbst wenn es gelänge, einiges an diesen äußeren Bedingungen des Reisens im besprochenen Sinne zu verbessern, ist damit das Reisen selbst noch nicht notwendigerweise menschlicher geworden. Dafür entscheidend ist letztlich allein, ob sich auch auf der persönlichen Ebene des Bewußtseins und des Verhaltens der beteiligten Menschen – der Reisenden und der Bereisten – etwas verändern läßt. Darauf beziehen sich denn auch alle meine restlichen Thesen und eigentlich meine ganze Hoffnung. Und wahrscheinlich werden die gewünschten Strukturen auch erst dann zu verwirklichen sein, wenn auf dieser Ebene Fortschritte erzielt worden sind.

These 15: In den Ferien zu sich selber finden und gemütvolles Verhalten einüben

Wir tragen den Hauptschlüssel zu beglückender Freizeit, zu erfüllten und erinnerungswerten Ferien, zu mehr Menschlichkeit beim Reisen mit uns selbst herum, wie den Marschallstab im Tornister. Die Verantwortung dafür kann weder auf das Ferienarrangement, noch auf den Reiseleiter, auch nicht auf das Wetter, die Qualität des Essens oder die lieben Mitreisenden abgewälzt werden. Sie sind lediglich mehr oder weniger günstige Voraussetzungen zum Gelingen der Reise. Es kommt auf uns selbst an, auf unser ureigenes Erleben und Verhalten, ob wir etwas gewinnen oder verlieren, ob wir etwas aufbauen oder zerstören. *Wahrscheinlich müssen wir zuerst zu uns selbst finden; lernen, uns selber zu begegnen, ehe man von uns erwarten kann, daß wir uns anderen gegenüber tolerant und rücksichtsvoll verhalten.* Wir müssen mit uns selbst ins reine kommen, um nachher auch für alle übrigen Dinge einen ungetrübten Blick zu haben. Die Ferien könnten zur Herstellung dieser inneren Balance dienen. Sie wären dazu besonders gut geeignet, weil sie selbstbestimmte Mußezeit sind.

Wir müssen die Chance begreifen und nutzen lernen, die in der Idee von »Ferien zum Ich« liegt, anstatt weiter dem Trugbild der »Ferien vom Ich« nachzujagen. Es ist eine Illusion zu glauben, man könne in den Ferien sich selbst entfliehen, die Illusion des halbierten Menschen: Die eine Hälfte wird in den Urlaub geschickt, die andere bleibt zu Hause. Aber die Suggestion mancher Urlaubswerbung geht in diese Richtung. Es wird vom neuen, vom wahren, vom anderen Leben, vom Paradies gesprochen. Man greift voll zu und meint zu kompensieren, was im Alltag fehlt. Ein vollausgelebtes, aber nicht wirklich erlebtes kurzes Ferienglück auf Zeit. Eine Seifenblase, die zerplatzt, ohne Spuren zu hinterlassen. Was folgt, ist Leere. Erleben hieße, die vielfältigen Eindrücke nicht einfach an uns herankommen und abtropfen zu lassen, sondern sie bewußt in uns aufzunehmen und auf uns selbst bezogen zu verarbeiten. Erst dann bleibt etwas zurück. Ferien zum Ich also: vom außengeleiteten Touristen zum innengeleiteten (Ferien-)Menschen. Aber wie gelangt man dazu? Wie findet man diesen Weg, wenn es doch überall die bequemen und gut beschilderten Autobahnen hin zu den leicht zugänglichen und scheinbar auch leicht bekömmlichen Ferienfreuden gibt?

Der Theologe und Pädagoge Roman Bleistein hat in seinem Buch ›Freizeit ohne Langeweile‹ eine ganze Reihe von *Anregungen für Ferien zum Ich* gemacht. Fingerübungen gewissermaßen, die dem verdrängten Gemüt wieder zum Durchbruch verhelfen sollen. Ganz einfache Dinge werden angesprochen. Nichts Revolutionäres. Oder vielleicht doch? Ich habe versucht, die Bleisteinschen Ratschläge in kürztmöglicher Form zusammenzufassen. Sie signalisieren uns unsere Eigenverantwortung und vermitteln uns auch praktische Hilfen, wie wir diese Verantwortung lustvoll wahrnehmen können. Deshalb finde ich sie ungemein wichtig:

- Einmal Robinson Crusoe spielen. Sich der Unbill der Natur aussetzen. Wind, Wetter, Donner und Blitz erleben. »Zum Vergnügen« hart arbeiten, bis der Schweiß rinnt: im Garten, im Wald, auf der Wiese. Müdigkeit überwinden. Ein archaisches Vergnügen und die eigene Souveränität erleben als Gegenstück zur Selbstentfremdung im Alltag.
- Wandern, um den Streß abzubauen, der die Erholung verhindert. Beruhigt und gelassen dahingehen. Tief und regelmäßig

ein- und ausatmen. Die kleinen Entdeckungen am Wegrand. Die Unterhaltung mit den Wanderkameraden. Die Rast. Eine ganzheitliche Erfahrung.

– Sich körperlich austoben. Sich einmal eine extreme körperliche Belastung zumuten, um sich von der täglichen Anpassung, vom »Sparverhalten« zu befreien, wie der Hund von der Leine.
– Sich in den Urlaub hinüberschlafen. Sich die ersten drei bis vier Ferientage der Müdigkeit hingeben. Ausschlafen, damit man erholungs- und aufnahmebereit, guter Laune und ansprechbar ist.
– Die Zeitmaschine ausschalten. Die Armbanduhr ablegen. Dem Zeitdruck, dem Terminplan, der Tagesordnung entkommen. Der Zeit entfliehen. Zeitlos und gelassen in den Tag hineinleben. Die »natürliche Zeit« einfangen. Nach der Sonne sehen. Auf Glockengeläut hören. Auf seinen eigenen Rhythmus achten.
– Die Reizfähigkeit zurückgewinnen. Wider den abgestumpften Alltagsmenschen. Sich reizen lassen. Signale aufnehmen und darauf eingehen. Sonne, Wind, Wasser, Duft, Wärme, Kälte, optische Reize, sexuelle Reize. Reizvolle Ferien.
– Schauen lernen versus Fernsehblick und hastiges Vielsehen. Die Fähigkeit zur Wahrnehmung des Unscheinbaren, des Nicht-Exotischen, des Ruhigen zurückerlangen. Wieder einmal einen Baum, eine Blume, einen Berg, den Himmel anschauen. Lange hinschauen, beobachten, wahrnehmen. »Man sieht nur mit dem Herzen gut. Das Wesentliche ist für die Augen unsichtbar« (Antoine de Saint-Exupéry).
– Freude an kleinen Dingen empfinden versus Haben-Mentalität. Nicht der Superlativ, des Teuerste, das Extremste, sondern der Blick für das kleine Glück, für das Gefundene und Entdeckte. Das kleine Beutemachen in den Ferien. Steine, Muscheln, Seesterne, Tannzapfen, Federn. Das »Souvenir« als ein wirkliches »Sich-Erinnern«.
– Die Chance des »Miteinander-unterwegs-Seins« nutzen. Das beziehungslose Massendasein aufbrechen. Heiter miteinander umgehen, anstatt wie im Alltag hektisch aneinander vorbeizugehen. Feststellen, daß »die« gar nicht so sind.
– Die Wahrnehmungen mit anderen teilen. An der Seite eines andern, in der Familie, in einer Gruppe die Welt durchstreifen. Sich gegenseitig mitteilen. Eindrücke austauschen. Freude teilen. Gegen Isolation und Blickverengung.

- In den Ferien die eigenen schöpferischen Kräfte entdecken. Die ungeahnten Talente, die in jedem Menschen schlummern. Eine Pfeife schneiden. Eine Wassermühle bauen. Kleine Kunstwerke aus Bastelmaterialien der Natur anfertigen. Mit Zeichnen, Malen und Töpfern beginnen. Kreativität macht frei.
- Freizeit und Ferien, um den Mitmenschen zu begegnen. Zeit haben für andere. Für andere da sein. Mal nicht an sich denken. Als Vater mit seinen kleinen Kindern spielen – so wie sie es wollen. Nette Leute kennenlernen. Höflich sein. Sich leibhaftig begegnen. Aneinanderlehnen. Sich die Hände halten. Die intime Begegnung. Die Balance von Geben und Nehmen.
- In der Ferienzeit Neues erfahren. Nicht bloß er-fahren oder erobern. Oder immer glauben, alles erklären zu müssen. Mit anderen Augen sehen. Bewundern. Staunen. Fragen stellen. Sich über sich selbst wundern.
- In den Ferien die Spielphantasie wieder wecken, die im Alltag vertrieben wurde. Nicht nur das »schöne« Spielzeug mitnehmen. Neue Spiele erfinden. Scharaden. Sing-Ball-Karten-Brett-Wett-Versteck-Spiele. Aus sich herausgehen. Sich geben wie man ist. Spielen ist menschlich und befreit.
- Sich auftun und empfänglich sein für die vielfältigen Formen des Glücks. Nützliche Fragen: Liegt Glück für mich nur im Extremen, im Exotischen, im Prestige? Bin ich schon skeptisch gegen das Glück? Macht mich auch das Unscheinbare froh? Der Fund eines herrlichen Steinpilzes. Die rasante Abfahrt im Pulverschnee. Der Ausflug mit der Familie. Eine Stunde der Besinnlichkeit. Das kleine Ferienglück.

These 16: Eine kritische Konsumhaltung einnehmen

Der mündige Tourist ist nicht nur im Alltag, sondern auch bei seinen Reiseentscheidungen ein kritischer Verbraucher, kritisch gegenüber den vielfältigen Reiseofferten und auch gegenüber sich selbst. Er prüft, vergleicht und hinterfrägt, ehe er die Kaufentscheidung trifft. Er versucht, hinter das verführerische Leistungsversprechen zu sehen, das ihm gemacht wird. Er wählt seine Reiseziele bewußt aus. Er lehnt sich dagegen auf, daß im touristischen Wettbewerb die Preise wichtiger sind als die Zielländer. Er überlegt sich die Folgen, die sein Kauf und sein

Verhalten haben können. Überlegt, wem seine Reise nützt und wem sie schadet. Er läßt sich nicht in jedem Fall durch den niedrigsten Preis verführen und trachtet nicht immer danach, noch weniger zu bezahlen und noch härter zu markten, weil er weiß, daß niedrigere Preise oft nur durch eine Ausbeutung anderer Menschen entstehen können. Er überträgt den Gedanken, der zum Beispiel hinter der Aktion »Jute statt Plastik« steht, auf das Reisen. Das heißt: Er wählt bewußt jene Reiseformen, die besonders umweltverträglich sind, die Menschen und Kulturen der bereisten Gebiete möglichst schonen und ihnen den größtmöglichen Nutzen stiften. Er setzt sein Geld gezielt zum Kauf solcher Produkte und Dienstleistungen ein, von denen er weiß, woher sie kommen und wer das Entgelt erhält. Er unterstützt damit vor allem die Ortsansässigen. Bei der Wahl der Unterkunft, der Verpflegung, des Verkehrsmittels, beim Besuch von Veranstaltungen, beim Kauf von Souvenirs läßt er sich von diesen Überlegungen leiten. Er nimmt sich Zeit, um seine Reise vorzubereiten. Er bleibt auch möglichst lange an den besuchten Orten, um sich wirklich etwas »aneignen« zu können.

Der mündige Tourist wehrt sich gegen die gedankenlose Vereinnahmung und Einebnung durch das übliche Tourismusgeschäft und seine Maßstäbe. Er setzt der großen Maschine den Versuch entgegen, zumindest durch sein persönliches Verhalten nicht auszubeuten, sondern Verantwortung zu übernehmen.

Der kritische Tourist wird auch während seiner Ferien mehr und mehr den Mut finden, gegen solche Leistungen zu opponieren, die sich um alle diese Grundsätze überhaupt nicht scheren. Er wird sich je länger, je unwilliger verschaukeln und für dumm nehmen lassen.

Diese kritische Konsumhaltung beim Touristen zu fördern, müßte das erste Ziel all jener sein, die sich um Verbraucherschutz und -aufklärung im Tourismus bemühen. Nicht nur der Schutz der Rechte des reisenden Menschen – gegenüber Reiseveranstaltern zum Beispiel – soll im Vordergrund stehen, sondern in erster Linie auch der Hinweis auf die »Pflichten« des Reisenden, auf seine Verantwortung und auf die Wege, die ihn zu einer kritischen Konsumhaltung beim Reisen führen können.

These 17: Einige Ratschläge und Regeln für ein rücksichtsvolles Reisen beherzigen

Gutgemeinte Forderungen für ein besseres Reisen versickern oft in zu abstrakt gehaltenen Wunschkatalogen. Der einzelne hat Mühe, sie zu übersetzen und auf sich selbst zu beziehen. Verschiedene Autoren oder Institutionen, die für eine Humanisierung des Reisens einstehen, haben dies inzwischen erkannt. Sie haben damit begonnen, ihre Vorstellungen in eine Art von »Verhaltenskodex« zu kleiden und sich direkt an den einzelnen Reisenden zu wenden. Stellvertretend für andere ähnliche Beispiele sind nachstehend die zwölf Verhaltensvorschläge wiedergegeben, die Ron O'Grady in seinem Büchlein ›Zwischenlandung Dritte Welt‹ publiziert hat. Obwohl sie sich vor allem auf Reisen in Entwicklungsländer beziehen, läßt sich vieles auf den Tourismus allgemein übertragen:

»1. Reisen Sie mit bescheidener Zurückhaltung und mit dem echten Wunsch, mehr über die Menschen Ihres Gastlandes zu erfahren.
2. Versuchen Sie, sich einfühlsam der Gefühle anderer Menschen bewußt zu werden. Damit vermeiden Sie, was als verletzendes Benehmen Ihrerseits ausgelegt werden könnte. Dies gilt hauptsächlich fürs Fotografieren.
3. Sehen und hören Sie sich nicht nur Dinge an, sondern bemühen Sie sich, zuzuhören und zu beobachten.
4. Seien Sie sich der Tatsache bewußt, daß die Menschen in dem Land, das Sie besuchen, oft eine andere Zeitauffassung haben und daß ihre Denkweise oft anders ist als die Ihrige, aber deshalb nicht schlechter.
5. Anstatt nach dem ›Strandparadies‹ Ausschau zu halten, entdecken Sie mit neuen Augen die Bereicherung, die das Kennenlernen einer anderen Lebensart mit sich bringt.
6. Machen Sie sich mit den örtlichen Sitten und Gebräuchen bekannt – man wird Ihnen gerne dabei helfen.
7. Anstelle des vom Westen oft praktizierten ›Besserwissens‹ bemühen Sie sich, Fragen zu sellen.
8. Vergessen Sie nicht, daß Sie nur einer von Tausenden von Touristen sind, die dieses Land besuchen, und erwarten Sie deshalb keine besonderen Vorrechte.
9. Wenn es das Ziel Ihrer Reise ist, Ihr Zuhause zur Abwechslung an einen anderen Ort zu verlegen, dann ist es unsinnig, Geld für eine derartige Reise auszugeben.

10. Erinnern Sie sich beim Einkaufen daran, daß das ›gute Geschäft‹, das Sie machten, nur durch die niederen Löhne, die dem Hersteller bezahlt werden, möglich war.
11. Versprechen Sie den Menschen Ihres Gastlandes nichts, von dem Sie nicht ganz sicher sind, daß Sie es halten können.
12. Denken Sie über Ihre täglichen Erlebnisse nach, und versuchen Sie, Ihr Verständnis der jeweiligen Situationen zu vertiefen. Jemand hat einmal gesagt: Was Dich selbst bereichert, mag andere berauben und ihnen Gewalt antun.«[267]

Anders formuliert, als gute Vorsätze für ein rücksichtsvolles Reisen:[268]

Be-nehmen statt nehmen
zu-hören statt hören
be-greifen statt greifen
ver-stehen statt da-stehen
be-gegnen statt ent-gegnen
er-leben statt aus-leben
achten statt ver-achten
lachen statt aus-lachen
fragen statt antworten
suchen statt finden.

Niemals darf hinter der Formulierung solcher Verhaltensratschläge die Absicht stehen, das Reisen reglementieren und neue Tafeln im Schilderwald der Gebote und Verbote aufstellen zu wollen. Zu Herzen nehmen und nicht Gehorsam ist das Ziel. Bestimmt wäre es verfehlt zu glauben, daß mit solchen Ratschlägen das Verhalten der Touristen stark und unmittelbar beeinflußt werden kann. Aber diese Art der Ansprache ist sicher geeignet, Denkprozesse in Gang zu bringen und die Nachdenklichkeit über die eigene Touristenrolle auch in breiteren Kreisen zu fördern, die sonst kaum bereit sind, sich intellektuell mit dem Reisen zu befassen.

Es ist deshalb zu fordern, daß solche Initiativen weiterentwikkelt und mit dem gleichen Professionalismus wie die kommerziellen Tourismusangebote gestaltet und vermarktet werden. Die Initiative dazu muß wiederum vom nicht-kommerziellen Sektor ausgehen. Zur Erzielung der nötigen Breitenwirkung ist jedoch der Einbezug und die Zusammenarbeit mit dem kommerziellen System unerläßlich. Jeder Tourist sollte – im übertragenen oder im buchstäblichen Sinne – aufgefordert werden, die »Charta für ein rücksichtsvolles Reisen« zu unterschreiben und dem »Club der verantwortungsbewußten Touristen« beizutreten. Die Befolgung der »Zehn Gebote für ein sozial- und umweltverträgliches Reisen« muß Ehrensache werden. Mit dem Aufkleber an der Windschutzscheibe oder mit einem sonstigen äußeren Zeichen dokumentiert man seine Verbundenheit mit der Idee. Und nach dem »sanften Druck« mitzumachen, beginnt auch die »soziale Kontrolle« zu funktionieren. Eine unrealisitsche Utopie? Ja, wirklich?

These 18: Selbstbeschränkt reisen: Weniger weit – weniger wechseln – weniger oft – hin und wieder zu Hause bleiben

Zum bewußteren Reisen gehört auch die Überlegung, ob weniger nicht oft mehr bedeuten würde. Das heißt zum Beispiel:

Nicht immer so weit reisen: Für viele Menschen wäre es wohl besser und auch erholsamer, nicht so weit zu fahren. Mal weg von zu Hause ja, aber doch nicht immer so weit. Das Gute liegt nicht unbedingt in der Ferne. Auch in der Nähe gibt es viel Überraschendes und sogar »Exotisches« zu entdecken. Man muß sich lediglich die Mühe nehmen, hinzusehen, im Gewohnten Neues herauszufinden. Vielleicht liegt im Urlaubswunsch zu viel exotische Erwartung, die dann in der Ferne oft künstlich befriedigt wird, aber wahrscheinlich nicht so viel einbringt und sogar enttäuscht.[269] Weniger weit reisen bedeutet, Fernweh und Muße besser zu vereinbaren. Ferien sind für viele wie eine Karikatur der Freizeit: Sie wenden auch darauf eine Art ökonomisches Leistungsprinzip an, das sie sich im Alltag angeeignet haben. Ferien heißt für sie: mit möglichst wenig Geld möglichst viele Kilometer zu absolvieren, mit einem Minimum an Zeit und Geld möglichst weit zu kommen. Aber wirkliche Freizeit hat man nur, wenn man sich Zeit läßt und bereit ist, weniger viel zu sehen und weniger weit zu kommen.[270]

Weniger häufig das Reiseziel wechseln: Es gibt Leute, die sammeln nach dem besagten Leistungsprinzip Reiseziele wie Briefmarken zum Einkleben ins Fotoalbum. An die Stelle dieses Atemlos-Reisens sollte eine größere Reisezieltreue treten: öfter oder gar regelmäßig an den gleichen Ort fahren. Nur so kann sich mit der Zeit eine echte Beziehung zu Land und Leuten aufbauen. Man trifft mit Einheimischen zusammen und lernt sie kennen und sie auch uns. Der anonyme Tourist wird zum gern gesehenen Gast. Erfahrungsgemäß fördert das Ferienmachen am gleichen Ort die Beziehungen zwischen Touristen. Man trifft sich in den Ferien immer wieder. Ein neuer Bekannten- und Freundeskreis entsteht. Bei den ortstreuen Urlaubern entwickelt sich auch eher das Bedürfnis, die Feriengegend zu bewahren und zu verschönern.[271] Sie haben ein eigenes Interesse daran gewonnen. Die vorüberziehenden Touristen verhalten sich da eher gleichgültig. Es hat wohl seine guten Gründe, daß Kinder immer an denselben Ort zurückwollen. Und die älteren Menschen, die besonders reisezieltreu sind, haben gemerkt, daß man wahre Erholung vor allem dort finden kann, wo man vertraut ist. Das Gewohnte gibt Sicherheit. Ein Refugium, von dem man zu neuen Erlebnissen ausschwärmt und gerne wieder zurückkehrt.

Weniger oft reisen, hin und wieder zu Hause bleiben: Bewußt reisen kann auch bedeuten, einmal bewußt nicht auf Reisen zu gehen und das Wochenende oder die Ferien zu Hause zu verbringen. In einer Zeit, da das Verreisen zu einer völligen Selbstverständlichkeit geworden ist, sollten wir uns öfter die ganz banale Fragen stellen: Warum fahre ich denn eigentlich weg? Und ehrlicherweise müßten wir uns dann das eine oder andere Mal eingestehen, daß wir gar nicht wegzufahren brauchen, um unsere Bedürfnisse nach Erholung, Abwechslung und Ausgleich zu befriedigen. Manchmal ließe sich dies ebensogut oder gar noch besser zu Hause oder in allernächster Umgebung bewerkstelligen. Aber daran denkt man nicht, weil das Reisen schon fast zu einem Automatismus – zu einer Art Gewohnheitsmobilität – geworden ist. Und sicher auch, weil es manchmal ungemein mühevoller erscheint, sich daheim etwas einfallen zu lassen und die Initiative zu ergreifen, als einfach ins Auto, in die Eisenbahn oder ins Flugzeug zu steigen und wegzufahren – das kopflose Einfach-Los-Reisen.[272] Blieben wir etwas mehr zu Hause und würden wir etwas weniger oft reisen, erhielte die Reise wieder vermehrt etwas vom seltenen und aufregenden Erlebnis, auf das man sich einstellt und freut. Die Reise in ferne Länder jedenfalls sollte so etwas sein. Ein Höhepunkt, der nicht einfach und notwendigerweise jedes Jahr wiederkommt.[273]

Eines wollen wir nicht übersehen: Die Freiheit, nicht auf Reisen zu gehen und sich daheim zu erholen, haben vor allem jene, die es zu Hause gut haben und bevorzugt wohnen. Wollten wir den »Ab-und-zu-Reiseverzicht-für-alle« ernsthaft postulieren, müßten wir zuerst unsere allgemeinen Lebensbedingungen verändern und verbessern: den Alltag – die Arbeit, das Wohnen und die tägliche Freizeit – humanisieren. Damit die Reise als Mittel zur Erholung und zur Regeneration weniger notwendig wird. Aber auch so gibt es viele Menschen, die gar keine Wahl haben. Ob sie wollen oder nicht, sie müssen verzichten und auch in den Ferien zu Hause bleiben, weil sie sich etwas anderes nicht leisten können oder sonst an ihren Wohnort gebunden sind. Zu Hause bleiben zu müssen bedeutet für viele von ihnen eine Verarmung des Lebens. So wie es umgekehrt für jene, die freie Wahl haben, eine Bereicherung bringen kann. Die unfreiwilligen Zuhause-Urlauber oder Nichturlauber damit zu trösten, daß sie ja auch zu Hause eine Menge interessanter Dinge tun könnten, wäre purer Zynismus.[274] Für alle anderen jedoch lassen sich die Erholung und die Ferien zu Hause, die lustvolle Aneignung der heimischen Umgebung[275] als »Hin- und-wieder-Alternative« durchaus propagieren.

Überall, in allen Städten und Gebieten, gibt es tausend Möglichkeiten, mühelos 14 oder mehr genußvolle vergnügliche, erlebnisreiche und bereichernde Ferientage zu Hause zu verbringen:[276] Die eigene Stadt entdecken, die einem meistens weniger bekannt ist als den Sightseeing-Touristen. Die Nachbarstadt, das Nachbardorf kennenlernen. Frei- und Hallenbäder, Spazierwege und Parks, Museen, Kunstdenkmäler und vieles andere benützen und besuchen. Im privaten häuslichen Lebensraum Dinge tun, zu denen man sonst zuwenig Zeit hat. Musik hören, den Hobbies frönen, in der Familie spielen. Vielleicht sogar einmal die Funktionen der Zimmer tauschen: im Wohnzimmer auf dem Fußboden schlafen, in der Badewanne frühstücken. Mit anderen Familienmitgliedern die Rolle tauschen – Vater kocht, Mutter liest Zeitung. Zur Abwechslung Tag und Nacht vertauschen. Mit anderen Daheimgebliebenen etwas unternehmen. Könnten erlebnisreiche daheim verbrachte Ferien nicht eher in den Alltag ausstrahlen als ein allzu kurzer Aufenthalt in fremder Umgebung?[277]

Es ist zu fordern, daß sich die Stadtpolitik viel intensiver um die Daheimgebliebenen kümmert. Wer reist, kann die vielfältigen Einrichtungen und Leistungen der Tourismusindustrie beanspruchen. Für die Zuhausegebliebenen gibt es wenig vergleichbare Anstrengungen. Die Freizeit- und Kulturpolitik der Städte und Gemeinden muß hier einspringen und entschieden mehr als bisher leisten. Dabei ist eine ideenreiche Animation und Information für die vielfältigen Freizeit- und Ferienmöglichkeiten zu Hause fast noch wichtiger als eine gute Freizeit-Infrastruktur. Aber gerade diesbezüglich ist bisher viel zuwenig getan worden. Der gänzliche Verzicht auf eine Reise, wie er von einigen Kritikern als Antwort auf die negativen Folgen des Tourismus gefordert wird, kann niemals eine Perspektive sein. Man würde damit – neben vielem anderen – vor allem auch die große Chance zur menschlichen Entfaltung aufgeben, die im Reisen liegt. Das Zuhausebleiben wird den Drang in die Ferne nie ablösen. Aber wenn man ab und zu bewußt daheim Urlaub macht, läßt das vieles in einem neuen Licht erscheinen.

These 19: Ein ehrliches und verantwortungsbewußtes Reisemarketing betreiben

Diese Forderung richtet sich an all jene, die im Tourismus als »Macher« auftreten. An all jene also, die Reisen produzieren und veranstalten, Reiseofferten machen und Angebote bereitstellen, Reisen verkaufen und über Reisen informieren. Auch wenn sie es nicht wahrhaben wollen: Die Macher – vor allem die Mächigen unter ihnen – haben im Tourismus einen ungleich größeren Einfluß auf den Konsumenten als in anderen Branchen. Und man muß ihnen auch eine ganz besondere Verantwortung übertragen. Die Mehrheit der Touristen sind unsichere Konsumenten. Sie haben zwar viele Wünsche und Sehnsüchte, aber nur selten präzise Vorstellungen von dem, was sie eigentlich wollen. Wie sollten sie auch. Sie fahren ja meist ins Unbekannte. So sind denn die Ferienmenschen beeinflußbarer als andere. Noch sind sie in ihrer großen Mehrheit passiv-rezeptive, offene und bereitwillige Konsumenten, mit denen sich vieles anstellen läßt, im Guten wie im Schlechten. Sie sind dankbar für Hilfeleistungen, Beratungen und konkrete Offerten, ja darauf angewiesen. Sie vertrauen sich den Helfern an. Deshalb sind die großen Reiseanbieter nicht nur Tourismusmacher, sondern auch Meinungsmacher. Es hängt stark von ihrer Geschäftspolitik und ihrem Marketing ab, welche Züge der Tourismus schließlich trägt. Die Schule für einen menschlicheren Tourismus muß bei ihnen beginnen. Sie tragen eine besondere Verantwortung, nicht nur weil ihr Einfluß groß ist, sondern weil sie – im Unterschied zur Sachgüter produzierenden Industrie – mit Menschen, Kulturen und Landschaften und vor allem mit des Menschen wertvollster Zeit, mit seiner Freizeit handeln.

Kein Tourismusanbieter, sei er Reiseveranstalter, Hotelunternehmer, Transporteur oder Verkehrsdirektor, darf sich in seiner Verantwortung hinter vorgeschobenen Käuferwünschen verstecken. Wieviele Reiseveranstalter zum Beispiel erklären immer wieder, daß es ihr ganzes Bestreben sei, den Käuferwünschen möglichst rasch, möglichst perfekt und möglichst vollständig zu entsprechen; daß sie nichts anderes als Steigbügelhalter für ihre Kunden seien. Ein bequemer Schild, hinter dem sich gut leben und Geschäfte machen läßt, ohne die belastende Verantwortung.

Ich möchte alle Tourismusanbieter auffordern, sich unmißverständlich zu ihrer Verantwortung gegenüber den reisenden Menschen, den bereisten Menschen und der beanspruchten Umwelt zu bekennen und ihren Beitrag zu verdeutlichen, den sie zugunsten eines menschlichen Tourismus leisten und welche Regeln sie dabei respektieren wollen. Ich schlage ihnen vor, ihr Credo und die Grundsätze ihres Geschäftsgebarens nach innen und nach außen zu formulieren und publik zu machen. Und zwar nicht bloß in ein paar schönen allgemeinen Sätzen, sondern in möglichst konkret gehaltenen Bekenntnissen. Man soll sie dafür haftbar machen können.

Die Freilegung solcher Geschäftsprinzipien, eine gläserne Geschäftspolitik, könnte auch die da und dort angeschlagene Glaubwürdigkeit der Reisebranche wieder herstellen und den Eindruck korrigieren, daß sie ohne Rücksicht auf Verluste von Kopf bis Fuß lediglich auf Profit eingestellt ist. Es sind doch wohl sehr gefährliche Alibiübungen, wenn zum Beispiel Vertreter von großen Reiseveranstaltern mit aufgeschlossenen Argumenten an kritischen Seminaren über das Dritte-Welt-Reisen teilnehmen, oder wenn sie Studien und Informationsmaterial für einen besseren Tourismus mitfinanzieren, einzelne unter ihnen aber gleichzeitig in ihren Katalogen mehr oder weniger unverhohlen Sex-Reisen nach Bangkok oder anderswohin anbieten oder solche auf Anfrage organisieren: die Vortäuschung einer sauberen Gesinnung ohne praktische Konsequenzen. Gefordert werden nicht bloß schöne Worte, sondern auch entsprechende Taten.

Damit es nicht bei Einzelinitiativen bleibt, sollten sich die Berufsverbände im Tourismus das Aufstellen einiger gemeinsamer geschäftspolitischer Grundsätze überlegen, die für alle Mitglieder empfehlenden oder besser noch verplichtenden Charakter haben. Einen »Moralkodex für Reisebüros« beispielsweise, in dem Grundsätze zur Zusammenarbeit mit den Leistungsträgern (Konditionen für Vertragsabschlüsse und dergleichen) zur Wahl der Destinationen, zur Preispolitik, zur Werbung, zum Verkauf, zur Information und zur Haftung gegenüber Reisenden und Partnerunternehmenungen festgehalten sind, welche die Unterzeichneten einhalten wollen; eine Art Selbstkontrolle der Geschäftspraktiken.

Ehrlicheres Reisemarketing hieße auch: Die Werbung infor-

mativer gestalten. Nicht allein die Fluchtmotive des Reisenden ansprechen, die Ferienziele als Paradiese, als heile Sonntagswelt anpreisen und in Superlativen schwelgen, sondern auch Wirklichkeit darstellen, beim Reisenden das Interesse dafür wecken und ihn schließlich auch auf seine Verantwortung als Besucher aufmerksam machen. Zu solch besserer Information können auch die Tourismusorganisationen der Zielgebiete viel beitragen, indem wenigstens sie selbst auf Klischeewerbung verzichten und ihre Partner mit wirklichkeitsnahen Informationen beliefern.

These 20: Tourismusverantwortliche umfassender und besser ausbilden

Menschlicher Tourismus setzt voraus, daß all jene, die an verantwortlicher Stelle das Reisen mitgestalten, über eine umfassende »humanistische Bildung« verfügen. Die allzu enge fachspezifische Ausbildung in den Fremdenverkehrsberufen muß um eine Dimension erweitert werden, die man als Tourismusethik bezeichnen könnte. Wissen, welches die bestimmenden Größen des Reisens sind und wie sie zusammenhängen: Ökonomie, Psychologie, Soziologie, Pädagogik, Geographie und Ökologie des Reisens. Die sich daraus ergebenden Verpflichtungen und Verantwortlichkeiten erkennen, im Hinblick auf einen am Menschen und an der Umwelt orientierten Tourismus.

Wie in vielen anderen Branchen ist auch die Ausbildung in den herkömmlichen Tourismusberufen fast ausschließlich auf die Vermittlung von handwerklich-technischem und kaufmännischem Know-how ausgerichtet. Die gängigen Gradmesser für den beruflichen Erfolg sind quantitative Größen: mehr Buchungen erzielt, mehr Ankünfte registriert, mehr Ausflüge organisiert, mehr Umsatz erwirtschaftet. Auf solche kurzfristigen Größen wird dann eben auch die gesamte berufliche Ausbildung und Tätigkeit ausgerichtet und eingeengt. Für alles, was nicht unmittelbar zur Erreichung dieser Ziele beiträgt, für die auch längerfristig wichtigen Fragen, fühlt sich niemand so recht verantwortlich. Das falsche Verständnis des Hoteliers als »Suppenverkäufer« und des Verkehrsdirektors als Logiernächteproduzent. Diese einseitige Interpretation der Berufsrolle und der beruflichen Verantwortung ist mitschuldig an vielen touristischen Fehlentwicklungen. Was wir morgen brauchen, sind mehr Generalisten und weniger Spezialisten. *In vielen touristischen Berufen sind die Pflichtenhefte entsprechend zu erweitern, die Grundlagen der Ausbildung neu zu überdenken und die Berufsanforderungen höher zu schrauben.* Neben einer Verbesserung der Qualifizierung in den meisten herkömmlichen touristischen Berufen sind auch gänzlich neue Ausbildungsgänge zu schaffen. Zu denken ist dabei besonders an die Schulung von Freizeit- und Ferienpädagogen. Sie werden in der Freizeitwelt von morgen den sehr wichtigen Bereich der Animation auf allen Ebenen zu betreuen haben: die Anleitung zu erfüllter Freizeit, zu Hause wie auf Reisen.

These 21: Die Menschen in den Ferien zu einem neuen Erleben und Verhalten animieren

Die meisten Menschen brauchen eine gewisse Hilfestellung von außen, um ihre eigene Befähigung zum Erleben genußreicher und erfüllter Ferien zu entdecken und zu nutzen. Diese Hilfestellung kann durch die sogenannte »Animation« geleistet werden – ein Begriff, der gerade auch in der Tourismusbranche selbst oft mißverstanden wird. Deshalb möchte ich dazu zunächst einige Erläuterungen geben.

Wer viel gereist ist, und dabei das Reisegeschehen sowie sich selbst aufmerksam und kritisch beobachtet hat, wird unschwer zu einer Feststellung gekommen sein: Viele Ferienmenschen sind in ihrer neuen Umgebung hilflos und einsam. Sie haben Schwierigkeiten, Kontakt zu finden oder etwas anderes als das von zu Hause Gewohnte zu tun. Die plötzliche Freiheit macht ihnen zu schaffen. Der Alltag hat zuviele Blockaden und Hemmungen entstehen lassen und Fähigkeiten zugeschüttet. Animation soll nun helfen, Hindernisse und Hemmungen zu überwinden, die dem Wunsch nach mehr Selbstentfaltung in den Ferien entgegenstehen.[278] Dabei ist der Mensch durchaus bereit, eine eigene Anstrengung zu erbringen. Die Erfahrung lehrt, daß sich gerade auch in der Freizeit und in den Ferien die Menschen enttäuscht fühlen, wenn man ihnen in falsch verstandener Fürsorglichkeit keine Anstrengungen zumutet.[279] Anstrengung bringt Lustgewinn. *Den Tourismus menschlicher machen, muß deshalb auch bedeuten, das in jedem Menschen schlummernde große persönliche Potential zur Entfaltung zu bringen und auszuschöpfen. Eine richtig verstandene Animation soll diese sehr sinnvolle, aber in ihrer Ausführung zugleich sehr schwierige Aufgabe übernehmen. Die Animation, verstanden als Anleitung zur Kultivierung des Reisens, soll sich insbesondere in drei Richtungen entfalten und bewußt gefördert werden: als Hilfe zur Selbstfindung, als Hilfe zur Kontaktfindung zu anderen Touristen und als Hilfe zur Kontaktfindung zu den Bereisten und dem bereisten Land. Die Animation muß von ausgebildeten Animateuren geleitet werden, an deren Charaktereigenschaften (Bescheidenheit, Einfühlungsvermögen und so weiter) und an deren spezielle pädagogische Ausbildung höchste Anforderungen zu stellen sind.* Eine so verstandene Animation im Tourismus ist noch viel zu wenig verbreitet. Sie wird auch oft falsch interpretiert und auf Kommerz ausgerichtet.

Der Starnberger Studienkreis für Tourismus hat schon 1975 ein umfassendes Konzept der Animation vorgelegt und sechs Animationsbereiche unterschieden. Um zu veranschaulichen, wie vielfältig die Ansatzpunkte sind, seien die Bereiche und einige mögliche Tätigkeiten dazu hier aufgeführt. Die fast unverantwortliche Kürze der Zusamenfassung soll nicht darüber hinwegtäuschen, daß es sich um ein sehr differenziertes Konzept handelt:[280]

Bewegung – zum Beispiel: Sport, Schwimmen, Gymnastik, Judo, Bergsteigen, Wandern. Spiel: Tischtennis, Ballspiele, Stafetten-Spiele.

Geselligkeit – zum Beispiel: Picknick, Brunch und Buffet, eventuell im Freien und mit Musik, rotierende Sitzordnung bei den Mahlzeiten, Nutzen besonderer Anlässe regionaler oder überregionaler Art, thematische Feste, Kinderparty, Geburtstagsfeier.

Kreatives Tun – zum Beispiel: Zeichnen, Fingermalerei, Collagen, Scherenschnitt, Emaillieren, Batik und Stoffdruck, Fotografieren, Töpfern, Wunschkonzerte, Geschichtenerzählen, Sketche, Laienspiel.

Bildung, Entdecken und Erleben – zum Beispiel: Konzerte, Dichterlesungen, Quizabende, Vorträge über Geschichte des Landes, Einführungskurse in die Sprache des Gastlandes, Kochkurse, Besuche auf dem Bauernhof, Schnitzeljagden mit Fragen über Land und Leute, Gespräche mit einheimischen Persönlichkeiten.

Abenteuer – zum Beispiel: Lagerfeuer, Biwakieren, Nachtwanderungen, Tauchen, Floß- und Schlauchbootfahrten, Burgruine entdecken.

Ruhe, zu sich selbst finden – zum Beispiel: Yoga, klassische Musik anhören, kleinere Wanderungen mit Betrachtungen von Details, Gesprächsabende im kleinen Kreis, Leseabende, Märchenstunden für Kinder.

Richtig interpretierte Animation heißt: dem Menschen den Mut geben, aus sich herauszugehen; Verschüttetes freilegen; Informationen, Anreize und Anstöße vermitteln; günstige Voraussetzungen schaffen und Beispiel geben. Im Mensch die Freiheit freisetzen, die Freiheit nämlich, selbst aktiv zu werden. Animation soll mithelfen, Barrieren abzubauen, Entdekkungsfreude und Kontaktbereitschaft zu fördern und so Schritte aus der Isolation heraus zu ermöglichen.[281] Animation als Hilfe zur Selbsthilfe, als Anregung von Eigenkreativität und Eigenbeteiligung. Eine Animation also, die sich selbst fortschreitend überflüssig macht und deren bleibendes Ziel Selbst-Animation heißt.[282] Mehr kann und soll Animation nicht sein. Das wichtigste bleibt demjenigen vorbehalten, der animiert wird.[283]

Animation darf nicht bedeuten: Manipulation in Form von Verplanung fremder Bedürfnisse und Aktivitäten und Schaffung neuer Abhängigkeiten. Es muß auch nicht der große Spektakel und Zirkus sein, den beispielsweise verschiedene Ferienclubs organisieren und den man bald durchschaut und satt hat. Aufgrund von Umfragen in solchen Clubs hat man ermittelt, daß zwischen 30 und 45 Prozent der Clubgäste der ganze Trubel manchmal nervt.[284]

Der Animateur ist weder ein clownesker Muntermacher, noch ein Showman oder ein Superathlet. Er ist in erster Linie Pädagoge. Aber er ist nicht nur Lehrer, sondern auch Lernender. Wie anspruchsvoll seine Aufgabe ist, zeigt das Anforderungsprofil, das der Freizeitpädagoge Horst Opaschowski formuliert hat.

»Der Animateur soll in der Lage sein, auf Menschen zuzugehen, sie anzusprechen, soziale Kontakte untereinander zu fördern und sie ermutigen und befähigen, selbst aktiv und kreativ zu werden. Wenn es so etwas wie einen hippokratischen Eid für Animateure gäbe, würde er so lauten:

– Handle nie gegen die Interessen deines Gegenübers.
– Sieh in jedem Menschen deinen Partner.

- Gib zu erkennen, daß für dich Ängste und Hemmungen menschlich sind.
- Nimm jeden Teilnehmer so, wie er ist. Fördere seine Stärken und fordere nicht, daß er eine Schwächen kaschieren muß.
- Hol jeden Teilnehmer bei seinen Neigungen, Interessen und Fähigkeiten ab.
- Trau ihm unbedingt Können, Wissen und eigene Entscheidungen zu.
- Hilf ihm, seine Bedürfnisse und Interessen zu erkennen und dazu, daß er sie später allein verwirklichen kann.«[285]

These 22: Die Bereisten über die Reisenden und die Tourismusprobleme informieren

Durch eine umfassende Information und Aufklärung der Bereisten könnnten viele Mißverständnisse behoben, Aggressionen verhindert, Sympathien gewonnen und bessere Voraussetzungen für die Gastfreundschaft und die Begegnung mit den Touristen geschaffen werden.

Ziel solcher Information soll es sein, die Bereisten auf allen Stufen – allen voran die Menschen, die direkt mit den Touristen in Kontakt kommen, aber auch eine weitere Öffentlichkeit – über die Herkunft der Touristen, ihre Lebenssituation im Alltag (Arbeits- und Wohnverhältnisse, Klimabedingungen und so weiter), über ihre Reisemotive und über ihre Verhaltensweisen aufzuklären. Dazu gehört die Darstellung der Vorteile, aber auch der Nachteile und Gefahren, die der Tourismus mit sich bringt. Informationsmittel und Informationskanäle müssen den anvisierten Gruppen angepaßt sein. In Frage kommen vor allem die allgemeinen Schulen, die touristischen Berufsschulen und die Massenmedien. Es wäre sinnvoll, wenn die Entsende- und Empfangsgebiete bei der Gestaltung der Informationsmittel zusammenarbeiten würden.

Obwohl dieses Postulat sicher wichtig und für alle Reisegebiete erheblich ist – für die traditionellen Ferienplätze ebenso wie für Reisegebiete in der Dritten Welt –, ist in dieser Richtung bisher sehr wenig getan worden. Wenn zum Beispiel ein Dorfschullehrer in einem schweizerischen Tourismusort seine Schüler über die Touristen, von denen doch das ganze Dorf lebt, informieren will, fehlt ihm das entsprechende schulgerecht aufgearbeitete Material. Aber viele Lehrer werden sich der Notwendigkeit dieser Information vielleicht nicht einmal bewußt sein. Wahrscheinlich hat man auch in der Lehrerausbildung kaum je darüber gesprochen.

Es gibt einige wenige Beispiele von Aktionen, wo nationale Fremdenverkehrsstellen bei ihren Landsleuten eine Sympathiewerbung für die Touristen betrieben oder eine Kampagne lanciert haben, um die wirtschaftliche Bedeutung des Tourismus klarzumachen (zum Beispiel Italien, Spanien, Dänemark). Ziel solcher Maßnahmen ist es jeweils, eine Verbesserung des Fremdenverkehrsbewußtseins bei der einheimischen Bevölkerung zu erreichen. Daß solches dringend notwendig sei, wird von Branchenvertretern des Tourismus auch in vielen anderen Reiseländern immer wieder betont. Meistens wird dabei jedoch etwas vergessen: Mit besserer Information allein kann ein erhöhtes Fremdenverkehrsbewußtsein, das heißt, eine positive Einstellung zum Tourismus – oder mehr noch – eine Identifikation mit den Anliegen des Tourismus nicht erreicht werden. Information wird nur dort auf fruchtbaren Boden fallen, wo auch die Strukturen des Tourismus im Sinne vieler unserer Thesen verbessert worden sind. Solange diesbezüglich nichts geschieht und der Einheimische die Nachteile des Fremdenverkehrs stärker empfindet als seine Vorteile, solange kann auch die beste Information ihn nicht zu mehr Verständnis und Sympathie veranlassen.

Zwei Beispiele aus Entwicklungsländern mögen darauf hinweisen, wie vielfältig die Möglichkeiten der Information sind.

Beispiel 1: In allen Ausbildungsprogrammen der Hotelfachschule in Nairobi/Kenia ist ein Kursus eingebaut, der Antworten auf vier Fragen sucht: Wer bin ich? Was ist mein Land, unsere Kultur, unser Wille, was sind unsere Probleme? – Wer sind sie? Wer sind die Touristen, wie ist ihr Alltag, wie hart müssen sie mitunter für ihre Ferien arbeiten, wie sind ihre Wünsche, ist ihr Verhalten? – Was bin ich in den Augen der Touristen? Der Einheimische, der Schwarze, der Diener? – Wie können die durch unterschiedliche Vorstellungen entstehenden Probleme gelöst werden? Verhalten gegenüber Touristen? Und so weiter... Als Grundlage für die Diskussion dienen didaktisch aufgebaute Dia-Shows.

Beispiel 2, der Vorschlag eines Völkerkundlers:[286] Schüler aus Industrieländern stellen in Aufsätzen, Zeichnungen, Fotoreportagen, Collagen und so weiter den Alltag bei uns dar, mitsamt seinen Sorgen und Nöten. Das Material wird zu Ausstellungen zusammengefügt und in den touristischen Zielländern gezeigt.

Die Information der Bereisten ist ein weiteres großes, unbeackertes Feld für Tourismusforschung, -pädagogik und -politik.

These 23: Reisen lernen – Die Menschen auf das Reisen vorbereiten und schulen

Auf der Welt reisen Millionen und Abermillionen von ahnungslosen Menschen herum. Sie besuchen besonders empfindliche Länder, Gebiete, Landschaften und Kulturräume ohne die geringsten Vorkenntnisse, ohne die geringste Vorbereitung, ohne das Wissen um die Auswirkungen des Reisens und ohne wirkliche und bewußte Bereitschaft, die Menschen in den besuchten Gebieten zu verstehen. Sie schöpfen die großen Chancen, die im Reisen liegen, auch für sich selbst nur im kleinsten aus. Und sie richten – vor allem, weil sie ahnungslos sind – sogar viel Schaden an. Was kann man von einem Touristen erwarten, dessen Reisevorbereitung sich auf den Kauf von Sonnenschutzöl und Malariatabletten beschränkt! Wir haben diese neue Mobilität, die man Tourismus nennt, nie gelernt. Es ist vielmehr die Seßhaftigkeit, die uns von Kindheit an anerzogen worden ist. Wir lernen im Leben lesen, rechnen, tanzen, einkaufen, autofahren und so weiter. Wann aber haben wir jemals reisen gelernt?[287] Dieses großes Bildungsdefizit ist für viel Fehlverhalten in den Ferien, aber auch für Enttäuschungen und unausgeschöpftes Ferienglück verantwortlich.

Das Reisen selbst in großem Umfang pädagogisieren zu wollen, wäre eine wenig sinnvolle und sicher auch keine erfolgversprechende Politik. Vom Touristen während seiner Ferien einen Lernprozeß als Pflicht zu verlangen ist ungerecht.[288] Während seiner Ferien soll er die Freiheit behalten, zu tun und zu lassen, was ihm beliebt. Die pädagogische Einwirkung muß in erster Linie zu Hause erfolgen.

Die wirkungsvollste Kausaltherapie für einen menschlicheren Tourismus liegt wahrscheinlich darin, den Menschen die Möglichkeit zu geben, das Reisen von Grund auf zu erlernen. *Ich schlage deshalb eine breit angelegte und auf die Zukunft geplante »Kampagne Reisen-Lernen« vor, in die alle Träger eingeschaltet werden, die für eine pädagogische Aktion in Frage kom-*

men. Der Aufbau dieser Kampagne erfordert sehr viel Anstrengungen und noch mehr Zeit. Es wird Jahre dauern, bis sie ihre volle Wirkung entfaltet haben wird und die neue Generation der aufgeklärten Touristen auf Reisen geht. Um so dringender ist es, die Aufgabe ohne Verzug und auf allen Ebenen anzupacken.

– Erster und wichtigster Träger der Kampagne Reisen-Lernen ist *das öffentliche Erziehungs- und Bildungswesen,* die Schule also: von der Volksschule hinauf bis zur Universität. Der Unterricht über Freizeit und Reisen muß in alle Schulprogramme Eingang finden. Um so mehr, als diese Bereiche morgen noch lebensbestimmender sein werden, als sie es heute schon sind. Der Schüler soll Schritt für Schritt die Fähigkeit erlangen, Tourist zu sein. Pierre Lainé hat sich auch schon einige Gedanken zum Programm gemacht.[289] Auf einer ersten Stufe soll der Unterricht auf die Entdeckung der verschiedenen Lebensrhythmen Ruhe, Aktion, Freizeit, Arbeit und ihre Beziehungen ausgerichtet sein. In einer zweiten Phase richtet sich der Blick behutsam nach außen. Man lernt zu schauen, zu verstehen und eignet sich Respekt vor der Natur und vor den Lebensformen anderer an. Geographie und Geschichte als Entdeckung des Raumes und der Orte der Ereignisse. Man wird mit kleinen Reisen anfangen, um das Raum- und Zeitgefühl zu schulen und um das Interesse für Ökologie, Biologie und viele andere Wissensgebiete zu wekken. Das Erlernen von Fremdsprachen wird eine noch größere Bedeutung erlangen. Zwischen dem zwölften und dem vierzehnten Lebensjahr werden sich die Jugendlichen die grundsätzlichen Reflexe angeeignet haben. Die Kenntnisse werden nachher vertieft. Man beginnt mit dem Studium der wirtschaftlichen, sozialen und kulturellen Beziehungen zwischen den Entsende- und Empfangsgebieten. Am Ende ihrer Schulzeit haben sich die Jungen einen Fähigkeitsausweis, ein Reifezeugnis als Tourist erworben – im übertragenen Sinne selbstverständlich. Sie haben reisen gelernt. Die praktische Ausübung, die Erweiterung des Erfahrungshorizontes, die Vertiefung des Wissens kann nun folgen. Je mehr die Menschen von klein auf die Urlauberrolle gelernt haben, um so mehr wird die Ferien- und Reisekultur zunehmen.[290]

Auch Horst Opaschowski hat einen beherzigenswerten Vorschlag für eine Neugestaltung des Schulunterrichtes gemacht:[291] Jede Schulklasse soll pro Unterrichtstag eine Stunde zur freien Verfügung, eine sogenannte Frei-Stunde haben, in der Lehrer und Schüler gemeinsam planen, lernen und arbeiten können, was und wie sie es wollen. Ohne inhaltliche Vorgaben, damit die Eigeninitiative der Schüler und die Gemeinsamkeit der Klasse herausgefordert werden. Auf diese Weise sollen sie lernen, Frei-Stunden und Frei-Zeit eigenverantwortlich zu planen und zu gestalten. Ein Anreiz zu Eigenaktivität und selbständigen Entscheidungen. Die pädagogische Aktion Frei-Stunde bedeutet: Fünf Stunden pro Woche weniger traditionelle Stoffvermittlung und etwa 15 Prozent weniger Zeit für die gezielte Vorbereitung auf die Arbeitswelt – zugunsten einer wirkungsvollen Vorbereitung auf das Leben allgemein. Wie positiv sich die Verwirklichung dieses Vorschlages auch auf das bewußtere Reisen auswirken würde, braucht keine Erläuterung mehr.

- Als weitere wichtige Träger der Kampagne Reisen-Lernen müssen die zahlreichen *Institutionen der Erwchsenenbildung* interessiert werden. Die Zahl der aufnahmebereiten und bildungswilligen Erwachsenen – gerade auch bei den älteren Menschen – ist stark zunehmend. Immer mehr Bildungsstätten nehmen sich ihrer an.
- Eine nächste einflußreiche und meinungsbildende Trägergruppe umfaßt Institutionen wie die *Kirche, die politischen Parteien, die Gewerkschaften, die kulturellen Vereinigungen, die Konsumentenorganisationen* und andere mehr. Zu den mächtigsten und mitgliederreichsten Konsumentenverbänden gehören auch die großen Automobilclubs, die ich hier ausdrücklich einschließen möchte. Alle diese Träger sollten auf keinen Fall versuchen, die kommerziellen Tourismusunternehmungen zu kopieren und einfach auch Reisen zu organisieren, wie es einige auf manchmal eher ungeschickte Art und Weise tun. Wünschenswert wäre vielmehr, daß sie ihre ganze Kraft und ihre Mittel in den Dienst der Reise-Anleitung ihrer Mitglieder stellten. Allerdings haben sich verschiedene der erwähnten Institutionen bisher um Freizeit- und Reisefragen wenig oder überhaupt nicht gekümmert. Als ob es hier keine Probleme gäbe.
- Um eine möglichst große Breitenwirkung zu erzielen, muß es unbedingt gelingen, das Interesse der *Massenmedien*, allen voran des *Fernsehens*, für das Thema zu gewinnen. Insbesondere beim Medium Fernsehen, das sich zur Vermittlung von Anregungen für eine aktive Freizeitgestaltung und auch für

die gemeinte Reise-Schule besonders gut eignen würde, ist eine unglaubliche Vernachlässigung dieser Thematik festzustellen. Es ist, als ob die Television befürchtete, sich durch eine Anleitung zur Kultivierung der Freizeit und des Reisens selbst überflüssig zu machen. Einige tourismuskritische Sendungen sind wohl ein Lichtblick, aber noch lange nicht eine Leistung, die der Bedeutung des Reisens und der Ferien für die Menschen in unserer Zeit entspricht.

- Die *offiziellen Tourismusorganisationen* – von der lokalen bis zur nationalen Ebene – sollen alle übrigen Träger mit Informationsmaterial beliefern, bei der Gestaltung der Lehrmittel mitwirken und sich selbst zugunsten einer Versachlichung der Reisewerbung einsetzen.
- Der *kommerzielle Tourismussektor* ist ebenfalls in die Aufklärungsarbeit einzuspannen. Aber es darf ihm sicher nicht ein Löwenanteil an Arbeit zugedacht werden. Im Idealfall sollte sich der Reisende sein Wissen schon über andere Kanäle erworben haben, bevor er die Dienste eines Tourismusunternehmens in Anspruch nimmt. Dennoch können Touristikunternehmen einen wichtigen Beirag leisten, obwohl sie zu Recht ihre primäre Aufgabe nicht in der Bildung und Erziehung ihrer Gäste sehen. Da und dort gibt es bereits bescheidene Ansätze zu einer Mithilfe des kommerziellen Sektors, die über die bloße Werbung für Reisen hinausgehen. So zum Beispiel die Mitfinanzierung von Ländermagazinen – in Deutschland Sympathiemagazine genannt –, die viel objektive Informationen über Reiseziele enthalten.[292] Oder die Unterstützung von Aufklärungsfilmen über die Problematik von Dritt-Welt-Reisen, die den Reisenden unter anderem auch in den Flugzeugen gezeigt werden, die sie zu diesen Reisezielen bringen.[292] Diese bemerkenwerten Initiativen sind beide vom Starnberger Studienkreis für Tourismus ausgegangen und zur Weiterentwicklung und Nachahmung sehr empfohlen. Sicher kann der kommerzielle Sektor noch viel mehr als bisher tun. Er wird sich vor allem dann dazu bereit finden, wenn er spürt, daß von den andern Trägern starke Anstrengungen ausgehen und er nicht beiseite stehen kann. Im großen Stil wird er wohl erst dann umdenken, wenn dereinst die informierten Touristen auf Reisen gehen und sie von den Tourismusunternehmungen eine Neuorientierung ihrer Politik ganz einfach verlangen werden.
- Last but not least ist zu fordern, daß sich auch die *Freizeit-*

und Tourismusforschung in den Dienst der Kampagne Reisen-Lernen stellt. Sie hat es bisher kaum getan. Ihr Augenmerk war und ist immer noch allzu sehr auf abstrakte Grundlagenforschung oder auf die Probleme des kommerziellen Tourismussektors ausgerichtet, der bekanntlich einen Teil der Forschungsarbeit finanziell mitträgt. Ich beziehe mich in diese Kritik selbst mit ein. Aber was nützen die schönsten Erkenntnisse, wenn sie in Büchergestellen verstauben oder schubladisiert werden. Die Freizeit- und Tourismusforschung ist aufgerufen, ihr Wissen zur Verfügung zu stellen und in Zusammenarbeit mit allen andern Trägern die benötigten Informationsmittel aufzubereiten und in zielgruppengerechter Form bereitzustellen. Wollten alle Träger in beschriebener Weise heute in die Kampagne Reisen-Lernen einsteigen, würden ihnen die für eine gezielte Arbeit benötigten Lehrgänge und Bildungsmaterialien weitgehend fehlen. Die Freizeit- und Tourismusforschung kann Entscheidendes dazu beitragen, diese Lücke zu schließen und damit der Bildungsarbeit zum Start zu verhelfen.

Ich will mich jedenfalls – und dies soll hier als mein persönliches Schlußwort stehen – in den kommenden Jahren vor allem dieser Aufgabe widmen. Um nicht nur zu fordern, sondern um auch konkret etwas zu leisten. Um nicht nur zu forschen, sondern um auch umzusetzen. Das vorliegende Buch darf als Auftakt zur Einlösung dieses Versprechens verstanden werden.

Der Schlüssel zu einer Humanisierung des Reisens ist der neue, der souveräne Mensch. Nicht mehr der Ferienmensch, sondern der Mensch als der Eine-Ganze. Der Mensch, der seiner selbst und seiner Motive – auch seiner Reisewünsche – ansichtig geworden ist; der gelernt hat, sich selbst kritisch zu begegnen und sich durch die Erfahrung fremder Kulturen selbst zu relativieren, der so etwas wie eine innere Reise vollbracht hat und dabei wissend und deshalb bescheiden geworden ist. Diesem Menschen ist zur Geburt zu verhelfen. Erst wenn es ihn gibt, wird auch die äußere Reise insgesamt menschlicher werden können.

Anmerkungen

1 Wirtschaftswoche Nr. 16, 16. 4. 1979, Düsseldorf, S. 38.
2 Freizeit und Straße: Aktive Freizeitgestaltung und Verkehr. Hrsg.: Deutsche Straßenliga und Deutsche Gesellschaft für Freizeit, Köln 1980, S. 56.
3 P. Trachsel: Zerstörung oder Belebung durch den Verkehr. In: Raumplanung im Kreislauf der Sachzwänge, Schriftenreihe zur Orts-, Regional- und Landesplanung Nr. 11, Zürich 1972, S. 48.
4 R. Traitler: Der manipulierte Tourist. In: Der Überblick, Nr. 3, Stuttgart 1971.
5 H. Hoffmann: Urlaub als Ware – der Tourist als Konsument? In: Der Überblick, Nr. 3, Stuttgart 1971.
6 H. W. Prahl, A. Steinecke: Der Millionen-Urlaub. Darmstadt 1979, S. 10.
7 K. Marti: Urlaub oder Ferien? In: Tagesanzeiger Magazin vom 4. 6. 1977, Zürich, S. 30.
8 P. Keller: Das Schweizerische Tourismuskonzept – Einführung und Interpretation. Manuskript, Bern 1980, S. 4.
9 Das Schweizerische Tourismuskonzept. Beratende Kommission für Fremdenverkehr des Bundesrates. Bern 1979, S. 54.
10 H. Kahn: Die Zukunft der Welt 1980 – 2000. Wien 1980, S. 297f.
11 E. Eppler: Wege aus der Gefahr. Hamburg 1981, S. 219.
12 P. E. Stössl: in: Lesebuch 4. Freizeit. München 1973, S. 21.
13 R. Dahrendorf: Chance der Krise. Stuttgart 1983.
14 J. Hersch: Du mauvais et du bon usage du tourisme. Vortragsmanuskript, Bern 1977.
15 Zur Kritik am Tourismus vgl. z. B. H. R. Scherrieb: Der westeuropäische Massentourismus. Würzburg 1975, S. 51ff.
16 T. Chorherr: Der Freizeitschock. Wien/München/Zürich/New York 1980, S. 132.
17 E. Eppler, M. Ende, H. Tächl: Phantasie/Kultur/Politik – Protokoll eines Gesprächs, Stuttgart 1982, S. 21.
18 H. A. Pestalozzi: Nach uns die Zukunft. Bern 1979, S. 217.
19 U. Frauchiger: in: Der Bund, Nr. 133 vom 24. 12. 1982, Bern, S. 7.
20 E. Bloch: Das Prinzip Hoffnung. Frankfurt, o. J.
21 M. Rotach, S. Mauch, P. Güller: Szenarien künftiger Entwicklungen. Arbeitsberichte Nationales Forschungsprogramm ›Regionalprobleme in der Schweiz‹, Bern 1982.
22 Ebenda, S. 47.
23 H. C. Binswanger, W. Geißberger, T. Ginsburg: Wege aus der Wohlstandsfalle. Frankfurt 1983, S. 34ff.
24 J. Huber: Anders arbeiten – anders wirtschaften. Frankfurt 1979, S. 20.

25 H. Hamm: Grenzen des Wohlfahrtsstaates. In: Schriftenreihe des Vororts Nr. 31, Zürich 1982, S. 16.

26 J. Krippendorf: Fehlentwicklungen im Schweizer Tourismus. In: Schweizer Tourismus – Weichen für die Zukunft richtig gestellt? Bern 1983, S. 27ff.

27 A. Gorz: Abschied vom Proletariat. Frankfurt 1980, S. 111.

28 Ebenda, S. 130.

29 H. C. Binswanger, W. Geißberger, T. Ginsburg: Wege aus der Wohlstandsfalle. Frankfurt 1983. S. 34f.

30 Global 2000. Frankfurt 1980, S. 25.

31 E. Fromm: Die Revolution der Hoffnung. Reinbek 1974, S. 13.

32 A. Meile: Verwaltungsratspräsident General Motors Schweiz, mündliche Äußerung anläßlich der General Motors Pressekonferenz 1983.

33 M. Ferguson: Die sanfte Verschwörung. Basel 1982, S. 85.

34 E. Eggimann: Einen Schritt zurücktreten. In: Der Bund vom 9. 4. 1983, S. 6.

35 K. Polanyi, zit. nach: J. Huber: Anders arbeiten – anders wirtschaften, Frankfurt 1979, S. 20.

36 Die Erklärung von Cocoyoc. In: Handbuch für internationale Zusammenarbeit, Baden-Baden 1975, S. 7f.

37 Die Quellen des Zahlenmaterials sind erhältlich beim Forschungsinstitut für Fremdenverkehr an der Universität Bern.

38 H. J. Knebel, zit. nach: F. A. Wagner: Die Urlaubswelt von morgen. Düsseldorf/Köln 1970, S. 76.

39 G. Fronemann: Freizeit & Freiheit, in: Touristik Report, Nr. 26 vom 18. 12. 1981, Hamburg, S. 11.

40 Der Freizeit- und Ferienverkehr in der Schweiz. Bern 1977, S. 35ff.

41 P. Trachsel: Tourismus und Verkehr. Vortragsmanuskript, Bern 1977, S. 2.

42 Die Schätzungsgrundlagen sind erhältlich beim Forschungsinstitut für Fremdenverkehr an der Universität Bern.

43 Studienkreis für Tourismus e. V.: Urlaubsreisen 1982. Starnberg 1983, S. 70ff.

44 Studienkreis für Tourismus e. V., Urlaubsreisen 1984. Starnberg 1985, S. 12.

45 Zit. nach W. Meyer: Hypothesen zur qualitativen, psychologischen Zukunftsentwicklung des internationalen Tourismus. Kongreßdokumentation ITB Berlin 1971, S. 131.

46 P. Lainé: Libérons le tourisme! Paris 1980, S. 73.

47 S. Boyden, J. Celecia: Die Ökologie der Großstadt. In: Unesco Kurier 4/81, Bern 1981, S. 24ff.

48 The Big Picture – Travel Industry World Yearbook. New York, versch. Jahrgänge.

49 J. Fourastie: Die Vierzigtausendstunden. Düsseldorf 1966; H. Kahn, A. Wiener: Ihr werdet es erleben. München 1967;

E. Küng: Arbeit und Freizeit in der nachindustriellen Gesellschaft. Tübingen 1971.

50 Deutsches Institut für Wirtschaftsforschung, Internationaler Tourismus. Daten und Analysen. Berlin 1983.

51 P. Lainé: Libérons le tourisme! Paris 1980, S. 79ff.

52 S. Papson, zit. nach: Geo Magazin, Nr. 10/1980, Hamburg, S. 154.

53 H. Kahn: Die Zukunft der Welt 1980 – 2000. Wien 1980, S. 297f.

54 J. Krippendorf: Tourismus im Jahre 2010. Bern 1979.

55 The Big Picture – Travel Industry World Yearbook. New York 1981/82.

56 Mobilität in der Druckindustrie. Bern 1981, S. 16ff.

57 K. D. Hartmann, zit. nach: P. Rieger: Die historische und psychologische Dimension – Warum reiste man früher? Warum reisen wir heute? In: Das Phänomen des Reisens, Bern, 1982, S. 15.

58 Ebenda, S. 11.

59 J. M. Greverus: Tourismus und interkulturelle Kommunikation. In: Zeitschrift für Kulturaustausch 3/1978, Stuttgart, S. 100.

60 R. Bleistein: Freizeit ohne Langeweile. Freiburg im Breisgau 1982, S. 48.

61 P. Rieger: Die historische und psychologische Dimension – Warum reiste man früher? Warum reisen wir heute? In: Das Phänomen des Reisens, Bern 1982, S. 11.

62 P. Lainé: Libérons le tourisme! Paris 1980, S. 81ff.

63 H. W. Prahl, A. Steinecke: Der Millionen-Urlaub. Darmstadt 1979, S. 245.

64 P. Rieger: Die historische und psychologische Dimension – Warum reiste man früher? Warum reisen wir heute? In: Das Phänomen des Reisens, Bern 1982, S. 17.

65 K. D. Hartmann, zit. nach: P. Rieger: Die historische und psychologische Dimension – Warum reiste man früher? Warum reisen wir heute? In: Das Phänomen des Reisens, Bern 1982, S. 17.

66 T. Chorherr: Der Freizeitschock. Wien/München/Zürich/New York 1980, S. 58.

67 P. Lainé: Libérons le tourisme! Paris 1980, S. 74.

68 K. Marti: »Heil Vetia«. Basel 1981.

69 H. Niederer: Reisen – eine lehrbare Kunst? Vorarbeiten für eine künftige Pädagogik des Reisens. Tübingen 1977, S. 147.

70 Amusement-Industrie. Internationale Fachrevue für Freizeittechnologie. Hrsg: Verlagsbuchhandlung, Paderborn.

71 R. Hesse: Massentourismus als Flucht in die Selbstbestätigung? In: Zeitschrift für Kulturaustausch 3/1978, Stuttgart, S. 94.

72 R. O'Grady: Die Traumwelt des Tourismus. In: KEM Pressedienst – Artikeldienst, Nr. 33/80 vom 27. 10. 1980, Basel, S. 1.

73 K. D. Hartmann: Zur Gestaltung von Titelseiten auf Urlaubskatalogen. Zit. nach: Gruppe Neues Reisen: Neues Reisen, Berlin 1982, S. 8ff.

74 S. Hömberg: Reisen zwischen Kritik und Analyse. Zum Stand der

Tourismusforschung. In: Zeitschrift für Kulturaustausch 3/1978, Stuttgart, S. 39.
75 Studienkreis für Tourmismus e. V., Urlaubsreisen 1984. Starnberg 1985, S. 46.
76 P. Lötscher: »Recht auf Arbeit« oder Arbeitspflicht? In: Widerspruch. Band 2, Zürich 1981, S. 109.
77 M. Franke: Freizeit in diesem Jahrzehnt – sozialhygienisch gesehen. In: Schriftenreihe für ländliche Sozialfragen. Hannover 1973, S. 18ff.
78 Das Schweizerische Tourismuskonzept. Beratende Kommission für Fremdenverkehr des Bundesrats. Bern 1979, S. 54.
79 E. Küng: Arbeit und Freizeit in der nachindustriellen Gesellschaft. Tübingen 1971, S. 204.
80 M. Tournier: Ferien als Entwurzelung. In: Brückenbauer Nr. 32 vom 8. 8. 1980, Zürich, S. 7.
81 H. W. Opaschowski, zit. nach: Der Spiegel: Streß im Urlaub, Nr. 33 vom 14. 8. 1978, Hamburg, S. 36ff.
82 P. Rieger: Die historische und psychologische Dimension – Warum reiste man früher? Warum reisen wir heute? Das Phänomen des Reisens. Bern 1982, S. 14.
83 P. Braunschweig, zit. nach: U. Mäder: Fluchthelfer Tourismus – Wärme in der Ferne? Zürich 1982, S. 138.
84 R. Schober, zit. nach: F. A. Wagner: Geborgen in der donnernden Ferienherde. In: Frankfurter Allgemeine Zeitung vom 19. 3. 1981.
85 A. Vielhaber, P. Aderhold: Tourismus in Entwicklungsländer. Bonn 1981.
86 R. Bleistein: Weltbild – Sonderheft Ferien-Journal Sommer 81. Ausgburg 1981, S. 19.
87 K. D. Hartmann: Urlauberwartungen und Reisemotive. In: Die Anzeige, Heft 13, Reutlingen 1967.
88 P. Rieger: Die historische und psychologische Dimension – Warum reiste man früher? Warum reisen wir heute? Das Phänomen des Reisens, Bern 1982, S. 15ff.
89 Barano d'Ischia, zit. nach: E. Grassi: Reisen ohne anzukommen. Diessenhofen 1982, S. 11.
90 K. D. Hartmann, zit. nach: P. Rieger: Die historische und psychologische Dimension – Warum reiste man früher? Warum reisen wir heute? Das Phänomen des Reisens, Bern 1982, S. 15.
91 K. Marti: Urlaub oder Ferien? In: Tagesanzeiger-Magazin vom 4. 6. 1977, Zürich, S. 30f.
92 Gruppe Neues Reisen: Neues Reisen. Berlin 1982, S. 5.
93 P. Rieger: Reisen als Chance. In: Kongreßdokumentation ITB, Berlin 1976, S. 54.
94 K. Eugster: Lateinamerika – Das Bild eines Kontinents aus der Sicht des Tourismus. Bern/Stuttgart 1982, S. 211.
95 Studienkreis für Tourismus e. V.: Urlaubsreisen 1984. Starnberg 1985, S. 62.

96 Der Spiegel: Streß im Urlaub. Nr. 33 vom 14. 8. 1978, S. 36ff.
97 P. Rieger: Glücklicher Urlaub – Erfahrungen und Ratschläge für den »inneren« Menschen. München 1982, S. 22.
98 K. Finger, B. Gayler, H. Hahn, K. D. Hartmann: Animation im Urlaub. Starnberg 1975, S. 71.
99 H. W. Opaschowski, zit. nach: S. Zehle: Der Alltag reist immer mit. In: Die Zeit, Nr. 31 vom 25. 7. 1980, Dossier S. 10, Hamburg.
100 W. Kahn: Kleine Reisefibel für Europäer. Heidelberg 1961.
101 E. Veya: Zu Hause nicht daheim. In: Der Bund, Nr. 188 vom 14. 8. 1982, Bern. S. 6.
102 P. Rieger: Reisen als Chance. In: Kongreßdokumentation ITB, Berlin 1976, S. 47.
103 Gruppe Neues Reisen: Neues Reisen. Berlin 1982, S. 5.
104 P. Rieger: Glücklicher Urlaub, – Erfahrungen und Ratschläge für den »inneren« Menschen. München 1982, S. 18.
105 Der Fremdenverkehr, Nr. 11/1979, Darmstadt, S. 29.
106 H. Hachmann: So eng darf man das nicht sehen. In: touristik aktuell, Nr. 33 vom 21. 8. 1979, Darmstadt, S. 8f.
107 P. Rieger: Das größte Urlaubstheater der Welt – Beobachtungen im Club Méditerranée. In: Süddeutsche Zeitung, Nr. 219 vom 24. 9. 1981, München, S. 45.
108 D. Kramer: Die Krise des Massentourismus. In: Wandern und Bergsteigen, Nr. 2/1979, Stuttgart, S. 3ff.
109 N. Hug: Einleitung zum Trekkingkatalog 1981 der Firma Inter-Track. Appenzell 1981.
110 R. Renschler: Wochen-Zeitung, Nr. 0, Zürich 1981.
111 touristik aktuell, Nr. 46 vom 20. 11. 1979, Darmstadt S. 6.
112 N. Hug: Einleitung zum Trekkingkatalog 1981 der Firma Inter-Track. Appenzell 1981.
113 J. Hénard: Den Feind wie seinen besten Freund empfangen. In: Frankfurter Allgemeine Zeitung, Nr. 64 vom 17. 3. 1983, S. R1.
114 Ebenda.
115 H. W. Prahl, A. Steinecke: Der Millionen-Urlaub. Darmstadt 1979, S. 59.
116 P. Rieger: Reisen als Chance. In: Kongreßdokumentation ITB, Berlin 1976, S. 52f.
117 P. Keller: Das Schweizerische Tourismuskonzept – Einführung und Interpretation. Unveröffentlichtes Manuskript, Bern 1980, S. 9.
118 E. von Merveldt, zit. nach: F. A. Wagner: Die Urlaubswelt von morgen. Düsseldorf/Köln 1970, S. 216.
119 Aus Chora Sfakion – Insel auf der Insel / Die touristische Bezwingung eines Widerstandsnetzes. Zit. nach: B. Joerges, D. Karsten: Tourismus und Kulturwandel. In: Zeitschrift für Kulturaustausch, Nr. 3/1978, Stuttgart, S. 10.
120 V. Haas: The impact of mass tourism on a rural community in the Swiss Alps (Savoyen). Michigan 1976.

121 Das Schweizerische Tourismuskonzept. Beratende Kommission für Fremdenverkehr des Bundesrats. Bern 1979, S. 40f.
122 H. G. Schmidt, in: Reisen und Tourismus, Darmstadt 1975, S. 57.
123 L. Fromer, zit. nach: E. Reinhardt: Entwicklung von Ferienorten, Die Beteiligung der Ortsansässigen. Bern 1982, S. 2.
124 E. Meyrat-Schlee: Bedeutung und Wirkungsweise des kulturell-normativen Systems für die Entwicklung einer Berggemeinde (Testgebiet Grindelwald). Brugg-Windisch 1983, S. 124ff.
125 P. Lainé: Libérons le tourisme! Paris 1980, S. 106f.
126 Europäische Raumordnungsministerkonferenz, Beiträge zur Abklärung von Grundsatzfragen der Belastung und der Belastbarkeit im Alpenraum. Bern und Wien 1978, S. 7ff.
127 P. Lainé: Libérons le tourisme! Paris 1980, S. 97ff.
128 J. Bugnicourt: Sex – Sonne – Sand, Tourismus zwischen Entdekkung und Eroberung. In: Informationen 29/30, Evangelischer Arbeitskreis Freizeit und Erholung, Stuttgart 1983, S. 30.
129 Ridha Behi, zit. nach: Prospekt zum Film ›Sonne der Hyänen‹, Hrsg.: Arbeitskreis Tourismus und Entwicklung, Basel.
130 W. Hunziker: Die menschlichen Beziehungen in der touristischen Entwicklungshilfe. In: Revue de tourisme, Nr. 3/61, Bern 1961, S. 90.
131 F. A. Wagner: Die Urlaubswelt von morgen. Düsseldorf/Köln 1970, S. 214.
132 E. Meyrat-Schlee: Bedeutung und Wirkungsweise des kulturell-normativen Systems für die Entwicklung einer Berggemeinde (Testgebiet Grindelwald). Brugg-Windisch 1983, S. 122.
133 R. Renschler: Die anthropologische Dimension – Bedrohung oder Erweiterung der Identität von Gast und Gastgeber. In: Das Phänomen des Reisens, Bern 1982, S. 79.
135 A. Bouhdiba: Massentourismus und kulturelle Tradition. In: Unesco Kurier, Nr. 2/1981, S. 7.
136 J. Bugnicourt: Sex – Sonne – Sand, Tourismus zwischen Entdekkung und Eroberung. In: Informationen 29/30, Evangelischer Arbeitskreis Freizeit und Erholung, Stuttgart 1983, S. 31.
137 Zit. nach P. Fuhrimann: Sind wir wirklich nur »Sightseer«? In: Balair-Bordzeitung Nr. 24, Basel 1982.
138 R. Renschler: Die anthropologische Dimension – Bedrohung oder Erweiterung der Identität von Gast und Gastgeber. In: Das Phänomen des Reisens, Bern 1982, S. 85.
139 E. Jantzen: Teufelswerk im Paradies. In: Frankfurter Allgemeine Zeitung, Nr. 56 vom 6. 3. 1980, S. R4.
140 P. Trachsel: Tourismus und Verkehr. Vortragsmanuskript, Bern 1977, S. 2.
141 T. Chorherr: Der Freizeitschock. Wien/München/Zürich/New York 1980, S. 45.
142 Der Spiegel: Streß im Urlaub. Nr. 33 vom 14. 8. 1978, S. 36ff.
143 Ebenda.

144 J. Habermas, zit. nach: R. Bleistein: Freizeit ohne Langeweile. Freiburg i. Br. 1982, S. 140.
145 R. Bleistein: Freizeit ohne Langeweile. Freiburg i. Br. 1982, S. 140.
146 T. Chorherr: Der Freizeitschock. Wien/München/Zürich/New York 1980, S. 43.
147 Studienkreis für Tourismus e. V.: Urlaubsreisen 1982. Starnberg 1983, S. 67.
148 Ebenda.
149 Arbeitskreis für Tourismus, Reisen in die Dritte Welt. Basel 1978, S. 24.
150 P. Rieger: Glücklicher Urlaub – Erfahrungen und Ratschläge für den »inneren« Menschen. München 1982, S. 21.
151 S. Zehle: Der Alltag reist immer mit. In: Die Zeit, Nr. 31 vom 25. 7. 1980, Dossier S. 10, Hamburg.
152 R. Bleistein: Freizeit wofür? Würzburg 1978, S. 46.
153 B. Gayler: Braun werden reicht nicht! Sonderdruck Zeitschrift ›EG-Magazin‹, Nr. 4/80. Hrsg. v. Studienkreis für Tourismus, Starnberg, S. 9.
154 Zit. nach: Terramar GmbH, Länderstenogramm Peru. Frankfurt o. J., S. 14.
155 J. W. von Goethe, zit. nach H. Niederer: Reisen – eine lehrbare Kunst? Vorarbeiten für eine künftige Pädagogik des Reisens, Tübingen 1977, S. 63.
156 J. Osborne, zit. nach: Der Fremdenverkehr, Nr. 1/1979, Darmstadt, S. 30ff.
157 Zit. nach: Der Fremdenverkehr, Nr. 1/1979, Darmstadt, S. 48ff.
158 Zit. nach: Broschüre Pro Erschmatt, Verein zur Förderung touristischer und nicht-touristischer Entwicklungsmöglichkeiten, Erschmatt o. J.
159 H. Elsasser, H. Leibundgut, M. Lendi, H. Schwarz: Nicht-touristische Entwicklungsmöglichkeiten im Berggebiet, Schriftenreihe zur Orts-, Regional- und Landesplanung. Nr. 29, Zürich 1982.
160 Z. B. der von der Asiatischen Christlichen Konferenz veranstaltete ›Internationale Workshop über Tourismus‹ vom 12. bis 25. September 1980 in Manila. Vgl. dazu auch R. O'Grady: Zwischenlandung Dritte Welt. Ein Beitrag zur Tourismus-Kritik. Frankfurt a. M. 1982, S. 74f.
161 Z. B. U. Mäder: Fluchthelfer Tourismus: Wärme in der Ferne? Basel 1982.
162 Z. B. die Broschüren des Arbeitskreises für Tourismus und Entwicklung, Basel. (Z. B.: Nepal und seine Touristen. Basel 1983.)
163 Contours – Concern for Tourism: Ecumenical Coalition on Third World Tourism, P. O. Box 11–357, Bangkok 10110 – Thailand.
164 Zit. nach: Welt am Sonntag vom 6. 6. 1982, Hamburg.
165 Zit. nach: Die Welt, Nr. 150 vom 2. 7. 1982, Bonn.
166 Zit. nach: touristik aktuell, Nr. 8 vom 24. 2. 1981, Darmstadt, S. 70.

167 H. Hoffmann: Kultur für alle. Perspektiven und Modelle. Frankfurt 1981, S. 366.
168 H. W. Opaschowski: Probleme im Umgang mit der Freizeit. Hamburg 1981, S. 7.
169 Ebenda, S. 6.
170 H. W. Prahl: Freizeit-Soziologie; Entwicklungen – Perspektiven – Konzepte. München 1977, S. 44; SBG-Wirtschaftsnotizen vom Mai 1983, Zürich, S. 10.
171 C. D. Frechtling: Leisure Trends and Tourism Management. In: Leisure – Recreation – Tourism, Bern 1981, S. 107.
172 Statistisches Jahrbuch der Schweiz. Basel, diverse Jahre; Statistisches Jahrbuch für die Bundesrepublik Deutschland. Stuttgart und Mainz, diverse Jahre.
173 E. Noelle-Neumann: Freude, Freiheitsgefühl und Produktivität. In: Frankfurter Allgemeine Zeitung, Nr. 111 vom 14. 5. 1983, S. 13.
174 Ebenda, S. 13.
175 Untersuchung McCall-Erickson/Marplan-Institut, zit. nach: Deutsches Institut für Wirtschaftsforschung, Internationaler Tourismus. Daten und Analysen. Berlin 1983, S. 13.
176 Le Suisse et le travail. Isopublic-Umfrage, Zürich 1982, S. 16.
177 Arbeit 81 – Absichten und Erwartungen der Arbeitnehmerschaft der deutschen Schweiz. In: IPSO aktuell, Nr. 1 vom Juli 1981, Zürich, S. 9.
178 H. W. Opaschowski: Freizeit: Zur Langeweile verurteilt? In: Animation, Nr. 1/1983, Hannover, S. 2.
179 Der Spiegel, Nr. 49 vom 6. 12. 1982, Hamburg, S. 34.
180 Global 2000. Frankfurt 1980, S. 42.
181 A. Peccei. In: Schweizerische Handelszeitung, Nr. 38 vom 23. 9. 1982, Zürich, S. 5/10; Analysen und Prognosen der OECD zur Abreitslosigkeit. In: Neue Zürcher Zeitung, Nr. 222 vom 23. 9. 1983, Zürich, S. 21.
182 Zit. nach: Der Spiegel, Nr. 5 vom 1. 2. 1982, Hamburg, S. 127.
183 Siemens-Studie, zit. nach: Der Spiegel, Nr. 49 vom 6. 12. 1982, Hamburg, S. 37.
184 Kollege Computer. Dossier der Schweizer Illustrierten, Nr. 16 vom 18. 4. 1983, Zürich. S. 4.
185 Zit. nach: Der Spiegel, Nr. 49 vom 6. 12. 1982, Hamburg, S. 37.
186 R. Dahrendorf: Die Arbeitsgesellschaft ist am Ende. In: Die Zeit, Nr. 48 vom 26. 11. 1982, Hamburg, S. 44.
187 Zit. nach: Der Spiegel, Nr. 49 vom 6. 12. 1982, Hamburg, S. 34f. und Der Bund, Nr. 279 vom 29. 11. 1982, Bern, 1982, S. 2.
188 R. H. Strahm: Zwei Zukunftsphantasien. In: Bau und Holz, Nr. 13 vom 24. 6. 1982, Zürich, letzte Seite.
189 Zit. nach: Kommunalpolitisches Programm der Sozialdemokratischen Partei Zürich. In: Neue Zürcher Zeitung, Nr. 18 vom 23./24. 1. 1982, Zürich, S. 49.

190 Th. Leuenberger: Mitbeteiligungsansätze in der europäischen Stadtentwicklung. In: Schriftenreihe Wohnungswesen Nr. 14, Bern 1980, S. 165f.
191 S. Rutishauser: Einfamilien-Weiden: Wie lange noch? In: Der Bund, Nr. 204 vom 1. 9. 1983, Bern, S. 21.
192 B. Hoesli: in: Der Bund, Nr. 103 vom 4. 5. 1983, Bern, S. 27; F. Vester: Unsere Welt – Ein vernetztes System. Stuttgart 1978, S. 74.
193 P. Bichsel, zit. nach: Animation im Siedlungsbereich – Tagungsbericht. Zürich 1981, S. 7.
194 Der Freizeit- und Ferienverkehr in der Schweiz. Bern 1977, S. 35ff.
195 Freiräume – Toleranzräume. Hrsg.: Zürcher Arbeitsgruppe für Städtebau, Zürich 1981, S. 3.
196 A. Gorz: Abschied vom Proletariat. Frankfurt 1980, S. 143.
197 Zit. nach: bilanz, Schweizer Wirtschaftsrevue, Nr. 2/1982, Zürich, S. 48ff.
198 H. W. Opaschowski, G. Raddatz: Freizeit im Wertewandel. Hamburg 1982, S. 34.
199 H. Afheldt: Der Mensch und seine Freizeit morgen. Prognos Diskussionspapier, Nr. 82/7, Basel 1982, S. 15.
200 H. W. Opaschowski: Freizeit verändert den Alltag. In: Animation, Nr. 12/1982, Hannover, S. 421.
201 H. W. Opaschowski: Freizeit im Wertwandel. In: Animation, Nr. 8/1982, Hannover, S. 306.
202 H. W. Opaschowski: Freizeit verändert den Alltag. In: Animation, Nr. 12/1982, Hannover, S. 421ff.
203 H. W. Opaschowski, G. Raddatz: Freizeit im Wertewandel. Hamburg 1982, S. 36.
204 Zit. nach: Werbung – Publicité, Nr. 1/1982, Zürich, S. 6.
205 Zit. nach: Der Spiegel, Nr. 42 vom 18. 10. 1982, Hamburg, S. 20.
206 H. C. Binswanger, W. Geißberger, T. Ginsburg: Wege aus der Wohlstandsfalle. Frankfurt 1983, S. 29ff.
207 J. Huber: Die verlorene Unschuld der Ökologie. Frankfurt 1982, S. 156f.
208 H. W. Opaschowski: Freizeit im ökonomischen und sozialen Wandel. In: Wirtschaftskunde Nr. 6/1982, Hamburg, S. 2ff; W. H. Zucker: Beliebte Freizeit-Aktivitäten zu Hause und im Urlaub. In: Der Fremdenverkehr + Das Reisebüro, Nr. 10/1985, Darmstadt, S. 8.
209 Christlichnationaler Gewerkschaftsbund der Schweiz: Humanisierung der Arbeitswelt. Bern 1981, S. 23.
210 H. W. Opaschowski: Freizeit verändert den Alltag. In: Animation, Nr. 12/1982, Hannover, S. 423.
211 K. Röhring, zit. nach: E. Eppler: Wege aus der Gefahr, Hamburg 1981, S. 114.
212 H. U. Bitsch in: Berner Zeitung vom 25./26. 9. 1982, Bern.

213 BAT-Umfrage. In: H. W. Opaschowski, G. Raddatz: Freizeit im Wertewandel. Hamburg 1982, S. 16. Infratest-Umfrage. In: Der Spiegel, Nr. 29 vom 18. 7. 1983, Hamburg, S. 66; ISOPUBLIC-Umfrage. In: Schweizerische Handelszeitung, Nr. 22 vom 2. 6, 1983, Zürich, S. 3f.
214 B. Teriet: Mit mehr Zeitsouveränität zu einer neuen Arbeitsökonomie und zu einer größeren Arbeitszeitflexibilität. In: Arbeit – Beispiele für die Humanisierung, Olten 1983, S. 81f.
215 A. Gorz: Wege ins Paradies. Berlin 1983. G. Adler-Karlssohn und N. Meyer: In: Der Bund, Nr. 279 vom 29. 11. 1982, Bern, S. 2.
216 B. Russel, zit. nach: H. W. Opaschowski: Kultur der Muße. In: Animation, Nr. 10/1982, Hannover, S. 349.
217 J. Huber: Anders arbeiten, anders wirtschaften. Frankfurt 1979, S. 24.
218 H. W. Opaschowski: Probleme im Umgang mit der Freizeit. Hamburg 1981, S. 26.
219 L. Burckhardt, zit. nach: Der Bund, Nr. 137 vom 16. 6. 1981, Bern, S. 9.
220 M. Weiß, P. Lanz, in: Handbuch für Quartier-Verbesserer. Zürich 1980, S. 4.
221 Ebenda, S. 4.
222 Handbuch für Quartier-Verbesserer. Zürich 1980.
223 Freiräume – Toleranzräume: Vorschläge der Zürcher Arbeitsgruppe für Städtebau (ZAS), Zürich 1981.
224 Freizeit in Luzern. Planungsgrundlagen, erstellt im Auftrag der Stadtplanung Luzern, Luzern 1981.
225 Die Erklärung von Cocoyoc. In: Handbuch für internationale Zusammenarbeit. Baden-Baden 1975, S. 7f.
226 H. Niederer: Reisen – eine lehrbare Kunst? Vorarbeiten für eine künftige Pädagogik des Reisens. Tübingen 1977, S. 150.
227 Ebenda, S. 150.
228 H. Hoffmann: Kultur für alle. Perspektiven und Modelle. Frankfurt 1981. S. 360.
229 J. Krippendorf: Die Landschaftsfresser. Bern 1975, S. 86. Das Schweizerische Tourismuskonzept. Beratende Kommission für Fremdenverkehr des Bundesrats. Bern 1979, S. 58.
230 Papst Johannes Paul II., zit. nach: R. Bleistein: Tourismus-Pastoral – Die Herausforderung einer mobilen Gesellschaft. In: Theologisch-praktische Quartalsschrift, 130. Jg. 1982, 3. Heft, Linz 1982, 253.
231 H. W. Opaschowski: Kultur der Muße. In: Animation, Nr. 10/1982, Hannover, S. 350.
232 B. Joerges, D. Karsten: Tourismus und Kulturwandel. In: Zeitschrift für Kulturaustausch, Nr. 3/1978, Stuttgart, S. 9.
233 E. Eppler: Wege aus der Gefahr, Hamburg 1981, S. 147.
234 N. Zanolli, in: Bulletin Nr. 782 vom 19. 1. 1983 der Pressestelle der Universität Bern.

235 H. Hoffmann: Kultur für alle. Perspektiven und Modelle. Frankfurt 1981, S. 357.
236 H. von Hentig, zit. nach: H. Hoffmann: Kultur für alle. Perspektiven und Modelle. Frankfurt 1981, S. 365.
237 F. Gygi: Wirtschaftsplanung in der Schweiz? In: Planung 1, Baden-Baden 1965, S. 186.
238 O. Höffe: Wirtschaftsordnung und Gerechtigkeit. In: Sittlich-politische Diskurse. Frankfurt 1981, S. 111.
239 P. Rieger: Reisen als Chance. In: Kongreßdokumentation ITB, Berlin 1976, S. 54.
240 H. W. Prahl, A. Steinecke: Der Millionen-Urlaub. Darmstadt 1979, S. 108.
241 R. Schober: Die räumliche Animation. In: Animation, Nr. 1/1980, Hannover, S. 24.
242 W. von Redack: Mernschlich, anders, originell? In: Der Fremdenverkehr, Nr. 4/1983, Darmstadt, S. 2.
243 R. Hesse: Massentourismus als Flucht in die Selbstbestätigung? In: Zeitschrift für Kulturaustausch 3/1978, Stuttgart, S. 96.
244 H. W. Prahl, A. Steinecke: Der Millionen-Urlaub. Darmstadt 1979, S. 260.
245 Ebenda, S. 256.
246 H. W. Schleicher, in: Die Zeit vom 28. 11. 1975, Hamburg.
247 Les Karellis (Savoyen), Val Louron (Pyrenäen), Montclar (Südalpen), Basse Casamance (Senegal).
248 J. Bugnicourt: Sex – Sonne – Sand, Tourismus zwischen Entdekkung und Eroberung. In: Informationen 29/30, Evangelischer Arbeitskreis Freizeit und Erholung, Stuttgart 1983, S. 33; R. O'Grady: Zwischenlandung Dritte Welt. Ein Beitrag zur Tourismuskritik. Frankfurt a. M. 1982, S. 57.
249 J. Krippendorf: Fehlentwicklungen im Schweizer Tourismus. In: Schweizer Tourismus – Weichen für die Zukunft richtig gestellt? Bern 1983, S. 55ff.
250 P. Lainé: Libérons le tourisme! Paris 1980, S. 128ff.
251 B. Bornet: Meine touristische Lageanalyse ist optimistischer. In: Schweizer Tourismus – Weichen für die Zukunft richtig gestellt? Bern 1983, S. 69ff.
252 H. Weiß: Die friedliche Zerstörung der Landschaft. Zürich 1981, S. 182.
253 E. Reinhardt, S. Hesse, R. P. Miloni: Die Beteiligung Ortsansässiger an der touristischen Entwicklung. Unveröffentlichtes Manuskript, Zürich 1982, S. 25.
254 Les Karellis (Savoyen), Val Louron (Pyrenäen), Montclar (Südalpen), Basse Casamance (Senegal).
255 J. Krippendorf: Fehlentwicklungen im Schweizer Tourismus. In: Schweizer Tourismus – Weichen für die Zukunft richtig gestellt? Bern 1983, S. 55ff.
256 F. A. Wagner: Über die Architektur von Feriensiedlungen – Von

der Bauernkate zum Hochhaus. Vortragsmanuskript, Frankfurt 1983.

257 B. Joerges, D. Karsten: Tourismus und Kulturwandel. In: Zeitschrift für Kulturaustausch, Nr. 3/1978, Stuttgart, S. 9.

258 R. O'Grady: Zwischenlandung Dritte Welt. Ein Beitrag zur Tourismuskritik. Frankfurt a. M. 1982, S. 55.

259 B. Joerges, D. Karsten: Tourismus und Kulturwandel. In: Zeitschrift für Kulturaustausch, Nr. 3/1978, Stuttgart, S. 9.

260 Ebenda.

261 H. M. Müllenmeister, H. Waschulewski: Animationsmodell Länderkunde. In: Mehr Ferienqualität. Studienkreis für Tourismus, Starnberg 1978, S. 225ff.

262 D. Kramer: Die Krise des Massentourismus. In: Wandern und Bergsteigen, Stuttgart 1979, S. 3ff.

263 R. O'Grady: Zwischenlandung Dritte Welt. Ein Beitrag zur Tourismuskritik. Frankfurt a. M. 1982, S. 63.

264 Aktion Dritte Welt: »Klar, schön war's, aber ...«, Tourismus in die Dritte Welt. Freiburg i. Br. 1983, S. 139.

265 R. Renschler: Alternativ-Tourismus. Beitrag Nr. 6, Zürich 1981.

266 R. Bleistein: Freizeit ohne Langeweile. Freiburg im Breisgau. 1982, S. 85f.

267 R. O'Grady: Zwischenlandung Dritte Welt. Ein Beitrag zur Tourismuskritik. Frankfurt a. M. 1982, S. 67.

268 H. R. Müller: Masaitänze pünktlich um drei. In: Uni Press, Nr. 40, Bern 1983, S. 33.

269 Interview mit Heinrich Böll. In: Steigenberger Journal, Winter 82/83, Frankfurt a. M., S. 57.

270 J. Hersch: Über das Verhältnis von Arbeit und Freizeit. In: Von der Einheit des Menschen, Zürich 1978, S. 145.

271 G. Armanski: Die kostbarsten Tage des Jahres. Massentourismus – Ursachen, Formen, Folgen. Berlin 1978, S. 102.

272 H. Niederer: Reisen – eine lehrbare Kunst? Vorarbeiten für eine künftige Pädagogik des Reisens. Tübingen 1977, S. 157.

273 R. Renschler: Alternativ-Tourismus. Beitrag Nr. 6, Zürich 1981, S. 23.

274 D. Kramer: Tourismus und Kultur. In: Das Argument, Sonderband AS 47, Berlin o. J., S. 170.

275 Ebenda, S. 169.

276 D. Kramer: Löst Urlaub zu Hause den Drang in die Ferne ab? In: Frankfurter Rundschau, Nr. 4 vom 5. 1. 1980, S. VP2.

277 H. Niederer: Reisen – eine lehrbare Kunst? Vorarbeiten für eine künftige Pädagogik des Reisens. Tübingen 1977, S. 156.

278 H. M. Müllenmeister, H. Waschulewski: Animationsmodell Länderkunde. In: Mehr Ferienqualität. Studienkreis für Tourismus, Starnberg 1978, S. 231.

279 B. Brock: Wem schlägt beim Nichtstun das schlechte Gewissen? In: TUI-Tag 80 im Wortlaut, Hannover, S. 27.

280 K. Finger, B. Gayler, H. Hahn, K. D. Hartmann: Animation im Urlaub. Starnberg 1975.
281 G. Armanski: Die kostbarsten Tage des Jahres. Massentourismus – Ursachen, Formen, Folgen. Berlin 1978, S. 101.
282 R. Bleistein: Freizeit wofür? Würzburg 1978, S. 92.
283 H. M. Müllenmeister, H. Waschulewski: Animationsmodell Länderkunde. In: Mehr Ferienqualität. Studienkreis für Tourismus, Starnberg 1975, S. 232.
284 Zit. nach: H. W. Liebheit: Club Aldiana. Manchmal nervt der ganze Trubel. In: Restaurant und Hotel Management, Nr. 9/83, Hamburg, S. 54.
285 H. W. Opaschowski: Allein in der Freizeit. Hamburg 1981, S. 26.
286 P. Fuhrimann, in: Baseler Magazin, Nr. 38 vom 25. 9. 1982, S. 2.
287 Studiengruppe Naether, in: Der Fremdenverkehr, Nr. 3/1980, Darmstadt, S. 88.
288 F. A. Wagner: Tourismus nach Entwicklungsländern aus der Sicht des Generalisten. In: Heft 3 Dokumentationen zum Fremdenverkehrsstudium, Bern 1982, S. 13.
289 P. Lainé: Libérons le tourisme! Paris 1980, S. 179ff.
290 R. Bleistein: Tourismus-Pastoral – Die Herausforderung einer mobilen Gesellschaft. In: Theologisch-praktische Quartalsschrift, 130. Jahrgang 1982, Linz 1982, S. 251.
291 H. W. Opaschowski, G. Raddatz: Freizeit im Wertewandel. Hamburg 1982,. S. 42f.
292 Studienkreis für Tourismus e. V., Starnberg: Sympathie-Magazine über verschiedene Dritte-Welt-Länder.
293 Institut für Film und Bild in Wissenschaft und Unterricht, Grünwald: Filme ›Blickwechsel‹ über Reisen nach verschiedenen Dritte-Welt-Ländern.

Robert Sobel

IBM
und die globale Herausforderung

ca. 375 Seiten, laminierter Pappband
Erscheint Mai 1986

Europa, Japan und Amerika streiten sich um Marktanteile im weltweiten Computermarkt. Bisher beherrschen US-Firmen die Computerindustrie, allen voran IBM-International Business Machines. Der erste Teil des Buches zeigt die Entwicklung der IBM auf, seit Watsons Gründerjahren bis zur heutigen Marktdominanz. Die IBM-Politik, Strategien und Methoden gegenüber der Konkurrenz werden dargestellt.
Der zweite Teil des Werkes geht auf die japanische und europäische Herausforderung an IBM ein. Wie sehen Europas Möglichkeiten in Zukunft aus?
Der Bericht ist nicht zuletzt ein Lehrstück für Marketing-Fachleute und eine allgemein verständliche Analyse der Entwicklung der globalen Informatikbranche.

Hans Tschäni

Wem gehört die Schweiz?
Unser Eigentums- und Bodenrecht auf dem Weg zum Feudalsystem

184 Seiten, laminierter Pappband

Wie in seinem Buch «Wer regiert die Schweiz?» nimmt hier Hans Tschäni, profunder Kenner schweizerischer Innenpolitik, eine Schwachstelle unserer Demokratie kritisch unter die Lupe. Die Titelfrage, wem die Schweiz gehöre, bezieht sich weniger auf den Kapitalreichtum unseres Landes, sondern auf die räumlichen Verhältnisse und den Umgang mit dem Bodenbesitz.
Eigentum und Bodenrecht der heutigen Schweiz werden vor dem Hintergrund ihrer historischen Vergangenheit und ihrer neuesten Ereignisse beurteilt.
Dabei zeigt sich ein materialistisches Denken, eine totale Übergewichtung des «Habens». Am Schluß des Buches analysiert der Autor die Möglichkeiten zur Umkehr, die Chancen, die ein neues Eigentumsdenken und Bodenrecht haben könnten.

Zum Thema: Ökologie bei dtv

dtv 1753

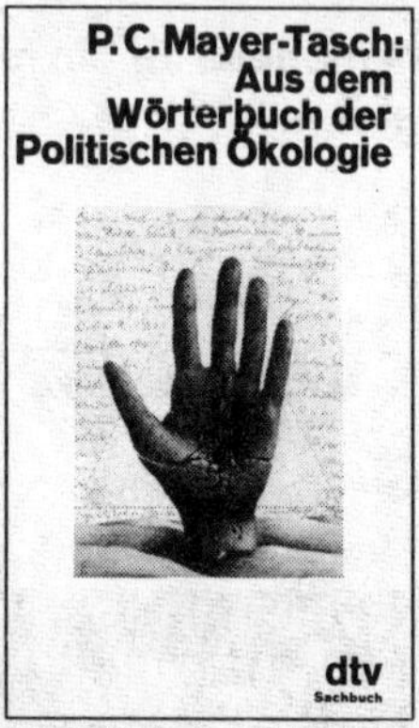

dtv 10371

dtv 10420

Herbert Gruhl:
Das irdische Gleichgewicht
Ökologie unseres Daseins
dtv 10419

Die ökologische Wende
Industrie u. Ökologie – Feinde für immer?
Hrsg. v. Günter Kunz
dtv 10141

John Seymour:
Und dachten, sie wären die Herren
Der Mensch und die Einheit der Natur
dtv 10282

natur im dtv:
Originalausgaben

Tierleben aktuell
Porträts bedrohter Tiere
dtv 10421

Natur-Denkstücke
Über den Menschen, das unangepaßte Tier
dtv 10422

Die bitteren Leiden des süßen Wassers
Flüsse- u. Seenporträts
dtv 10486

Fred Kurt:
Das Management von Mutter Natur
Eine Einführung in die Ökologie
dtv 10502

Natur-Berufsbilder
Vom Baumchirurg bis Zootierpfleger
dtv 10515

Frederic Vester:
Ballungsgebiete in der Krise
Vom Verstehen und Planen menschlicher Lebensräume
dtv 10080

Unsere Welt – ein vernetztes System
dtv 10118

Neuland des Denkens
Vom technokratischen zum Kybernetischen Zeitalter
dtv 10220

dtv